VENCEDORAS POR OPÇÃO

Jim Collins
Autor de *Good to great* – 4 milhões de exemplares vendidos

Morten T. Hansen

VENCEDORAS POR OPÇÃO

Great by choice

INCERTEZA, CAOS E ACASO – POR QUE ALGUMAS EMPRESAS PROSPERAM APESAR DE TUDO

Prefácio de Jorge Paulo Lemann

ALTA BOOKS
EDITORA
Rio de Janeiro, 2019

Copyright © 2019 Starlin Alta Editora e Consultoria Eireli
Copyright © 2011 by Jim Collins and Morten T. Hansen
Título original: *Great by choice*

Tradução **Maurette Brandt**
Preparação e revisão **Marcia Menin – Deaazê Comunicação**
Adaptação do projeto original e paginação **A2**
Capa **Julio Moreira**
Produção Editorial - **HSM Editora - CNPJ: 01.619.385/0001-32**

Todos os direitos estão reservados e protegidos por Lei. Nenhuma parte deste livro, sem autorização prévia por escrito da editora, poderá ser reproduzida ou transmitida. A violação dos Direitos Autorais é crime estabelecido na Lei nº 9.610/98 e com punição de acordo com o artigo 184 do Código Penal.

Erratas e arquivos de apoio: No site da editora relatamos, com a devida correção, qualquer erro encontrado em nossos livros, bem como disponibilizamos arquivos de apoio se aplicáveis à obra em questão.

Acesse o site www.altabooks.com.br e procure pelo título do livro desejado para ter acesso às erratas, aos arquivos de apoio e/ou a outros conteúdos aplicáveis à obra.

Suporte Técnico: A obra é comercializada na forma em que está, sem direito a suporte técnico ou orientação pessoal/exclusiva ao leitor.

A editora não se responsabiliza pela manutenção, atualização e idioma dos sites referidos pelos autores nesta obra.

1ª edição

Dados Internacionais de Catalogação na Publicação (CIP)
(Câmara Brasileira do Livro, SP, Brasil)

Collins, Jim
    Vencedoras por opção / Jim Collins, Morten T. Hansen. – Rio de Janeiro : Alta Books, 2019.

    Título original: Great by choice.
    Bibliografia.
    ISBN 978-85-508-0777-5

    1. Habilidade criativa em negócios – Estudos de caso 2. Inovações tecnológicas – Administração – Estudos de caso 3. Sucesso em negócios – Estudos de caso I. Hansen, Morten T. II. Título.

12-02152   CDD-658.409

Índices para catálogo sistemático:
1. Sucesso em negócios : Administração executiva 658.409

Rua Viúva Cláudio, 291 — Bairro Industrial do Jacaré
CEP: 20.970-031 — Rio de Janeiro (RJ)
Tels.: (21) 3278-8069 / 3278-8419
ALTA BOOKS www.altabooks.com.br — altabooks@altabooks.com.br
EDITORA   www.facebook.com/altabooks — www.instagram.com/altabooks

Para minha avó Delores, que aos 97 anos
ainda tinha grandes sonhos e metas audaciosas.
JIM

A minhas filhas, Alexandra e Julia,
cuja geração vai criar o futuro.
MORTEN

SUMÁRIO

Prefácio   9

1. Prosperar em meio à incerteza   13
2. Líderes 10X   27
3. A marcha das 20 milhas   59
4. Primeiro balas de revólver, depois balas de canhão   95
5. Liderar acima da linha da morte   129
6. Receita EMC   159
7. O retorno sobre a sorte   189

Epílogo: Vencedoras por opção   227

Perguntas frequentes   231

As bases da pesquisa   249

Notas   311

Agradecimentos   336

Índice remissivo   341

PREFÁCIO

Este livro continua a busca incessante e empírica de Jim Collins por uma explicação sobre o que leva certas companhias a obter um desempenho excepcional e a deixar as concorrentes para trás. Nesse sentido, a obra é o complemento perfeito para os três trabalhos anteriores do autor – *Feitas para durar*, *Empresas feitas para vencer* e *Como as gigantes caem* –, que examinaram em profundidade a capacidade de perpetuação de grandes companhias, a transformação de empresas medianas em excelentes e o declínio das grandes corporações americanas.

O ex-primeiro-ministro britânico Winston Churchill, tão notável estadista quanto orador, afirmou certa vez que para escrever um ótimo discurso de cinco minutos necessitava de quatro horas de preparação e que para um discurso mediano de 30 minutos só precisava de 30 minutos. Este livro, para mim, representa o discurso de cinco minutos de Churchill. É curto, analítico e bastante focado, revelando o melhor do estilo de raciocínio e escrita de Collins: a capacidade de aproximar o leitor daquilo que é realmente essencial.

Quem leu os livros anteriores do autor terá a chance de rever aqui alguns conceitos que já se tornaram clássicos, como "coloque as pessoas certas no barco" (sobre a importância de ter pessoas excepcionais trabalhando com você) e "líderes de nível 5" (aqueles extraordinários, que geram resultados consistentemente graças ao trabalho de sua equipe e não ao próprio carisma). Além disso, em *Vencedoras por opção*, Collins cria outros termos para ajudar o leitor a entender o caminho da excelência trilhado pelo que chama de empresas 10X, um seletíssimo grupo com desempenho pelo menos 10 vezes superior à média de seu mercado. São organizações metódicas, que apostam em uma disciplina fanática para alcançar resultados superiores. Essas companhias disparam "primeiro balas de revólver, depois balas de canhão" e "marcham 20 milhas por dia", sem altos e baixos nem solavancos.

Para ilustrar esses conceitos e tornar a leitura ainda mais viva e interessante, Collins faz uma analogia com as expedições de Roald Amundsen e Robert Scott ao polo sul. No início do século passado, cada um dos exploradores tentou, praticamente ao mesmo tempo, ser o primeiro homem a chegar ao extremo meridional do planeta. Amundsen tinha características parecidas com as das empresas 10X e triunfou ao lado de seu time. Scott jamais voltou para casa.

Meus sócios e eu temos um relacionamento de mais de 20 anos com Collins. Eu o conheci em Stanford quando ele já era um dos professores mais requisitados da universidade, apesar de ser um dos mais jovens. Logo depois nós o convidamos para vir ao Brasil e palpitar sobre o Banco de Investimentos Garantia, as Lojas Americanas e a Brahma. O que ele nos disse naquela época teve grande influência sobre nossa cultura empresarial. Desde então, nunca mais perdemos contato. Temos o hábito de visitá-lo todos os anos em Boulder, no Colorado, sede de seu "laboratório" (como ele gosta de chamar seu escritório), de onde detesta sair. Algumas de nossas decisões empresariais mais importantes foram tomadas lá, com o apoio do raciocínio lógico de Collins, seu vasto conhecimento de dados empíricos sobre o que funciona ou não e sua incrível habilidade de fazer as perguntas certas (muitas vezes brutais). Apesar disso, gostamos de lhe dizer que tudo o que ele aprendeu foi conosco – uma brincadeira para tentar convencê-lo a vir ao Brasil mais vezes e nos poupar de ir até o Colorado todo ano. Até agora, a tática não funcionou...

Dentre todas as visitas a Boulder, lembro-me especialmente de uma, em 2009. Havíamos acabado de comprar a Anheuser-Busch, tínhamos uma dívida de mais de 50 bilhões de dólares e estávamos no meio de uma crise financeira que ninguém sabia como acabaria. Collins nos contou então a história das jornadas de Amundsen e Scott. Naquele momento sentimos que tínhamos chegado a nosso polo sul, mas não sabíamos se seríamos Amundsen ou Scott. Felizmente, ao longo dos meses seguintes conseguimos completar nossa "expedição" graças a uma atuação soberba de nosso time e também à orientação de Collins sobre a importância de uma disciplina feroz, da constância do desempenho e da necessidade de nos manter "acima da linha da morte".

Ao longo do tempo, involuntariamente, quebramos algumas das regras. Não fomos tão "marchadores de 20 milhas por dia" quanto Collins gostaria que fôssemos, e talvez tenhamos chegado um pouco mais perto da linha da morte do que ele considera confortável, mas aprendemos muito com ele nessa convivência de mais de duas décadas.

Espero que você também aprenda com este livro e que todos nós, juntos, sejamos capazes de levar o Brasil ainda mais para frente.

JORGE PAULO LEMANN
Empresário

1

PROSPERAR EM MEIO À INCERTEZA

"Nós simplesmente não sabemos o que o futuro nos reserva."
Peter L. Bernstein[1]

Não podemos prever o futuro. Mas podemos criá-lo.

Vamos voltar nosso pensamento para 15 anos atrás e refletir sobre o que aconteceu de lá para cá, sobre os eventos desestabilizantes – no mundo, em nosso país, nos mercados, em nosso trabalho, em nossa vida – que desafiaram todas as expectativas. Podemos ficar atônitos, confusos, chocados, surpresos, encantados ou aterrorizados, mas quase nunca podemos predizer os acontecimentos. Nenhum de nós é capaz de prever com certeza as reviravoltas que vão nos atingir. A vida é incerta e o futuro, uma incógnita. Isso não é nem bom nem ruim; simplesmente é, como a gravidade. No entanto, permanece diante de nós a tarefa de administrar o próprio destino, apesar de tudo.

O projeto de pesquisa que durou nove anos e culminou com este livro começou em 2002, quando os Estados Unidos "acordaram" da falsa sensação de que tinham direito a estabilidade, segurança e riqueza. O mercado de capitais, que estava em alta disparada havia muito tempo, quebrou. O superávit do orçamento do governo se transformou rapidamente em déficit. Os ataques terroristas de 11 de setembro de 2001 horrorizaram e indignaram o mundo inteiro, e veio a guerra. Enquanto isso, no mundo todo, as mudanças tecnológicas e a concorrência global continuaram sua implacável marcha disruptiva.

Tudo isso nos levou a formular uma pergunta muito simples: por que algumas empresas prosperam na incerteza, até mesmo no caos, e outras não? Quando atingidas por eventos calamitosos ou afetadas por gigantescas forças muito rápidas que ninguém consegue prever ou controlar, o que distingue as pessoas ou empresas que têm desempenho excepcionalmente bom daquelas com desempenho fraco ou ruim?

Não escolhemos as perguntas que vamos estudar; elas é que nos escolhem. Às vezes uma pergunta simplesmente nos dá uma gravata e rosna: "Eu não vou afrouxar o golpe nem deixar você respirar até que tenha uma boa resposta para mim!". Este estudo nos pegou de jeito por causa de nossa persistente angústia e de uma corrosiva sensação de vulnerabilidade diante de um mundo que nos parecia cada vez mais desordenado. A pergunta era não apenas intelectualmente interessante, mas também pessoalmente relevante. E, como convivemos com alunos e trabalhamos com líderes, tanto da área de negócios como da social, percebemos a mesma angústia neles. Nesse intervalo de tempo, os eventos que ocorreram serviram apenas para reforçar essa sensação de desconforto. O que virá a seguir? Tudo o que sabemos é que ninguém sabe.

No entanto, algumas companhias e líderes transitam excepcionalmente bem nesse tipo de mundo. Não se limitam a reagir; criam. Não se limitam a sobreviver; dominam. Não se limitam a ter sucesso; prosperam. Constroem grandes empresas que conseguem resistir. Não acreditamos que o caos, a incerteza e a instabilidade são coisas boas; as empresas, os líderes, as instituições e as sociedades não prosperam *no* caos, mas são capazes de prosperar *apesar do* caos.

Para descobrir como isso acontece, saímos em campo dispostos a encontrar empresas que começaram em uma posição de vulnerabilidade, cresceram e se tornaram grandes, com desempenho espetacular, e fizeram tudo isso em ambientes instáveis, marcados por gigantescas forças incontroláveis, muito rápidas, incertas e potencialmente perigosas. Depois as comparamos com um grupo de controle formado por organizações que não conseguiram se tornar grandes nos mesmos ambientes extremos, utilizando o contraste entre elas para descobrir os fatores diferenciais que permitem que algumas prosperem na incerteza e outras não.

Apelidamos as empresas de alto desempenho que estudamos de 10X, porque elas não se limitaram a "dar um jeito de sobreviver" ou a "ter sucesso": essas companhias prosperaram de verdade. Cada uma das 10X superou em pelo menos dez vezes o índice de crescimento de seu setor específico. Se alguém investisse, digamos, US$ 10 mil em um portfólio de ações das 10X no final de 1972 (mantendo para cada empreendimento a média do mercado de capitais até a data em que ele foi listado na Bolsa de Nova York, na American Stock Exchange ou na Nasdaq), esse investimento teria evoluído para mais de US$ 6 milhões no final do período de nosso estudo (ao longo de 2002), com um desempenho 32 vezes superior ao da média do mercado de capitais.[2]

Para que se perceba a essência de nosso estudo, vamos levar em conta um dos cases entre as 10X, o da Southwest Airlines. Tente se lembrar de tudo o que atingiu o setor aéreo entre 1972 e 2002: crises de combustível. Desregulamentação. Violentos conflitos trabalhistas. Greves de controladores de voo. Recessões destruidoras. Altas absurdas da taxa de juros. Sequestros de aviões. Uma falência atrás da outra. E, em 2001, os ataques terroristas de 11 de setembro. Com tudo isso, se você tivesse investido US$ 10 mil na Southwest Airlines em 31 de dezembro de 1972 – quando a empresa era só um pequeno negócio com três aviões, mal conseguindo cobrir os custos e fortemente assediada pelas grandes da aviação, loucas para sufocar o tímido "passarinho" –, seus US$ 10 mil iniciais teriam se convertido em quase US$ 12 milhões no final de 2002, um retorno 63 vezes maior do que a média do mercado de capitais. Um desempenho melhor do que o do Walmart, o da Intel, o da GE, o da Johnson & Johnson, o da Walt Disney. Na verdade, de acordo com uma análise da revista *Money Magazine*, a Southwest Airlines foi a companhia que gerou o maior retorno para seus acionistas dentre todas as 500 organizações com ações na bolsa segundo a listagem da Standard & Poor's em 1972 e manteve esse retorno durante 30 anos, até 2002.[3] Sem dúvida, esses resultados são impressionantes em todos os sentidos, mas particularmente surpreendentes quando levamos em conta toda a turbulência, os choques desestabilizantes e a incerteza que rondavam o ambiente da Southwest Airlines no período.

Por que a empresa superou as dificuldades? O que ela fez para dominar o próprio destino? E como foi capaz de ter esse desempenho excepcional quando outras companhias aéreas não o conseguiram? Mais especificamente, por que a Southwest se tornou uma grande empresa em um ambiente tão hostil, enquanto a Pacific Southwest Airlines (PSA), nossa escolhida para fazer a comparação direta, desorientou-se e se tornou irrelevante, apesar de usar o mesmo modelo de negócio, no mesmo setor e com as mesmas oportunidades para se tornar grande? Esse simples contraste já capta a essência da pergunta que orientou nossa pesquisa.

Muitos de nossos alunos e leitores nos têm perguntado: "Em que aspectos este estudo é diferente dos que vocês já fizeram sobre grandes empresas, particularmente os relatados nos livros *Feitas para durar* e *Empresas feitas para vencer*?". O método – a análise histórica comparativa – é semelhante, e a envergadura das empresas, uma constante. Mas, neste estudo, diferentemente do que ocorreu nas pesquisas anteriores, não selecionamos os cases apenas com base no desempenho ou na envergadura das empresas, mas também nas condições extremas dos respectivos ambientes de negócios.

Essa seleção se baseou no desempenho e no ambiente por duas razões. A primeira é que acreditamos que o futuro continuará imprevisível e o mundo, instável pelo resto de nossa vida, e queríamos entender os fatores que diferenciam as grandes organizações, aquelas que superam as circunstâncias mais extremas, contra todos os prognósticos, nesses ambientes conturbados. A segunda razão é que, ao observarmos as melhores empresas e seus líderes nesse quadro extremo, tivemos insights que, em outras circunstâncias, poderiam ter permanecido ocultos, se estivéssemos estudando os líderes em ambientes mais tranquilos. Imagine-se passeando com calma, andando a esmo ao longo de campinas cálidas e ensolaradas, na companhia de um experiente montanhista que já comandou expedições aos picos mais traiçoeiros do mundo. Você provavelmente perceberia que ele é um pouco diferente dos outros, talvez mais atento às trilhas ou mais cuidadoso na hora de montar sua pequena mochila de viagem; entretanto, no geral, por causa da previsível segurança de um radioso dia de primavera, seria difícil enxergar o que de fato torna esse líder tão excepcional. Agora, veja-se em uma situação completamente distinta: você está em uma das faces do monte Everest com o mesmo alpinista, lutando contra uma tempestade assassina; nesse ambiente, você veria com muito mais clareza o que o torna diferente dos outros e o que faz dele um grande profissional.

> Estudar líderes em um ambiente extremo é como conduzir um experimento de ciência comportamental ou usar uma centrífuga em laboratório: atirar os líderes para dentro de um ambiente extremo para separar as diferenças gritantes entre grandeza e mediocridade. Nosso estudo analisa como os verdadeiramente grandes se diferenciam dos que são apenas bons, em ambientes que expuseram e amplificaram essas diferenças.

No restante deste capítulo introdutório, vamos traçar um breve esboço de nossa jornada de pesquisa e antecipar algumas das surpresas com que deparamos ao longo do caminho. (Você encontrará uma descrição bem mais detalhada de nossa metodologia de pesquisa nos apêndices reunidos sob o título "As bases da pesquisa".) A partir do capítulo 2, mergulharemos no que aprendemos sobre os líderes dessas empresas e, nos capítulos 3 a 6, vamos entender como eles lideraram e construíram suas empresas de maneira bem diferente da de seus comparativos diretos, que tiveram menos sucesso. No capítulo 7, chegaremos à parte de nossa jornada que, para nós, foi particularmente fascinante: estudar o fator sorte. Definimos a sorte, quantificamos a sorte, determinamos o que ocorreria se as 10X tivessem tido mais sorte (ou não) e descobrimos o que cada líder faz de *modo diferente* em relação à sorte.

O PROCESSO DE IDENTIFICAÇÃO
DOS CASES 10X

Passamos o primeiro ano de nosso trabalho envolvidos em identificar o conjunto primário de cases 10X a serem estudados. Buscávamos cases históricos que tivessem passado por três testes básicos:

1. O empreendimento sustentou resultados realmente espetaculares por um período de 15 anos ou mais, em relação tanto à média do mercado de capitais como a seu setor específico.
2. O empreendimento atingiu esses resultados em um ambiente particularmente turbulento, marcado por eventos incontroláveis, muito rápidos, incertos e potencialmente danosos.
3. O empreendimento começou sua ascensão à grandeza a partir de uma posição de vulnerabilidade; no início de sua jornada para se tornar um dos 10X, ainda era novo e/ou pequeno.

De uma lista inicial de 20,4 mil empresas, filtramos o material sistematicamente, ao longo de 11 camadas de corte, para identificar os cases que foram bem-sucedidos em todos nossos testes (veja "As bases da pesquisa: seleção das empresas 10X"). Como queríamos estudar desempenhos extremos em ambientes extremos, utilizamos padrões igualmente extremos em nossa seleção. O conjunto final de cases 10X (veja a tabela a seguir) foi composto das empresas que tiveram desempenho extraordinário nos períodos que estudamos.

CONJUNTO FINAL DE CASES 10X

Case 10X	Período estudado	Valor investido de US$ 10 mil	Desempenho em relação ao mercado[4]	Desempenho em relação ao setor[5]
Amgen	1980-2002	US$ 4,5 milhões	24 vezes maior	77,2 vezes maior
Biomet	1977-2002	US$ 3,4 milhões	18,1 vezes maior	11,2 vezes maior
Intel	1968-2002	US$ 3,9 milhões	20,7 vezes maior	46,3 vezes maior
Microsoft	1975-2002	US$ 10,6 milhões	56,0 vezes maior	118,8 vezes maior
Progressive Insurance	1965-2002	US$ 2,7 milhões	14,6 vezes maior	11,3 vezes maior
Southwest Airlines	1967-2002	US$ 12,0 milhões	63,4 vezes maior	550,4 vezes maior
Stryker	1977-2002	US$ 5,3 milhões	28,0 vezes maior	10,9 vezes maior

* Retorno acumulado sobre o investimento em ações, com dividendos reinvestidos. Investimentos de US$ 10 mil em cada empresa em 31 de dezembro de 1972, mantidos até 31 de dezembro de 2002; se a empresa não era uma companhia aberta em 31 de dezembro de 1972, o retorno sobre o investimento foi calculado pela taxa média do mercado de capitais até o primeiro mês em que os dados daquela empresa foram disponibilizados pelo Center for Research in Security Prices (CRSP, Centro de Pesquisa de Preços de Ações). Fonte de todos os cálculos de retorno sobre o investimento em ações contidos neste trabalho: ©20061 CRSP®, Center for Research in Security Prices. Booth School of Business, The University of Chicago. Utilização autorizada. Todos os direitos reservados. www.crsp.chicagobooth.edu.

Antes de continuarmos, vamos tratar de um ponto-chave em relação aos cases de nosso estudo. Estudamos *períodos históricos* que terminaram em 2002, e não as empresas como são hoje. É bem possível que, no momento em que você está lendo este livro, uma ou mais companhias de nossa lista tenham tropeçado pelo caminho e não estejam mais entre as grandes. Então, você pode estranhar: "Mas e a empresa XYZ? Não tem um desempenho que possa ser chamado de 10X?". Pense em nossa pesquisa como comparável a um estudo feito com times esportivos durante seus melhores anos. O simples fato de o time de basquete dos Bruins, da

University of California, Los Angeles (UCLA), que ganhou dez campeonatos da National Collegiate Athletic Association (NCAA) em 12 anos sob o comando de John Wooden (décadas de 1960 e 1970), ter decaído depois que o treinador se aposentou não invalida os insights que podemos obter se estudarmos o desempenho da equipe durante seu período de seguidas vitórias.[6] Nessa mesma linha, uma grande empresa pode deixar de ser grande (veja o livro *Como as gigantes caem*, de Jim Collins) sem que isso apague seu período de maior sucesso, os anos em que fazia parte dos livros de recordes. É nesse tipo de período histórico que focamos as lentes de nossa pesquisa e baseamos nossas descobertas.

A FORÇA DO CONTRASTE

Nosso método de pesquisa consiste em ter um conjunto comparativo de empresas. A questão mais crítica, nesse caso, não é "O que as grandes empresas têm em comum?", e sim "O que as grandes empresas têm em comum que as torna diferentes daquelas com as quais são comparadas?". As companhias que fazem parte do conjunto comparativo são do mesmo setor das 10X, tiveram as mesmas (ou muito semelhantes) oportunidades durante o mesmo período e, no entanto, não apresentaram grande desempenho. Utilizando uma estrutura rigorosa de pontuação, identificamos sistematicamente uma empresa de comparação para cada um dos cases 10X (veja "As bases da pesquisa: seleção das empresas do grupo comparativo"). Como grupo, as companhias 10X superaram as de comparação em uma escala superior a 30 para 1 (veja o gráfico "Um estudo de contrastes").[7] Foi justamente o contraste entre as 10X e seus comparativos, durante o período relevante para a análise, que nos levaram a nossas descobertas.

Aqui está, portanto, o conjunto final de cases 10X e suas empresas de comparação: a Amgen foi comparada com a Genentech; a Biomet, com a Kirschner; a Intel, com a AMD; a Microsoft, com a Apple; a Progressive Insurance, com a Safeco; a Southwest Airlines, com a PSA; e a Stryker, com a United States Surgical Corporation (USSC).

VENCEDORAS POR OPÇÃO

Quanto à escolha da Apple como um case comparativo, estamos cientes de que em 2011, ano em que escrevemos este livro, a empresa se destaca com uma das mais impressionantes histórias de recuperação de todos os tempos. O olhar de nossa pesquisa para o contraste entre a Microsoft e a Apple se concentra nas décadas de 1980 e 1990, período em que a Microsoft cresceu muito e a Apple quase se autodestruiu. Se você tivesse adquirido ações da Apple no final de dezembro de 1980, mês de sua primeira oferta pública, e as mantivesse até o final do período de nossa análise, em 2002, seu investimento ficaria mais de 80% abaixo da média do mercado de capitais.[8] Trataremos do incrível ressurgimento da Apple sob a direção de Steve Jobs mais adiante neste livro, mas é importante lembrar aqui que as empresas podem, efetivamente, mudar ao longo do tempo, saindo do grupo comparativo e engrossando o time das 10X, e vice-versa. É sempre possível uma empresa boa se tornar grande.

Notas:
1. O retorno sobre o investimento para todas as empresas foi calculado pela média do mercado de capitais até o primeiro mês em que seus dados foram disponibilizados pelo CRSP.
2. Fonte de todos os cálculos de retorno sobre o investimento em ações contidos neste trabalho: ©20061 CRSP®, Center for Research in Security Prices. Booth School of Business, The University of Chicago. Utilização autorizada. Todos os direitos reservados.
www.crsp.chicagobooth.edu

JIM COLLINS E MORTEN T. HANSEN

SURPREENDIDOS PELOS DADOS

Fizemos então uma profunda análise histórica de cada dupla de empresas. Coletamos mais de 7 mil documentos históricos para construir um entendimento claro sobre a evolução de cada companhia ano a ano, desde sua fundação até 2002. Analisamos sistematicamente várias categorias de dados, entre os quais a dinâmica do setor, as raízes de cada empresa, organização, liderança, cultura, inovação, tecnologia, riscos, administração financeira, estratégia, mudanças estratégicas, rapidez e sorte (veja "As bases da pesquisa" para obter mais detalhes sobre a coleta e análise de dados que fizemos). Não começamos nossa jornada com uma teoria para ser testada ou provada; adoramos nos surpreender com as evidências e mudar de acordo com o que descobrimos pelo caminho.

> Desenvolvemos os conceitos apresentados neste trabalho com base nos dados que reunimos, montando uma estrutura a partir do zero. Adotamos uma abordagem de repetição, gerando ideias inspiradas nos dados, testando essas ideias à luz das evidências e vendo-as ceder sob o peso dessas evidências. Então as substituímos por novas ideias, que revisamos, testamos e revisamos novamente, até que todos os conceitos batessem com as evidências.

Colocamos o maior peso nas evidências pertinentes ao tempo real dos eventos. O cerne de nossa análise sempre foi comparar os casos 10X com os respectivos pares do grupo comparativo ao longo do tempo e perguntar: "O que aconteceu de diferente?". Esse método de questionamento provou ser particularmente poderoso não apenas por desenvolver insights, mas também por derrubar alguns mitos profundamente enraizados. Na verdade, muitas das descobertas ocorreram na direção completamente contrária à de nossa intuição inicial, e todas as principais descobertas surpreenderam pelo menos um de nós. Como uma amostra do que vem por aí, veja alguns dos mitos que a pesquisa derrubou:

Mito arraigado: Os líderes de sucesso em um ambiente turbulento são visionários audazes, com gosto pelo risco.
Descoberta contrária: Os melhores líderes que estudamos não tinham habilidade visionária para prever o futuro. Observavam o que funcionava, descobriam *por que* funcionava e trabalhavam apoiados em bases comprovadas. Não eram mais dispostos a arriscar, mais corajosos, mais visionários ou mais criativos do que os executivos com os quais os comparamos. Eram, sim, mais disciplinados, mais empíricos e mais paranoicos.

Mito arraigado: A inovação diferencia as empresas 10X em um mundo acelerado, incerto e caótico.
Descoberta contrária: Para nossa surpresa, isso não procede. Claro que as 10X inovaram muito. No entanto, as evidências não sustentam a premissa de que essas empresas tenham sido necessariamente mais inovadoras do que seus comparativos diretos menos bem-sucedidos; em alguns casos mais surpreendentes, algumas das 10X foram até *menos* inovadoras. A inovação, em si, acabou não sendo o trunfo que esperávamos; o mais importante foi a capacidade de *dimensionar* a inovação, de combinar criatividade com disciplina.

Mito arraigado: Um mundo cheio de ameaças favorece os mais rápidos: ou você corre, ou você morre.
Descoberta contrária: A ideia de que liderar em um "mundo acelerado" exige "decisões e ações rápidas" – e que devemos abraçar um *éthos* generalizado que implica correr, correr, correr – é uma excelente fórmula de autodestruição. Os líderes das 10X percebem *quando é* hora de acelerar e *quando não é*.

Mito arraigado: Mudanças radicais no ambiente externo exigem mudanças radicais no ambiente interno.
Descoberta contrária: Em relação às empresas de comparação, os cases 10X mudaram *menos* como forma de reagir a seu mundo em transformação. O fato de o ambiente externo estar sendo sacudido por mudan-

ças drásticas não significa, necessariamente, que a empresa deva se autoinfligir mudanças radicais.

Mito arraigado: Grandes empresas 10X bem-sucedidas têm muito mais sorte que as outras.
Descoberta contrária: De modo geral, as 10X não tiveram mais sorte do que seus comparativos diretos. Os dois grupos tiveram sorte – *muita* sorte, boa e má – em quantidades equivalentes. A questão essencial não é a empresa ter sorte, e sim o que vai fazer com sua sorte.

NOVAS LENTES, UMA BUSCA PERMANENTE

Este livro é mais um entre muitos trabalhos sobre o que diferencia as grandes empresas das boas. Tudo começou em 1989, com a pesquisa que resultou em *Feitas para durar*, em conjunto com Jerry Porras, e teve continuidade com o estudo para *Empresas feitas para vencer* e com a análise que gerou *Como as gigantes caem*. O conjunto completo de dados de todas essas pesquisas cobre a evolução de 75 empresas, em um total de mais de 6 mil anos de história corporativa reunida.[9] Portanto, o conteúdo deste livro, ainda que seja o resultado de uma pesquisa diferenciada e original, pode também ser visto como parte de uma jornada mais longa, que explora uma ampla pergunta: "O que é preciso para construir uma grande empresa?".

Para nós, cada pesquisa que iniciamos é como fazer furos em uma caixa preta e acender uma luz dentro dela. Nessa caixa encontramos princípios permanentes que diferenciam as grandes empresas das boas. Cada novo estudo revela outras dinâmicas e nos permite enxergar princípios previamente descobertos de novos ângulos. Não podemos dizer que os conceitos que revelamos são a "causa" da grandeza (ninguém, na área das ciências sociais, pode alegar causalidade), mas podemos afirmar que há correlações enraizadas nas evidências. Se você aplicar nossas descobertas com disciplina, suas chances de construir uma empresa duradoura serão maiores do que se você se comportar como qualquer dos cases do grupo comparativo.

Se você leu *Feitas para durar*, *Empresas feitas para vencer* ou *Como as gigantes caem*, vai ver que os próximos seis capítulos tratam muito pouco dos conceitos revelados nesses livros. Com exceção de uma conexão direta com a liderança de nível 5, decidimos deliberadamente não escrever sobre princípios como o conceito do porco-espinho, primeiro quem (as pessoas certas no barco), valores essenciais, metas audaciosas, culturas de devoção, o paradoxo de Stockdale, a construção de relógios, os cinco estágios do declínio ou o volante. A razão é simples: por que nos alongarmos aqui em temas que já foram muito bem cobertos nos livros anteriores? Dito isso, testamos os princípios levantados nas outras obras e descobrimos que eles *se aplicam* a um mundo caótico e incerto. No final deste livro (veja "Perguntas frequentes"), vamos tratar de perguntas comuns que mostram como os conceitos aqui apresentados se conectam com os dos trabalhos anteriores. O propósito fundamental desta obra, porém, é compartilhar os *novos* conceitos aprendidos no estudo que nos levou a escrevê-la.

Agora que concluímos nossa jornada de pesquisa, sentimo-nos invadidos por uma grande sensação de calma. Não porque acreditamos que a vida vai se tornar estável e previsível em um passe de mágica; ao contrário, as forças da complexidade, da globalização e da tecnologia estão acelerando mudanças e ampliando a volatilidade. Estamos calmos porque entendemos melhor o que é preciso para sobreviver, navegar e vencer. Estamos muito mais bem preparados para o que não podemos prever de jeito algum.

Prosperar em um mundo caótico não é apenas um desafio dos negócios. Na verdade, todo nosso trabalho não é fundamentalmente *voltado para* negócios, e sim para os princípios que diferenciam as grandes empresas das boas. É permanente nossa curiosidade em descobrir o que torna duradoura uma grande organização de *qualquer* natureza. Utilizamos os dados de empresas de capital aberto porque eles apresentam uma métrica de resultados clara e consistente (para que possamos escolher nossos estudos de caso), além de dados históricos extensos e de fácil acesso. Uma grande escola pública, um grande hospital, um grande time de futebol, uma grande igreja, uma grande unidade militar, um grande abrigo público, uma grande orquestra, uma grande instituição sem fins lucrativos – cada uma dessas organizações possui uma definição de "resultados" própria, com base em seu propósito essencial. No entanto, todas elas precisam refletir sobre o que é preciso ter para atingir um desempenho de qualidade superior em meio à incerteza implacável. A grandeza não é apenas uma busca da área de negócios; é uma busca da natureza humana.

Por isso tudo, convidamos você a se juntar a nós em uma jornada para aprender o que nós aprendemos. Desafie, questione; deixe que as evidências falem. Use o que considerar útil e aplique esse conhecimento para criar uma grande empresa que não apenas reaja aos acontecimentos, mas que os molde. Como ensinou Peter Drucker, o influente pensador do management, a melhor – e talvez a única – maneira de prever o futuro é criá-lo.[10]

2

LÍDERES 10X

"A vitória aguarda aquele que tem tudo em ordem – ou sorte,
como as pessoas costumam dizer. A derrota é certa para
aquele que deixa de tomar as precauções necessárias a tempo;
a isso as pessoas chamam má sorte."

Roald Amundsen, *Polo sul**

Em outubro de 1911, duas equipes de aventureiros finalizavam os preparativos para duas expedições que tinham o mesmo objetivo: ser o primeiro grupo humano da história moderna a chegar ao polo sul. Para uma das equipes, seria uma corrida para a vitória e um retorno seguro ao país natal. Para os membros da segunda, a derrota seria devastadora. Eles chegaram ao polo sul apenas para deparar com as bandeiras fustigadas pelo vento da equipe rival, fincadas 34 dias antes. Logo em seguida, tiveram de lutar pela própria vida – luta, aliás, que acabaram perdendo, com o avanço do inverno sobre eles. Todos os cinco integrantes da segunda expedição ao polo sul pereceram por absoluta exaustão, com dores terríveis por causa das gangrenas nos membros congelados e, finalmente, por congelamento, como escreveram alguns em seu derradeiro diário, ao lado de mensagens para os entes queridos.

Temos aí uma dupla quase perfeita. Falemos dos líderes das expedições: de um lado, Roald Amundsen, o vencedor; do outro, Robert Falcon Scott, o perdedor. Os dois estavam na mesma faixa etária (39 e 43 anos)

---

* *Polo sul* [*The South Pole*]. São Paulo: Alegro, 2001. [N. da T.]

e suas experiências eram comparáveis. Amundsen tinha liderado a primeira travessia bem-sucedida da Passagem Noroeste e juntou-se à primeira expedição para passar o inverno na Antártida; Scott tinha liderado uma expedição ao polo sul em 1902, atingindo os 82 graus de latitude sul. Amundsen e Scott iniciaram as respectivas expedições ao polo sul com poucos dias de diferença entre si. Ambos teriam de enfrentar uma viagem de mais de 2,2 mil quilômetros, ida e volta (mais ou menos equivalente a uma viagem de ida e volta entre Chicago e Nova York) em condições incertas e implacáveis; a temperatura poderia chegar facilmente aos 30 °C negativos e piorar muito em função dos ventos catabáticos. Vale lembrar que o ano era 1911. Os viajantes não dispunham de meios de comunicação modernos para se conectar com o acampamento-base: não havia rádio, telefone celular, conexão via satélite etc. Qualquer tipo de resgate no polo sul seria altamente improvável se algo desse errado. Um líder levou sua equipe à vitória e à segurança. O outro conduziu seus homens à derrota e à morte.[2]

O que separava esses dois exploradores? Por que um deles alcançou um sucesso espetacular em condições tão extremas, enquanto o outro não conseguiu nem mesmo sobreviver? São perguntas fascinantes, que servem de analogia com nosso assunto como um todo. Aqui temos dois líderes, ambos em busca de uma realização extrema em um ambiente extremo. E o que acontece é que os líderes das 10X de nossa pesquisa agiram de modo muito parecido com o de Amundsen, enquanto os líderes das organizações do grupo comparativo se comportaram de maneira muito semelhante à de Scott. Voltaremos aos líderes das empresas nas próximas páginas; antes vamos acrescentar um pouco mais de detalhes à história de Amundsen e Scott. (Se você quiser saber mais sobre eles, recomendamos começar com o excelente livro *O último lugar da Terra*, de Roland Huntford[*], um estudo bastante consistente e muito bem escrito, que traça um paralelo entre esses dois homens.)

---

[*] *O último lugar da Terra* [*The last place on Earth*]. São Paulo: Companhia das Letras, 2002. [N. da T.]

VENCEDORAS POR OPÇÃO

VOCÊ É UM AMUNDSEN OU UM SCOTT?

Quando tinha pouco menos de 30 anos, Roald Amundsen precisava ir da Noruega à Espanha para participar de uma viagem de veleiro de dois meses e conquistar um diploma de mestrado. O ano era 1899. Ele tinha 3 mil quilômetros a sua frente. E qual o meio de transporte que escolheu para fazer esse percurso? Foi de carruagem? A cavalo? De navio? De trem?

Nada disso: foi de bicicleta.

Depois, Amundsen decidiu passar pela experiência de comer carne crua de golfinho, para avaliar sua utilidade como fonte de energia. Afinal de contas, pensou, algum dia ele poderia naufragar e se ver rodeado de golfinhos; não custava nada saber se conseguiria comer a carne deles.

Tudo isso fazia parte de uma preparação a que Amundsen se submeteu durante anos para firmar as bases de sua expedição, treinar seu organismo e aprender o máximo possível, por meio da experiência prática, sobre o que realmente funcionava. Fez até uma peregrinação para se tornar aprendiz de esquimó. Quer melhor maneira de saber o que daria certo em condições atmosféricas polares do que passar algum tempo com as pessoas que tinham centenas de anos de experiência acumulada no gelo, no frio, na neve e no vento? Ele aprendeu como os esquimós usavam cães para puxar trenós. Observou que os esquimós jamais tinham pressa; moviam-se devagar e de modo regular, evitando o excesso de suor, que pode se converter em gelo em temperaturas abaixo de zero. Adotou as roupas dos esquimós, soltas no corpo (para ajudar o suor a evaporar) e protetoras. Praticou sistematicamente os métodos dos esquimós e se autotreinou para todo tipo de situação concebível que pudesse encontrar em sua rota rumo ao polo.

A filosofia de Amundsen: não se espera até estar no meio de uma tempestade imprevista para descobrir que é preciso ter mais força e resistência. Ninguém espera até acontecer um naufrágio para ver se consegue comer carne crua de golfinho. Não se espera até estar em uma expedição rumo à Antártida para se tornar um excelente esquiador e adestrador de cães. A pessoa se prepara com intensidade o tempo inteiro para que, quando as circunstâncias estiverem contra ela, consiga se abastecer em um reservatório de energia bem fundo. Da mesma forma, nós nos preparamos de modo que, quando as circunstâncias estiverem a nosso favor, possamos realizar grandes feitos.

Robert Falcon Scott representa um grande contraste com Amundsen. Nos anos que levaram à corrida para conquistar primeiro o polo sul, ele poderia ter treinado como um maníaco com esquis cross-country e percorrido mil quilômetros de bicicleta, mas não o fez. Poderia ter ido viver com os esquimós, mas não foi. Poderia ter praticado com cães, para se sentir seguro no uso dos trenós, em vez de pôneis. Como os pôneis, ao contrário dos cães, suam no couro, acabam presos em chapas de gelo quando amarrados, empacam e lutam na neve e, de modo geral, não comem carne. (Amundsen planejou matar alguns dos cães mais fracos pelo caminho, para alimentar os mais fortes.) Scott escolheu pôneis e também apostou em trenós motorizados, que ainda não haviam sido suficientemente testados nas condições extremas do polo sul. De fato, os trenós motorizados quebraram logo nos primeiros dias, os pôneis se debilitaram muito cedo e a equipe se arrastou na maior parte da jornada atrelada aos trenós, usando o método de "tração humana": avançavam com dificuldade em meio à neve, puxando os pesados trenós.

Diferentemente de Scott, Amundsen dedicou-se a construir enormes depósitos para eventos imprevistos. Na hora de armazenar os suprimentos, não apenas marcou com uma bandeira o depósito principal: cravou 20 flâmulas pretas (fáceis de enxergar, em contraste com a brancura da neve) em pontos precisos nos dois lados, ao longo de vários quilômetros; ou seja, montou um alvo de mais de 10 quilômetros de largura, para o caso de a equipe se desviar ligeiramente do curso na hora de retornar, no meio de uma tempestade. Para acelerar trechos de sua viagem de volta, sinalizou o caminho com restos de caixas a cada meio quilômetro e com bandeiras negras presas em bambus a cada 12. Scott, por sua vez, colocou uma única bandeira em seu depósito principal de suprimentos e não fixou marcos no caminho, o que o deixava exposto a uma catástrofe se saísse do curso um pouquinho que fosse. Amundsen armazenou 3 toneladas de suprimentos para cinco homens, e Scott, 1 tonelada para 17. Em sua reta final para o polo sul a partir dos 82 graus, Amundsen carregou suprimentos extras em quantidade suficiente para alimentar a equipe, caso não encontrassem nenhum dos depósitos marcados, e ainda ter sobras para garantir mais uns 150 quilômetros de caminhada. Scott organizou tudo praticamente no limite do que tinha calculado; com isso, perder um único depósito de suprimentos seria um grande desastre. Um detalhe, em especial, assinala bem a diferença entre as duas abordagens: Scott levou apenas um termômetro para um importante aparelho de medição de altitude e explodiu em "um ataque de cólera e afetação" quando ele quebrou; Amundsen levou *quatro* desses termômetros, de modo a prevenir acidentes.

Amundsen não sabia com exatidão o que haveria pela frente. Não conhecia o tipo do solo, nem a altitude das passagens nas montanhas, nem todas as barreiras que encontraria. Poderia ter sido atingido, com seus colegas, por uma série de eventos desastrosos. No entanto, planejou toda a jornada visando reduzir de modo sistemático o papel das forças gigantescas e das circunstâncias fortuitas, justamente por encarar a possibilidade de defrontar com essas mesmas forças e essas mesmas circunstâncias. Partiu do princípio de que eventos ruins poderiam se abater sobre sua equipe em algum ponto da jornada e se preparou para eles, desenvolvendo planos de contingência para que seus companheiros pudessem avançar em segurança se algum infortúnio o atingisse no caminho. Scott se viu despreparado e reclamou, em seu diário, da má sorte. "Nossa sorte em relação ao tempo é ridícula", escreveu. Em outro registro, disse: "Isso é muito mais do que nossa cota de azar... Quão imenso pode ser o poder do elemento sorte!".

Em 5 de dezembro de 1911, sob o sol claro que brilhava sobre a vasta planície branca, com um ligeiro vento cruzado e uma temperatura de aproximadamente 10 °C negativos, Amundsen chegou ao polo sul. Com sua equipe, fincou ali a bandeira da Noruega, que "se desfraldou com um forte assobio", e dedicou o platô ao rei de seu país. Em seguida, todos recomeçaram o trabalho. Ergueram uma tenda e nela amarraram uma carta ao rei norueguês, na qual relatavam o sucesso da missão. Amundsen endereçou o envelope ao Capitão Scott (presumindo que ele seria o próximo a chegar ao polo) como medida de segurança, caso sua equipe sofresse alguma adversidade e perecesse na viagem de volta. Ele não tinha como saber que Scott e sua equipe estavam puxando seus trenós no braço, a mais de 500 quilômetros atrás deles.

Mais de um mês depois, às 18h30 de 17 de janeiro de 1912, Scott se viu diante da bandeira norueguesa fincada por Amundsen no polo sul. "Tivemos um dia horrível", escreveu em seu diário. "Acrescente-se a nossa decepção um vento de 4 para 5, com uma temperatura de 35 °C negativos... Meu Deus! Este lugar é medonho e terrível demais para todo o trabalho que tivemos até alcançá-lo, sem sermos premiados com a honra de chegar primeiro." Naquele mesmo dia, Amundsen já havia percorrido quase 800 quilômetros na direção norte; quando atingiu seu depósito de suprimentos aos 82 graus, faltavam apenas oito dias mais fáceis de caminhada até o final da viagem. Scott deu meia-volta e também seguiu para o norte. Percorreu mais de mil quilômetros com a equipe puxando trenós a pé, justamente na mudança de estação. O tempo piorou, com ventos cada vez mais fortes e temperaturas cada vez mais baixas, enquanto os suprimentos minguavam e os homens lutavam em meio à neve.

Amundsen e sua equipe chegaram à base em boas condições de saúde em 25 de janeiro – a data exata que ele havia anotado em seu plano. Sem suprimentos, Scott desistiu em meados de março, exausto e deprimido. Oito meses mais tarde, um grupo de reconhecimento britânico encontrou os corpos congelados de Scott e dois de seus companheiros em uma barraca pequena e frágil, coberta de neve, a apenas 15 quilômetros de seu depósito de suprimentos.[3]

COMPORTAMENTOS DIFERENTES EM CIRCUNSTÂNCIAS IGUAIS

Amundsen e Scott alcançaram resultados drasticamente distintos *não* porque se viram diante de circunstâncias drasticamente distintas. Nos primeiros 34 dias das respectivas expedições, eles tiveram *exatamente* a mesma proporção – 56% – de dias de bom tempo em relação aos de mau tempo.[4] Como ambos enfrentaram o mesmo ambiente no mesmo ano com a mesma meta, as causas do sucesso de um e do fracasso do outro não podem ser atribuídas ao ambiente. Os dois alcançaram resultados distintos sobretudo porque apresentaram *comportamentos muito diferentes*.

O mesmo ocorreu com os líderes que estudamos em nossa pesquisa. Assim como Amundsen e Scott, nossos pares de líderes estiveram vulneráveis aos mesmos ambientes no mesmo período. No entanto, alguns líderes provaram ser 10X, enquanto seus pares não conseguiram. Em nossa pesquisa, observamos que os líderes 10X tinham em comum um conjunto de características comportamentais que os diferenciavam dos líderes de comparação. Neste capítulo, vamos apresentar essas características e, nos próximos, explicar como os líderes 10X conduziram e construíram suas empresas de sucesso com base nelas.

Primeiro, vamos falar de tudo o que *não* encontramos nos 10X, em comparação com os líderes menos bem-sucedidos.

Eles *não* são mais criativos.
Eles *não* são mais visionários.
Eles *não* são mais carismáticos.
Eles *não* são mais ambiciosos.
Eles *não* são mais bafejados pela sorte.
Eles *não* correm mais riscos.
Eles *não* são mais heroicos.
Eles *não* são mais propensos a fazer movimentos grandes e ousados.

Vamos ser bem claros: não estamos dizendo que faltaram a esses líderes atributos como intensidade criativa, ambição ferrenha ou coragem para apostar alto. Todos eles apresentavam esses traços, mas *seus comparativos diretos também*.

Então, em que os líderes 10X se diferenciam? Em primeiro lugar, sua atitude compreende um paradoxo entre controle e não controle.

> De um lado, os 10X entendem que enfrentam contínuas incertezas e que não podem controlar nem prever, com absoluta precisão, aspectos importantes do mundo ao redor. De outro, rejeitam a ideia de que forças fora de seu controle ou circunstâncias fortuitas podem determinar seus resultados; ao contrário, assumem inteira responsabilidade pela própria sorte.

Os líderes 10X concretizam suas ideias por meio de três comportamentos essenciais: *disciplina fanática, criatividade empírica* e *paranoia produtiva*. Uma força motivadora central anima esses três comportamentos essenciais: a ambição de nível 5 (veja o diagrama "Liderança 10X"). Essas características comportamentais, que apresentaremos com mais detalhe daqui até o final do capítulo, têm forte correlação com os resultados 10X produzidos em ambientes caóticos e incertos. A disciplina fanática mantém as empresas 10X nos trilhos; a criatividade empírica mantém sua vibração; a paranoia produtiva as mantém vivas; e a ambição de nível 5 se encarrega da motivação inspirada.

LIDERANÇA 10X

DISCIPLINA FANÁTICA

No final da década de 1990, Peter Lewis, então CEO da Progressive Insurance, deparou com um processo aparentemente irracional de Wall Street: o preço das ações da empresa começou a oscilar violentamente, tanto para cima como para baixo. Em 16 de outubro de 1998, subiu quase US$ 20, um salto de 18% em um único dia. Houve alguma mudança muito importante na empresa naquele dia? Não. A economia deu uma guinada repentina? Não. O mercado subiu 18% naquele dia? Também não. Absolutamente nada significativo ocorreu com a Progressive em 16 de outubro de 1998. No entanto, o preço de suas ações registrou a impressionante alta de 18%.

No trimestre seguinte, porém, em 26 de janeiro de 1999, o preço das ações da Progressive despencou aproximadamente US$ 30, uma queda de 19% em um único dia. Houve alguma mudança muito importante na empresa naquele dia? Não. A economia deu uma guinada repentina? Não. O mercado quebrou? Também não. Absolutamente nada significativo ocorreu com a Progressive em 26 de janeiro de 1999. No entanto, o preço de suas ações registrou a impressionante queda de 19%.[5]

Em parte, essas flutuações tiveram origem na convicção de Peter Lewis de que era desonesto encenar falsos ganhos só para satisfazer Wall Street. Ele se recusou a fazer o jogo de anunciar aos analistas ganhos futuros artificiais, para que estes pudessem "prever" tais ganhos com um pouco mais de confiabilidade. Lewis via esse comportamento como uma alternativa duvidosa a análises mais consistentes e a um trabalho de campo mais rigoroso. Também rejeitava a ideia de que uma empresa deveria "gerenciar seus ganhos" equalizando-os de trimestre para trimestre, de modo a não sacudir os mercados; para ele, tais artifícios eram sinônimo de indisciplina. Mas isso gerou um problema: como Lewis rejeitou o modelo corrente – "Eu digo quanto vamos faturar, vocês 'preveem' que vamos faturar isso e todo mundo fica feliz" – e se recusou a equalizar os ganhos, os analistas não conseguiam prever os resultados da Progressive com consistência. Um deles até reclamou: "É mais fácil eu tirar cara ou coroa".[6]

Foi por isso que, em 16 de outubro de 1998, os resultados da empresa ficaram acima das expectativas dos analistas em US$ 0,44 por ação, o que fez o preço subir tanto, e, em 26 de janeiro de 1999, ficaram abaixo das expectativas dos analistas em US$ 0,16 por ação, o que fez o preço cair tanto. Se Lewis continuasse determinado a não participar da encenação, o preço das ações da Progressive continuaria a subir e a descer assustadoramente, o que poderia deixar a companhia vulnerável ao assédio de especuladores. Ignorar esse risco seria o mesmo que um explorador do polo sul decidir ignorar a possibilidade de ter de enfrentar uma tormenta capaz de matá-lo. Capitular, no entanto, seria comprometer os princípios de Lewis. O que fazer, então?

Lewis rejeitou tanto a opção A (ignorar) como a opção B (capitular) e escolheu uma terceira via: a Progressive Insurance passou a ser a primeira empresa norte-americana listada na SEC (Securities and Exchange Comission, ou Comissão de Valores Mobiliários) a publicar seus resultados financeiros mensalmente. Com isso, os analistas teriam à disposição os dados de desempenho reais ao longo do trimestre, o que lhes permitiria estimar com maior facilidade os resultados trimestrais.

Outras companhias tinham se rendido ao jogo da "previsão" porque, de algum modo, sentiram que não tinham escolha, que eram reféns dessa imensa força sobre a qual não tinham controle algum. Lewis, contudo, libertou a Progressive desse cativeiro. Aceitou o fato de que tais pressões existiam, mas conseguiu mitigar seus efeitos com um esforço prodigioso.[7]

E o que essa história tem a ver com "disciplina"?

Disciplina, em essência, implica *consistência das ações* – consistência em relação a valores, a metas de longo prazo, a padrões de desempenho, consistência de método e consistência ao longo do tempo. Disciplina não é o mesmo que arregimentação. Disciplina não é o mesmo que mensuração. Disciplina não é o mesmo que obediência hierárquica ou adesão a regras burocráticas. A verdadeira disciplina requer a independência mental para rejeitar pressões que possam levar uma organização a adotar comportamentos incompatíveis com seus valores, padrões de desempenho e aspirações de longo prazo. Para um líder 10X, a única forma legítima de disciplina é a autodisciplina. É ter a determinação interior para fazer o que for necessário para gerar um grande resultado, a despeito de todas as dificuldades.

Os líderes 10X são absolutamente incansáveis, até monomaníacos, inquebrantáveis no foco em seu objetivo. Não reagem exageradamente às circunstâncias, não sucumbem ao comportamento do "rebanho", nem saem correndo atrás de oportunidades tentadoras, porém irrelevantes. São capazes de enorme perseverança, inflexíveis em seus padrões, mas suficientemente disciplinados para não ir longe demais. Nas discussões de nossa equipe de pesquisa, lutamos muito para encontrar a melhor maneira de descrever a disciplina que identificamos nos líderes 10X. A maior parte dos CEOs tem algum nível de disciplina, mas os 10X operam em um nível muito diferente. Acabamos concluindo que não são apenas disciplinados; eles são *fanáticos*. A decisão de Lewis de publicar relatórios financeiros mensais é análoga a algumas decisões de Amundsen, como ir de bicicleta da Noruega à Espanha e comer carne crua de golfinho; o comportamento desses homens não se encaixa em ponto algum de uma curva normal.

Herb Kelleher, da Southwest Airlines, acreditava apaixonadamente em sustentar uma cultura alegre, divertida e iconoclasta, com pessoas apaixonadas e movidas por um "espírito guerreiro" e rebelde.[8] Kelleher entendia que a excelência no serviço ao consumidor é algo que ocorre naturalmente quando as pessoas se divertem no trabalho e amam sua empresa. Como a Southwest havia crescido de uma pequena linha interna do Texas com meia dúzia de aeronaves a uma companhia aérea de âmbito nacional, tornava-se cada vez mais difícil, e ao mesmo tempo cada vez mais importante, sustentar aquele tipo de cultura. Então, Kelleher resolveu se comportar como um fanático exemplar da cultura que defendia.

"Uma coisa eu aposto com vocês", disse Kelleher ao telejornal *60 Minutes*. "Eu sou o único presidente de companhia aérea deste país que aparece no hangar da manutenção às duas da manhã com chapéu florido, boá de penas e vestido roxo."[9] Quando o convidaram para ser capa da revista *Texas Monthly*, chegou ao estúdio para a sessão metido em um conjunto branco com o zíper da peça de cima meio aberto, deixando entrever o peito nu; a foto de capa mostrava Kelleher fazendo uma espécie de dança no estilo de Elvis, ao lado do seguinte título: "Deu a louca no Herbie".[10] Quando enfrentou uma disputa judicial com a Stevens Aviation em torno da propriedade de um slogan, a reunião com o CEO da concorrente não aconteceu em um tribunal, e sim em uma arena lotada, com centenas de funcionários levantando pompons no ar, para resolver a questão literalmente em uma queda de braço.[11] Nós, na equipe de pesquisa, brincamos que as excentricidades em tecnicolor de Kelleher nos faziam lembrar uma frase de Hunter S. Thompson, com uma ligeira alteração: "Quando as coisas ficam esquisitas, os esquisitos viram CEOs".*

---

* A frase original do jornalista Hunter S. Thompson, um ácido comentarista de seu tempo, é a seguinte: *"When the going gets weird, the weird turn pro"*. Em tradução livre, seria mais ou menos o seguinte: "Quando as coisas ficam esquisitas, os esquisitos viram profissionais". Essa frase, por sua vez, é baseada no adágio *"When the going gets tough, the tough get going"*, que quer dizer: "Quando as coisas ficam duras, os durões têm de se mexer". [N. da T.]

No entanto, enxergar o comportamento incomum de Kelleher como pura esquisitice seria perder a essência da coisa. Ele não estava sendo excêntrico simplesmente por ser; suas atitudes pouco convencionais eram consistentes com o objetivo de animar a cultura, como um ator impactante que encarna perfeitamente seu personagem enquanto está no palco. Kelleher era também um completo monomaníaco em relação à construção da Southwest Airlines e jamais descansou em seu intuito de fazer dela a melhor e a mais criativa companhia aérea de baixo custo. Por isso, ganhou todas as batalhas e todas as guerras contra a concorrência. "Em minhas folgas", explicou ele em 1987, "eu trabalho sete dias por semana, em geral até oito ou nove da noite." Depois dava uma pausa, antes de ir dormir, para avançar na leitura dos milhares de livros espalhados pela casa inteira.[12] Kelleher era como Muhammad Ali: combinava uma intensidade seriíssima com uma atitude exterior a meio caminho entre o arrogante e o cômico. Você poderia rir com Kelleher da mesma forma que se divertiria em uma coletiva de imprensa com Muhammad Ali, mas certamente levaria uma enorme rasteira se ousasse desafiá-lo no ringue. Segundo relatos, Kelleher teria demonstrado toda sua ferocidade competitiva ao falar em uma reunião dos funcionários da Southwest: "Se alguém disser que vai quebrar nossa cara, arrebenta com ele, pisa nele, chuta pra dentro do buraco, cobre com terra e parte para a próxima".[13]

> Tanto Kelleher quanto Lewis, assim como todos os líderes 10X que estudamos, eram não conformistas no melhor sentido. Começaram com valores, com um propósito, com metas de longo prazo e com rigorosos padrões de desempenho, e possuíam a disciplina fanática para aderir a essas premissas. Se para isso fosse necessário sair de seu comportamento normal, paciência: eles fariam isso tranquilamente. Jamais permitiram que pressões externas ou mesmo regras de conduta social os afastassem de seu curso. Em um ambiente incerto e implacável, aderir à loucura das massas é uma boa maneira de ser exterminado.

E por que eles tinham esse nível de independência? Não porque tinham mais audácia inerente, nem porque fossem mais impetuosos ou rebeldes do que outros. Eram mais independentes por serem mais empíricos, o que nos leva ao segundo dos três comportamentos essenciais dos líderes 10X.

CRIATIVIDADE EMPÍRICA

Em 1994, Andy Grove, presidente-executivo da Intel, fez um exame de sangue de rotina que trouxe para sua vida um número perturbador: o PSA* deu fator 5, o que indicava que poderia haver um tumor do tamanho de um cubo de açúcar em sua glândula prostática. Como primeiro passo, o médico sugeriu uma visita ao urologista. A grande maioria das pessoas faria exatamente isso, mas a reação de Grove foi outra. Em vez disso, ele começou a ler artigos de pesquisa escritos por médicos e cientistas *para* médicos e cientistas. Mergulhou fundo nas informações. O que um teste de PSA realmente indicava? Como funcionava a bioquímica? Quais eram as estatísticas de câncer de próstata e os prós e contras das opções de tratamento? Decidiu também "testar os testes" para validar os dados de suas leituras: enviou amostras de sangue para distintos laboratórios, para calibrar o nível de variação nos testes. Só depois disso tudo é que marcou uma consulta com o urologista.

Mesmo assim, Grove não dependeu de seus médicos para montar um plano de tratamento. Depois de fazer uma ressonância magnética e um escaneamento dos ossos, embarcou em um trabalho de pesquisa bem mais abrangente; buscou as fontes originais e fez uma seleção dos dados mais relevantes. Obteve todos os artigos citados na bibliografia de um livro de referência sobre câncer de próstata e devorou tudo; depois, explorou toda a literatura científica que tinha sido publicada sobre o assunto nos seis a nove meses subsequentes à publicação daquele livro e obteve ainda mais material citado nessas publicações. Grove mantinha sua intensa agenda de CEO de dia e seu regime de pesquisas sobre

---

* PSA: antígeno prostático específico, que detecta tumores na próstata. [N. da T.]

a próstata à noite; montava gráficos de dados, cruzava referências de distintos estudos e tentava dar sentido àquilo tudo. Em sua investigação, descobriu que havia uma violenta guerra intelectual em relação a vários tipos de tratamento do câncer de próstata. Compreendeu, então, que estava na hora de montar as próprias árvores de decisão, inserir as próprias equações de probabilidade e chegar às próprias conclusões lógicas, embasadas em dados científicos, sobre seu plano de tratamento. "Como um paciente cuja vida e bem-estar dependiam de uma reunião de mentes", escreveria mais tarde na revista *Fortune*, "compreendi que eu teria de realizar algum trabalho multidisciplinar por minha conta."[14]

Depois de decidir se submeter a uma biópsia, que confirmou a presença de um tumor moderadamente agressivo, Grove concentrou toda sua prodigiosa capacidade mental em resolver o que faria a seguir. Os tratamentos anticancerígenos em geral envolvem alguma combinação de procedimentos que cortam (cirurgia), fritam (radioterapia) ou envenenam (quimioterapia) a pessoa; cada opção tem seus efeitos colaterais, consequências e taxas de sobrevivência próprios. Além do mais, cada médico tende a ter uma propensão para determinado tratamento, por influência de sua especialidade (tudo o que vê um martelo se parece com um prego). Grove encontrou partidários da cirurgia tradicional, da criocirurgia, da radioterapia externa, da terapia seminal, da radioterapia de alta dosagem e de terapias combinadas. A sabedoria convencional dominante apontava para a cirurgia, mas o envolvimento direto de Grove com as evidências o levou a uma escolha diferente: a radioterapia combinada. No final, refletiu Grove, "decidi apostar em meus gráficos".[15]

Bem, nesse momento você deve estar pensando: "Minha nossa, mas que idiota arrogante! Quem ele acha que é para desprezar todo o sistema médico?". Mas veja a questão de outro ângulo: Grove descobriu que o próprio sistema médico tinha enormes dúvidas e que havia discordância entre suas fileiras. Essa dinâmica foi amplificada pelo rápido avanço das tecnologias. Se o problema fosse um braço quebrado, sem incerteza alguma e risco zero de morrer, Grove não teria passado centenas de horas montando gráficos de dados. No entanto, com um volume significativo de incerteza, multiplicado por consequências igualmente significativas, Grove fez o que todos nossos líderes 10X fizeram: voltou-se diretamente para as evidências empíricas.

> Pesquisas em psicologia social indicam que, em tempos de incerteza, a maioria das pessoas se volta para outras pessoas – figuras de autoridade, colegas, grupos com normas estabelecidas – para se orientar e saber como proceder.[16] Os 10X, ao contrário, não buscam a sabedoria convencional para estabelecer seu curso em tempos de incerteza, nem se voltam primeiro para o que as outras pessoas fazem, muito menos para o que os sábios ou os especialistas dizem que devem fazer. Voltam-se primeiramente para as evidências empíricas.

O ponto, aqui, não é ser do contra ou independente só por ser do contra ou independente. A grande questão é ser mais empírico, para fortalecer a independência mental e validar os próprios instintos criativos. "Empírico", nesse caso, significa confiar na observação direta, conduzir experimentos práticos e/ou envolver-se diretamente com as evidências, em vez de confiar em opiniões, caprichos, sabedoria convencional, autoridade ou ideias não testadas. Ter uma base empírica permite aos 10X fazer movimentos ousados, criativos *e* minimizar o risco. A abordagem de Andy Grove em relação ao tratamento de seu câncer foi inusitada e até criativa, porém profundamente embasada em evidências e em rigor científico.

Quando planejou sua expedição ao polo sul, Amundsen montou o acampamento-base em um local que ninguém antes dele havia considerado seriamente; foi uma tacada de mestre, que o colocou quase 100 quilômetros mais perto do polo sul logo de cara. Todo mundo acreditava que McMurdo Sound era o melhor lugar para começar uma expedição em direção ao polo, pois tinha sido usado por outros exploradores e era um ponto comprovadamente estável para montar uma base. Amundsen, porém, vislumbrou outra opção: a Baía das Baleias.

Outros líderes de expedição acreditavam que a Baía das Baleias era formada por gelo instável e, portanto, constituía um lugar arriscado para montar uma base de operações. Amundsen reuniu anotações e diários de expedições anteriores que remontavam à viagem de John Ross em 1841. Estudou cuidadosamente os detalhes e mergulhou nas evidências; analisou o que era consistente e o que era discrepante e avaliou todas as opções. E percebeu uma coisa interessante, algo que passara despercebido àqueles que simplesmente aceitaram a desconfiança convencional em relação à Baía das Baleias: uma parte destacada em forma de domo que permanecia no mesmo lugar havia 70 anos. Amundsen concluiu que aquela parte específica da barreira era, na verdade, um local estável. Sobre sua decisão, escreveu Huntford: "Amundsen foi o primeiro a chegar àquela óbvia conclusão porque foi o primeiro a estudar as fontes... [Ele] era aquela criatura rara, um explorador polar intelectual, com capacidade de examinar as evidências e fazer deduções lógicas".[17]

> De modo geral, os líderes 10X não fizeram movimentos mais ousados do que seus comparativos diretos menos bem-sucedidos: os dois grupos apostaram alto e, quando necessário, tomaram atitudes drásticas. Os 10X também não demonstraram mais confiança natural do que os líderes de comparação; na verdade, estes é que costumavam ser excessivamente autoconfiantes. Contudo, os 10X tinham uma base empírica muito mais profunda para suas decisões e ações, o que lhes dava uma confiança bem embasada e minimizava seus riscos.

Mas será que toda essa ênfase em serem empíricos não torna os 10X inconclusivos? Na verdade, não. Grove agiu decididamente em relação ao câncer depois de mergulhar nas evidências, assim como Amundsen agiu com firmeza ao montar o acampamento principal na Baía das Baleias. Os 10X não favorecem a análise em detrimento da ação; favorecem o *empirismo como base* para ações decisivas.

No entanto, a despeito de toda sua confiança empírica, os 10X nunca se sentem seguros ou confortáveis; de fato, continuam com medo (e mesmo aterrorizados) do que o mundo pode colocar diante deles. Por essa razão, preparam-se com afinco para enfrentar cara a cara o que mais temem, e isso nos traz ao terceiro comportamento essencial.

PARANOIA PRODUTIVA

No início de 1986, os líderes da Microsoft se reuniram com subscritores e advogados para ajustar e aprovar o edital de uma oferta pública inicial de ações. Os subscritores e advogados chegaram preparados para prever todas as desgraças e para se envolver em uma batalha com os líderes da empresa pela necessidade de detalhar todos os riscos que os investidores deveriam levar em conta. Mas, em vez de encontrarem um líder empresarial excessivamente otimista, que pinta um quadro róseo de sucesso irrefreável, depararam com o "Doutor Desastre". Steve Ballmer, na época um dos vice-presidentes, divertia-se em apresentar, um após o outro, cenários e mais cenários de risco, morte, grandes estragos, má sorte e catástrofe. Possibilidades sombrias inundaram a conversa e os subscritores faziam anotações apressadas. Por fim, um deles, depois de uma pausa para digerir toda a carnificina prevista, disse a Ballmer: "Eu odiaria ouvi-lo se você estivesse em um mau dia".[18]

Ballmer tornou-se o Comissário da Preocupação, sob a tutela do próprio Grão-Mestre da Paranoia Produtiva: Bill Gates. Ballmer tinha abandonado os estudos na Stanford Graduate School of Business para embarcar na aventura do amigo Gates. Como lembrou Ballmer, ele fez algumas projeções de crescimento e concluiu que a Microsoft precisaria contratar 17 pessoas. Gates teve um ataque. Dezessete pessoas? Como assim, Ballmer queria levar a empresa à falência? Dezessete pessoas? Nem pensar! Dezessete pessoas? A Microsoft jamais se exporia à ruína financeira! Dezessete pessoas? A Microsoft deveria ter caixa suficiente na mão para resistir por um ano – um ano inteiro! – sem um centavo de receita.[19]

"O medo deve ser seu guia, mas tem de ser um medo latente", disse Gates em 1994. "Penso regularmente no fracasso." Ele pendurou uma foto de Henry Ford em seu escritório, para lembrá-lo de que até os maiores sucessos empresariais podem ser superados, como a Ford foi superada pela General Motors no início da história da indústria automobilística. Preocupava-se constantemente em saber quem poderia ser o próximo Bill Gates: algum estudante secundário maluco, trabalhando feito louco 22 horas por dia em um escritoriozinho sujo, poderia surgir do nada com um torpedo mortal e lançá-lo sobre a Microsoft.[20]

Gates revelou esse seu lado temeroso no episódio que ficou conhecido como "memorando pesadelo". Em um período de apenas quatro dias – de 17 a 20 de junho de 1991 –, a fortuna pessoal de Bill Gates diminuiu em mais de US$ 300 milhões, por causa de uma repentina queda de 11% no preço das ações da Microsoft. Isso aconteceu porque um memorando interno repleto de "cenários de pesadelo" vazou para a redação do jornal *San Jose Mercury News*. Escrito pelo próprio Gates, ele continha uma série de preocupações e ameaças em relação à concorrência, à tecnologia, à propriedade intelectual, a casos legais e aos problemas de suporte ao cliente da Microsoft e proclamava: "Nosso pesadelo é uma realidade". É importante ter em mente que, na época em que o memorando vazou, a Microsoft avançava rapidamente para ser o mais poderoso player de seu setor, com o Windows a ponto de se tornar um dos softwares mais dominantes de todos os tempos. Qualquer um que conhecesse bem Gates saberia que aquele memorando não sinalizava mudanças; ele vivia sempre com medo, sempre se sentia vulnerável e continuaria assim. "Se eu acreditasse de verdade nessa baboseira sobre invencibilidade", disse um ano depois do episódio do "memorando pesadelo", "acho que tiraria férias mais vezes."[21]

Sem dúvida, um grande contraste com John Sculley, que presidiu a Apple durante a maior parte do período comparativo, de meados da década de 1980 ao início da de 1990. Para a empresa, 1988 havia sido um ano particularmente espetacular. Na época, o jornal *USA Today* escreveu: "A Apple não está apenas se recuperando: está dando o maior salto desde 1983. Nos três últimos trimestres, o faturamento cresceu mais de 50% em relação ao mesmo período do ano passado, enquanto o lucro líquido subiu mais de 100%. A continuar nesse ritmo, a fabricante de computadores vai fechar 1988 com o dobro das vendas e do lucro líquido em um período de apenas dois anos". E como Sculley respondeu a isso? Teve medo o tempo todo de que o sucesso da Apple pudesse ser presságio de um possível infortúnio?

Não. Anunciou um período sabático de nove semanas.[22]

Nove semanas!

Sejamos justos: Sculley não planejou desaparecer completamente por nove semanas; participaria das reuniões do conselho, faria encontros com os analistas de mercado e compareceria à MacWorld, entre outras atividades. Ainda assim, é um grande contraste com a atitude de Gates, que respondeu ao sucesso trabalhando obsessivamente e mandando memorandos assustadores. No mesmo artigo do *USA Today*, Sculley disse: "Tenho toda a equipe a postos. As coisas estão bombando. Então eu vou pescar".[23]

Logo no ano seguinte, o retorno sobre o patrimônio da Apple começou a cair. Os quase 40% registrados em 1988 chegaram a 13% em 1994 (nessa época, Sculley já tinha deixado a empresa); em 1996, o resultado foi *negativo*. A Apple continuou a despencar até o retorno de Steve Jobs, no final da década de 1990.[24] Não queremos dizer aqui que o período sabático de Sculley provocou o declínio da Apple ou que o executivo era preguiçoso (quando estava totalmente comprometido, tinha uma ética de trabalho prodigiosa), e sim apenas contrastar sua postura com a paranoia produtiva demonstrada por Gates *o tempo todo*, fosse qual fosse o nível de sucesso alcançado pela Microsoft.[25]

> Os 10X diferem de seus comparativos diretos menos bem-sucedidos em sua atitude de manter hipervigilância nos tempos bons e ruins. Mesmo em condições calmas, claras e positivas, os 10X consideram constantemente a possibilidade de as circunstâncias se voltarem contra eles a qualquer momento. Na verdade, eles acreditam – com con-

> vicção, com 100% de certeza – que as circunstâncias *vão mesmo* se voltar contra eles sem aviso prévio, em algum momento imprevisível no tempo, altamente impróprio. Então, é melhor que estejam preparados.

Assim como Herb Kelleher, da Southwest Airlines, que previu 11 das três últimas recessões*, Andy Grove, da Intel, "procurando a nuvem negra em meio à esperança", Kevin Sharer, da Amgen, que colocou em seu escritório uma foto do general George A. Custer (que conduziu suas tropas à morte em Little Big Horn) para lembrar que o excesso de confiança pode levar ao desastre, ou Bill Gates mandando memorandos assustadores na Microsoft, todos os 10X têm um padrão consistente: ao enxergar toda uma miríade de possíveis perigos, colocam-se em uma posição mais vantajosa para superar esses perigos.[26]

Os 10X não se diferenciam pela paranoia em si, mas por tomarem *providências efetivas* motivados por ela. O comportamento paranoico é extremamente funcional quando o medo é canalizado para uma preparação bem completa e para ações executadas com calma e cabeça fria. Isso é o que torna a paranoia *produtiva*, daí o termo. (Não estamos falando aqui de paranoia no aspecto clínico; apenas demos o nome de "paranoia produtiva" ao comportamento que levou os 10X a transformar a hipervigilância em preparação e ações produtivas.) Bill Gates não ficou só escrevendo memorandos; transformou seu medo em ação. Manteve baixo o custo das instalações da empresa, contratou profissionais melhores, fez uma boa reserva de caixa e começou a trabalhar no próximo software a ser lançado, para estar sempre um passo à frente da concorrência. Depois trabalhou no software seguinte, e no seguinte, e no seguinte...

Assim como Amundsen com seus enormes depósitos de suprimentos, os 10X mantêm uma posição financeira conservadora, guardando dinheiro para se proteger contra dificuldades não previstas. Assim como Amundsen pressentiu grande perigo em apostar em métodos e tecnologias não testados, eles evitam riscos desnecessários, que pode-

---

* Herb Kelleher era tão pessimista em relação à economia que estava sempre prevendo recessões que, no fim, não aconteciam. [N. da T.]

riam expor suas empresas ao desastre. Assim como Amundsen, tiveram sucesso em ambientes incertos e implacáveis graças a uma preparação deliberada, metódica e sistemática, durante a qual sempre se perguntavam: "E se? E se? E se?".

A paranoia produtiva não é apenas uma questão de evitar o perigo e tentar encontrar o atalho mais seguro e agradável ao longo da vida. Os 10X anseiam por realizar um grande objetivo – seja ele uma meta ou uma empresa, seja uma nobre ambição de mudar o mundo ou um desejo de ser útil em condições extremas. Na verdade, como forma de encarar a vida, eles não se preocupam em proteger o que têm, e sim em criar e construir algo realmente grande, maior do que eles próprios. E isso nos leva à força motivadora que rege os três comportamentos essenciais desses líderes 10X.

AMBIÇÃO DE NÍVEL 5

A princípio, chegamos a pensar: "Mas por que alguém ia querer trabalhar com essas pessoas?". Está certo que eles parecem ser um tanto "extremos": paranoicos, do contra, independentes, obsessivos, monomaníacos, exaustivos e por aí vai. Logo no início de nossas conversas sobre a pesquisa, nós os apelidamos de PNFs, sigla de "paranoicos, neuróticos e frenéticos". No entanto, o fato é que atraíram milhares de pessoas, que se juntaram a eles nas respectivas buscas. Se fossem apenas esquisitos, egoístas, antissociais, doidos por natureza, é bem pouco provável que viessem a construir empresas realmente grandes. E por que as pessoas os seguiram? Por causa de uma forma de ambição extremamente fascinante: os 10X canalizam seu ego e sua intensidade para algo muito maior e mais duradouro do que eles mesmos. Sim, com certeza são ambiciosos, mas por um propósito que vai além deles – seja construir uma grande empresa, seja mudar o mundo, seja atingir um grande objetivo que, em última análise, não é em benefício próprio.

Em 1992, a *Business Week* publicou um relatório especial sobre a relação entre o salário dos CEOs e o desempenho das corporações.

Dane Miller, da Biomet – uma das empresas 10X de nosso estudo –, foi o primeiro do ranking: agregou mais valor por dólar da própria remuneração do que qualquer outro CEO. E isso não aconteceu apenas naquele ano. Ele se manteve no topo do ranking – algumas vezes em primeiro lugar, outras bem perto – por mais de uma década, em publicações como *Forbes*, *Business Week* e *Chief Executive Magazine*. Vale lembrar que a década de 1990 foi o ponto de aceleração a partir do qual a remuneração dos executivos começou a entrar em espiral ascendente, alimentada pelas opções de compra de ações, que davam aos CEOs excelentes ganhos se suas empresas fossem bem, mas pouquíssimo prejuízo se os negócios fossem mal. Qual era o pacote de opções de Miller na época? Zero. Seus funcionários tinham opções, mas ele não. Ele tinha participação patrimonial, de maneira inequívoca; assim, sua fortuna pessoal estava ligada ao desempenho da empresa nos momentos bons e também nos ruins.[27] Em certo sentido, levando em conta as normas vigentes no ambiente de negócios, Miller poderia ser considerado o CEO mais mal pago do mundo.

No entanto, Miller demonstrou apenas gratidão ao observar que, em 2000, sua vida foi dedicada a duas coisas: à Biomet e a sua família. "É só isso que desejo fazer em minha vida", disse. "Eu literalmente desfruto cada dia e não só me divirto, como me entusiasmo com o que faço." Com relação a ser o CEO mais mal pago em termos de valor, repudiava a ideia de exercer sua opção de compra de ações só para ter lucro. Qual é o propósito de ganhar mais, mais e mais simplesmente para ter mais, mais e mais? "Qual é o valor incremental de mais um lote de 100 mil ações?", bufava ele. "Em algum momento, você só estará alimentando um incontrolável complexo de avareza."[28]

No livro *Empresas feitas para vencer*, escrevemos sobre os líderes de nível 5, aqueles que exercem a liderança com uma poderosa combinação de humildade pessoal e determinação profissional. Todas as transições de empresa boa para grande apresentadas no livro começaram com a ascensão de um líder de nível 5, que desviou a atenção de si mesmo, manteve um comportamento discreto e liderou as pessoas com padrões inspirados, não com uma personalidade inspiradora. À primeira vista, alguns dos líderes 10X não parecem ser como os líderes de nível 5. Kelleher tinha uma personalidade bufa e excêntrica, cujas extravagâncias com frequência atraíam a atenção sobre si. Peter Lewis era assim também. Ao examinarmos décadas inteiras de documentos da era Lewis na Progressive Insurance, deparamos com uma grande variedade de descrições: "simplesmente esquisito", "biruta", "um desvio-padrão de iconoclasta", "selvagem", "excêntrico", "um ou dois frames fora do padrão normal da tela", "um astro do rock sem habilidade musical alguma", "só não arrasta correntes porque não as tem".[29] Lewis assinava sua carta anual aos acionistas com a peculiar expressão "Alegria, Amor e Paz – Peter B. Lewis". Irrompeu em uma reunião do conselho, em um Halloween, vestido de Cavaleiro Solitário, atirando com pistolas de brinquedo, ao som da abertura de *Guilherme Tell* – uma imagem bem adequada, aliás, tendo em vista que Lewis começou a se ver como o Homem da Máscara.[30] Lewis salta das páginas de nossa pesquisa como um adolescente mergulhado em si mesmo que, de repente, herda a empresa da família e a transforma em uma casa de festas hedonista saída de algum filme B fantasioso para adolescentes.

Entretanto, a despeito das excentricidades e do comportamento às vezes bizarro, Lewis se dedicou totalmente a uma meta, acima de todas as coisas: fazer da Progressive Insurance uma grande empresa.[31] E construiu a companhia para ser grande sem ele. Depois que ele preparou uma transição tranquila para seu sucessor em 2000, a Progressive continuou a crescer e a superar as concorrentes; aumentou o valor agregado e sustentou um elevado retorno sobre o patrimônio.[32] Lewis tinha ego enorme e personalidade colorida? A resposta é sim. Amadureceu e, por fim, canalizou seu ego para a construção de uma empresa que poderia ser grande sem ele? A resposta também é sim.

Os líderes 10X têm em comum o atributo mais importante dos líderes de nível 5: são incrivelmente ambiciosos, mas sua ambição é, antes e acima de tudo, voltada para a causa, para a empresa e para o trabalho, nunca para si mesmos. Enquanto *Empresas feitas para vencer* focou basicamente o aspecto "humildade" dos líderes de nível 5, este trabalho ressalta sua absoluta e feroz determinação.

Algumas vezes os 10X apresentaram suas causas com tons bem exagerados, mesmo quando evitavam sistematicamente qualquer ideia de grandeza pessoal. Gordon Moore, CEO da Intel de meados da década de 1970 a meados da de 1980, sempre manteve um perfil discreto, apesar de ter sido a figura mais importante na construção da empresa em seus primeiros anos de crescimento. Ainda assim, ele via o propósito da Intel em uma dimensão gigantesca e reconhecia que a microeletrônica revolucionaria praticamente todos os aspectos da sociedade. Em 1973, quando a Intel tinha apenas cinco anos de história, disse: "Nós somos de fato os revolucionários no mundo atual – não os caras de cabelo comprido e barba que estavam destruindo as escolas há alguns anos". Como líder, Gordon Moore minimizava sua personalidade, mas construiu uma grande companhia que teria papel catalítico ao revolucionar o próprio funcionamento da civilização.[33]

> Concentrar-se na personalidade minimizada de Gordon Moore ou na personalidade hiperdimensionada de Lewis ou Kelleher seria afastar-se do essencial. A questão fundamental é: "Por que você está nesse negócio?". Os 10X podem ser discretos ou coloridos, nada carismáticos ou magnéticos, discretos ou exibidos, normais a ponto de ser desinteressantes ou esquisitos de carteirinha; nada disso realmente importa, desde que sejam movidos apaixonadamente por uma causa muito maior do que si mesmos.

Todos os líderes 10X que estudamos aspiravam a muito mais do que apenas "ser bem-sucedidos". Não se definiam em termos de dinheiro, de fama ou de poder. Eles se definiam pelo impacto, pela contribuição e pelo propósito. Até mesmo o ultra-ambicioso Bill Gates, que se manteve como a pessoa mais rica do mundo por muitos anos, não foi movido essencialmente pela necessidade de gratificar seu ego. No início de sua carreira, quando a Microsoft começava a ganhar momentum, um de seus amigos comentou: "Bill investe todo seu ego na Microsoft. A empresa é seu primogênito recém-nascido".³⁴ Mais tarde, depois de trabalhar incansavelmente por um quarto de século para fazer da Microsoft uma grande empresa, criando softwares poderosos e contribuindo para concretizar a visão de "um computador em cada mesa", Bill, ao lado de sua esposa, Melinda, fez a si mesmo a seguinte pergunta: "Como podemos fazer o máximo de bem para o maior número possível de pessoas com os recursos que temos?". E então os dois partiram para realizar o audacioso propósito de erradicar a malária da face da Terra, dentre outras metas.³⁵

COMO AS PESSOAS SE TORNAM LÍDERES 10X?

Ficamos curiosos em saber se na criação dos líderes 10X havia aspectos comuns que poderiam tê-los preparado para prosperar em períodos de incerteza. John Brown, da Stryker, por exemplo, cresceu em uma área rural do estado do Tennessee. Sua família lutou muito para conseguir apenas o básico: comida e vestuário. "Vir de uma família modesta faz com que você aprenda a ter foco no essencial", refletiu mais tarde. "Eu sei o que é viver na pobreza, portanto não sou seduzido pela ilusão da fama e da riqueza." Talvez alguém que saiu da miséria, em uma região pobre do Tennessee rural, para tornar-se engenheiro químico e depois se transformar em um executivo de sucesso tenha desenvolvido uma autodisciplina amundseniana que o credencie a superar praticamente qualquer obstáculo.³⁶

Mas nem todos os líderes 10X foram criados com austeridade. Herb Kelleher veio de uma sólida família de classe média e seu pai foi gerente da eternamente estável Campbell Soup Company. Estudou filosofia e literatura na Wesleyan University e se formou com distinção, além de ter presidido o diretório acadêmico. Aluno brilhante da escola de direito da New York University, participou da revisão da legislação e estagiou na Suprema Corte de New Jersey.[37] Peter Lewis cresceu em uma casa confortável em Cleveland, Ohio, e frequentou a Princeton University, antes de assumir o negócio da família.[38]

Além disso, descobrimos que alguns líderes das empresas do grupo comparativo tiveram experiências duríssimas no início da vida. Sim, John Brown teve de abrir o próprio caminho para sair da miséria, mas seu comparativo direto, Leon Hirsch, da USSC, tampouco começou de cima. Fez apenas o segundo grau e, antes de fundar a USSC, só tinha administrado um pequeno negócio capenga de equipamentos de lavagem a seco.[39] Jerry Sanders, da empresa do grupo comparativo AMD, cresceu em uma região de Chicago infestada de gangues. Lá, envolveu-se em um incidente durante uma festa, após um jogo de futebol. Sanders saltou para ajudar um amigo que se envolvera em uma briga com o líder de uma gangue, mas o amigo fugiu na mesma hora em que ele, Sanders, se meteu na confusão. A gangue quebrou seu nariz, fraturou sua mandíbula, rachou seu crânio, cortou seu corpo com um abridor de lata e jogou-o dentro de um contêiner. Sanders perdeu tanto sangue que o hospital chamou um padre para ministrar-lhe a extrema-unção.[40]

Para resumir, não encontramos um padrão consistente na experiência de vida dos líderes 10X em relação aos das empresas do grupo comparativo. Os 10X podem ter vindo tanto de experiências duras na criação como de vidas privilegiadas ou de situações intermediárias. Também constatamos que eles não começaram necessariamente como profissionais 10X; alguns evoluíram e desenvolveram sua capacidade de liderança com o tempo. Herb Kelleher tomou algumas decisões terríveis no início da carreira, como comprar a Muse Air. Peter Lewis percorreu um amplo arco de crescimento ao longo de três décadas e também cometeu algumas asneiras enormes e caríssimas pelo caminho. George Rathmann, fundador da Amgen, não demonstrou nenhuma aptidão genial para a liderança 10X tão cedo. Como não conseguiu entrar na faculdade de medicina, voltou-se para a química como plano B. Passou 21 anos na 3M, "muito bem-visto, mas nunca considerado uma estrela", segundo a *Business Week*. Depois, foi para a Litton Industries. Debateu-se em meio à caótica cultura de aquisições da companhia e mais tarde refletiu: "Deixei a empresa antes que me escoltassem até a saída".[41]

Quando compartilhamos os comportamentos essenciais dos líderes 10X com nossos alunos, com ex-membros de nossa equipe de pesquisa e com alguns leitores críticos, recebemos de volta uma série de perguntas: "Os comportamentos dos líderes 10X podem ser aprendidos?", "Qualquer um pode se tornar um líder 10X?", "É uma boa ser um líder 3X em vez de um líder 10X?", "É absolutamente necessário ser um líder 10X para sobreviver em um mundo caótico?", "Os líderes 10X são felizes?" e por aí vai. Entendemos a razão de todas essas perguntas, mas nosso método de pesquisa não está qualificado para responder a elas.

Dito isso, acreditamos que não é preciso ter a resposta a essas perguntas para entrar em ação. Os próximos capítulos fazem a cartografia dos três comportamentos essenciais dos líderes 10X e apresentam alguns métodos práticos que esses notáveis líderes utilizaram para construir suas organizações. Se sua empresa se envolver inteiramente com esses conceitos e práticas, vai ficar muito parecida com uma das conduzidas por um líder 10X. Então, nossa orientação é bem simples: comece já a aprender e a aplicar as lições práticas dos líderes 10X; conheça sua maneira de liderar e adote-a na construção de uma organização realmente grande, que tenha resultados de excelência, cause um impacto significativo e atinja o status de resistência duradoura. Muita gente consegue alcançar o sucesso individual, mas pouquíssimas empresas realmente grandes provocam um impacto 10X.

RESUMO DO CAPÍTULO 2

LÍDERES 10X

PONTOS PRINCIPAIS

▶ O contraste entre Amundsen e Scott, em sua épica corrida para conquistar o polo sul, é a analogia ideal para a pergunta básica de nossa pesquisa, além de uma das melhores maneiras de ilustrar a diferença entre os líderes 10X e os das empresas do grupo comparativo.

▶ Estoicos e de grande visão, os líderes 10X aceitam sem reclamar o fato de que enfrentam forças sobre as quais não têm controle, que não são capazes de prever com exatidão cada evento que vai ocorrer pelo caminho e que nada pode ser tido como certo; no entanto, rejeitam veementemente a ideia de que a sorte, o caos ou qualquer outro fator externo determinam seu sucesso ou seu fracasso.

▶ Os 10X apresentam três comportamentos essenciais que, combinados, os diferenciam dos líderes menos bem-sucedidos das empresas do grupo comparativo.

- **Disciplina fanática** – Os 10X agem com extrema consistência em todos os aspectos: seus valores, metas, padrões de desempenho e métodos são profundamente consistentes. São pessoas incansáveis, até monomaníacas, inquebrantáveis no foco em seu objetivo.
- **Criatividade empírica** – Diante das incertezas, os 10X não se voltam em primeiro lugar para outras pessoas, para a sabedoria convencional, para figuras de autoridade ou para colegas, em busca de orientação: voltam-se primeiramente para as evidências empíricas. Confiam na observação direta, na experimentação prática e no envolvimento com as evidências tangíveis. Fazem seus movi-

RESUMO DO CAPÍTULO 2

mentos ousados e criativos apoiados em uma sólida base empírica.
* **Paranoia produtiva** – Os 10X mantêm hipervigilância e ficam bastante atentos às ameaças e às mudanças em seus ambientes, mesmo (e particularmente) quando tudo está indo muito bem. Presumem que as circunstâncias vão se voltar contra eles, talvez no pior momento possível. Canalizam seu medo e sua preocupação para ações, preparação, desenvolvimento de planos de contingência, construção de "amortecedores" e manutenção de amplas margens de segurança.

▶ Por trás dos três comportamentos essenciais dos líderes 10X existe uma força motivadora: a paixão e a ambição por uma causa ou empresa que é maior do que eles próprios. Todos têm ego, mas o canalizam para suas empresas e para o propósito delas, nunca para seu engrandecimento pessoal.

DESCOBERTAS INESPERADAS

▶ Disciplina fanática não é a mesma coisa que arregimentação, mensuração, obediência à autoridade, adesão a práticas de censura social ou conformidade com regras burocráticas. A verdadeira disciplina exige independência mental e grande capacidade de manter a consistência diante do instinto de "seguir o rebanho" e das pressões sociais. Ter disciplina fanática significa, muitas vezes, ser não conformista.

▶ A criatividade empírica dá aos líderes 10X um nível de confiança que, aos olhos de quem vê de fora, pode parecer imprudência e ousadia; na verdade, a evidência empírica lhes permite fazer movimentos ousados e diminuir o risco ao mesmo tempo. Ser empírico não significa ser indeciso. Os 10X não favorecem a análise em detrimento da ação; favorecem, sim, o empirismo como base para ações decisivas.

RESUMO DO CAPÍTULO 2

▶ A paranoia produtiva viabiliza a ação criativa. Ao presumir os piores cenários e se preparar para eles, os líderes 10X minimizam as chances de que um evento turbulento ou uma grande onda de má sorte os impeçam de realizar seu trabalho criativo.

PERGUNTA-CHAVE

▶ Ordene os três comportamentos essenciais dos líderes 10X – disciplina fanática, criatividade empírica e paranoia produtiva – do mais forte para o mais fraco, segundo sua avaliação. O que você pode fazer para transformar seu comportamento mais fraco no mais forte?

3
A MARCHA DAS 20 MILHAS

```
           DISCIPLINA
            fanática

              AMBIÇÃO
              de nível
                 5
   PARANOIA            CRIATIVIDADE
   produtiva             empírica
```

"Quando escolhida livremente, a disciplina é a liberdade absoluta."
Ron Serino[1]

Suponha que você tem a oportunidade de investir em uma de duas empresas, A e B. Ambas são pequenas, operam em um setor em rápido crescimento, lançam rapidamente tecnologias de ponta e prosperam de acordo com o aumento igualmente rápido da demanda dos clientes. Têm categorias de produtos, clientes, oportunidades e ameaças semelhantes; na verdade, são um par quase perfeito.

A empresa A estima crescimento médio anual do lucro líquido de 25% em um período de 19 anos.

A empresa B estima crescimento médio anual do lucro líquido de 45% nos mesmos 19 anos.

Pare e pense: em qual delas você vai querer investir?

Sem informações adicionais, a maioria das pessoas investiria na empresa B, inclusive nós.

Acrescentemos, então, um pouco mais de informação.

O desvio-padrão para o crescimento do lucro líquido (indicador que reflete o grau de volatilidade) da empresa A para o período considerado é de 15 pontos percentuais.

O desvio-padrão da companhia B para o mesmo período é de 116 pontos percentuais.

A empresa A vai manter um crescimento consistente e controlado; ficará *abaixo de* 30% em um período entre 16 e 19 anos, apesar de atingir 20% ou mais quase todos os anos. A empresa B vai apresentar um padrão de crescimento muito mais errático e descontrolado. A taxa anual de crescimento de seu lucro líquido ficará *acima de* 30% em um período de 13 a 19 anos; as taxas de crescimento do lucro líquido vão variar de 313% positivos a 200% negativos.[2]

Agora, você provavelmente desconfia que a empresa A acabou se revelando um investimento melhor do que a B, a despeito do fato de que a empresa B, de modo geral, cresceu mais depressa. E você está certo. O mais impressionante, porém, é ver quanto representa esse "ser melhor". Veja o gráfico "Valor por dólar investido – Empresa A versus empresa B".

A empresa A é a Stryker e a B, a USSC. Cada dólar investido na Stryker no final de 1979 (ano de sua primeira oferta pública de ações) e mantido até o final de 2002 foi multiplicado por 350. Cada dólar investido na USSC na mesma data teve um retorno acumulado inferior à média do mercado em 1998 – e depois desapareceu do gráfico. Apesar de todo seu extraordinário crescimento, a USSC sucumbiu a uma aquisição e abriu mão definitivamente da chance de voltar a ser uma grande empresa.[3]

VENCEDORAS POR OPÇÃO

Valor por dólar investido
Empresa A versus empresa B

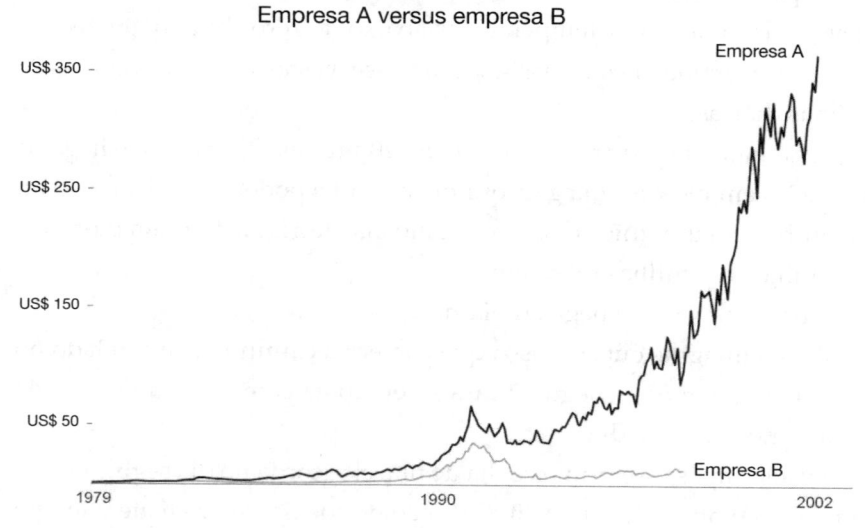

```
US$ 350 -                                                    Empresa A

US$ 250 -

US$ 150 -

US$ 50 -
                                                             Empresa B
         1979                      1990                      2002
```

Nota:
Fonte de todos os cálculos de retorno sobre o investimento em ações contidos neste trabalho: ©20061 CRSP®, Center for Research in Security Prices. Booth School of Business, The University of Chicago. Utilização autorizada. Todos os direitos reservados. www.crsp.chicagobooth.edu.

A MARCHA DAS 20 MILHAS DE JOHN BROWN

Imagine-se em San Diego, Califórnia, com os pés mergulhados nas águas do oceano Pacífico, olhando em direção à terra firme. Você está prestes a iniciar uma caminhada de 3 mil milhas de San Diego até o outro extremo do Maine.

No primeiro dia, caminha 20 milhas e consegue sair da cidade. No segundo, caminha outras 20 milhas. No terceiro, caminha mais 20 milhas, em direção ao calor do deserto. Está muito quente; a temperatura é superior a 38 °C e você gostaria de descansar no frescor de sua tenda, mas não faz isso. Levanta-se e caminha outras 20 milhas.

E continua nesse ritmo: 20 milhas por dia.

Então o tempo refresca e você está em condições mais confortáveis, com o vento às costas, e poderia ir bem mais longe. Mas se segura e modula o esforço, mantendo as 20 milhas diárias.

Depois você chega às altas montanhas do Colorado e é atingido pela neve, pelo vento e por temperaturas abaixo de zero. Tudo o que queria era ficar na tenda; mesmo assim, levanta-se, veste-se e caminha suas 20 milhas diárias.

Você não altera o ritmo: 20 milhas, 20 milhas, 20 milhas. Chega às planícies em meio a uma gloriosa primavera e poderia caminhar 40 ou 50 milhas em um único dia. No entanto, não faz isso; mantém o ritmo e caminha as 20 milhas de sempre.

Finalmente, você chega ao Maine.

Agora imagine outra pessoa que começa a caminhada a seu lado no mesmo dia, em San Diego. O cara se empolga com a jornada e faz 40 milhas no primeiro dia.

Exausto após esse primeiro dia de titã, ele acorda no dia seguinte com uma temperatura de quase 40 °C. Então decide ficar por ali até o tempo arrefecer. Pensa: "Vou compensar a diferença quando as condições estiverem melhores". E mantém esse padrão – grandes caminhadas em dias de tempo bom, alternadas com reclamações e períodos de espera na tenda nos dias ruins – enquanto cruza o oeste dos Estados Unidos.

Pouco antes de chegar às altas montanhas do Colorado, pega uma onda de clima excelente e acelera; caminha entre 40 e 50 milhas por dia, para recuperar o tempo perdido. Mas em seguida enfrenta uma grande tempestade de inverno, justamente quando está à beira da exaustão. Essa tempestade quase o mata e ele se enrosca na tenda para esperar a primavera.

Quando, enfim, a primavera chega, levanta-se, ainda enfraquecido, e segue aos tropeções até o Maine. No momento em que ele entra em Kansas City, você, com seu rigoroso esquema de caminhar somente 20 milhas por dia, já está no outro extremo do Maine. Você o supera, por uma margem muito ampla.

Agora pense na Stryker como uma empresa que adota a "marcha das 20 milhas".

Quando John Brown se tornou CEO da Stryker, em 1977, estabeleceu deliberadamente um benchmark de desempenho para impulsionar um progresso consistente: a empresa deveria atingir um crescimento de 20% em seu lucro líquido todos os anos. Isso era mais do que um mero alvo, um desejo, uma esperança, um sonho ou uma visão. Era "a lei", nas palavras do próprio Brown. Ele instilou "a lei" na cultura da companhia e transformou-a em um projeto de vida.[4]

Brown criou o "Troféu Snorkel", entregue aos que ficavam para trás; o crescimento de 20% ao ano representava a superfície da água. Se alguém ficasse abaixo da superfície, precisaria de um snorkel. Imagine só receber um snorkel das mãos de John Brown para pendurar em sua parede e todo mundo ver que você corria o risco de se afogar... As pessoas trabalhavam como loucas para manter o snorkel bem longe delas.[5]

Imagine agora o que era participar de uma grande reunião da empresa. Ao entrar no salão principal, via-se que todos os representantes de vendas regionais estavam posicionados no espaço de acordo com seu desempenho. Os que tinham atingido sua marcha das 20 milhas ocupavam as mesas da frente, e os que haviam ficado para trás, as mesas do fundo.[6]

As reuniões anuais de avaliação das divisões da Stryker incluíam um café da manhã com o presidente do conselho de administração. Quem atingia a marcha das 20 milhas ia para a mesa de John Brown. Quem não atingia participava de outro café da manhã. "A comida é boa", disse Brown, "mas não é o café da manhã no qual eles queriam estar."[7]

Se uma divisão não alcançasse a meta por dois anos consecutivos, Brown ia pessoalmente dar uma força e trabalhava 24 horas por dia para "ajudar" a equipe a entrar nos trilhos novamente. "Chegávamos a um acordo sobre o que precisava ser feito para corrigir o problema", minimizou Brown. A impressão que se tem é que as pessoas não queriam precisar da ajuda de John Brown. Segundo o *Investor's Business Daily*, "John Brown não quer ouvir desculpas. Os mercados estão ruins? O câmbio está impactando os resultados? Não importa". Ao descrever os desafios que a Stryker enfrentou na Europa, em parte por causa das taxas de câmbio, um analista ressaltou: "É difícil saber até que ponto [o problema] foi afetado por fatores externos, mas para a Stryker isso é irrelevante".[8]

Desde o momento em que John Brown se tornou CEO da Stryker, em 1977, até 1998 (quando seu comparativo direto, a USSC, desapareceu como companhia de capital aberto), com exceção de um ganho extraordinário em 1990, a empresa atingiu a meta de sua marcha das 20 milhas em mais de 90% do tempo. No entanto, apesar de toda a pressão que se impôs, a Stryker estabeleceu também uma restrição igualmente importante: nunca ir muito longe, nunca crescer demais em um único ano. Imagine só a pressão de Wall Street para que uma empresa acelere o crescimento, quando sua maior concorrente está crescendo mais rápido do que ela. Na verdade, o crescimento da Stryker foi mais lento do que o da USSC em mais da metade do período. De acordo com o boletim online *The Wall Street Transcript*, alguns observadores criticaram Brown por não ser mais agressivo. Ele, porém, decidiu conscientemente manter a marcha das 20 milhas, ainda que os críticos insistissem que ele fizesse a Stryker crescer em um ritmo mais acelerado, nos anos do boom.[9]

> John Brown entendeu que, quando se deseja atingir um desempenho consistente, é preciso unir as duas partes de uma marcha das 20 milhas: um limite inferior e um limite superior; um obstáculo que você ultrapassa e um teto acima do qual você não se eleva; a ambição de realizar e o autocontrole para se refrear.

Seria difícil encontrar um contraste mais completo e perfeito para a Stryker do que a ascensão espetacular da USSC. Em 1989, a empresa registrou US$ 345 milhões em vendas; em 1992, estas atingiram US$ 1,2 bilhão, um crescimento de 248% em apenas três anos. A USSC perseguia agressivamente o crescimento; a aposta era em uma nova linha de material de sutura, em um ataque direto à divisão Ethicon, da Johnson & Johnson, que controlava 80% desse segmento. Na época, a conquista de uma pequena participação de mercado, ainda que fosse de apenas 10%, acrescentaria 40% às vendas da USSC. No entanto, seu fundador, Leon Hirsch, escarneceu desse "pensamento pequeno". "Eu ficaria desapontado se conquistássemos só 10% [do mercado de material de sutura] – e a Ethicon ficaria radiante." A USSC abarrotava os estoques dos hospitais, a tal ponto que o *Wall Street Journal* publicou a seguinte nota: "Seguindo a reconhecida e propalada reputação da USSC de fazer marketing agressivo, um profissional de vendas que se esforçava por aumentar o volume uma vez escondeu um estoque tão grande no teto falso do depósito de um hospital que este desabou". A empresa também teve um crescimento explosivo graças à rápida adoção de seus instrumentos laparoscópicos para cirurgia de vesícula biliar (a laparoscopia é uma técnica cirúrgica minimamente invasiva) e cresceu ainda mais com a expansão do uso desses instrumentos para uma variada gama de procedimentos cirúrgicos.[10]

Mas então... bang!... a USSC foi atingida por uma série de tormentas. O espectro da reforma do sistema de saúde feita pelo governo Clinton gerou incerteza e os hospitais reduziram suas compras. O entusiasmo dos médicos pelo uso dos novos aparelhos laparoscópicos para outras cirurgias que não a de vesícula foi muito menor do que o esperado. A Johnson & Johnson mostrou ser uma concorrente de respeito no segmento de material de sutura e reagiu com força total, agarrando-se com unhas e dentes a sua participação de mercado. A J&J atacou também o negócio principal da USSC, o dos aparelhos laparoscópicos, e arrebatou 45% do mercado doméstico em apenas três anos. As receitas caíram e, em 1997, continuavam abaixo do nível de pico registrado em 1992. No final de 1998, a USSC deixou de existir como empresa independente, pois foi adquirida pela Tyco.[11]

A MARCHA DAS 20 MILHAS: BEM DIFERENTE DO QUE ESPERÁVAMOS

Quando iniciamos esse estudo, pensamos que as empresas 10X possivelmente responderiam a um mundo volátil e em constante mudança, cheio de novas oportunidades, com crescimento agressivo e saltos grandes e radicais, pegando com entusiasmo a Nova Grande Onda muitas vezes seguidas. Bem, elas efetivamente cresceram e correram atrás de oportunidades espetaculares ao longo do caminho. Mas as companhias do grupo comparativo, menos bem-sucedidas, tiveram um crescimento *muito mais* agressivo e se meteram em saltos mortais e aventuras radicais de mudança com muito mais intensidade e frequência do que as empresas 10X. Na verdade, estas exemplificaram o conceito que batizamos de marcha das 20 milhas: atingiram marcos de desempenho a passos largos e com grande consistência em um longo período, o que não ocorreu com seus pares de comparação.

> A marcha das 20 milhas é mais do que uma filosofia. É um sistema que inclui mecanismos de desempenho concretos, claros, inteligentes e praticados com o máximo rigor, para que a empresa se mantenha nos trilhos. A marcha das 20 milhas cria dois tipos de desconforto autoimposto: (1) o desconforto de comprometer-se firmemente com o elevado desempenho em condições difíceis e (2) o desconforto de conter-se em condições favoráveis.

A Southwest Airlines, por exemplo, exigia de si mesma ter algum lucro todos os anos, mesmo no período em que o setor inteiro perdeu dinheiro. De 1990 a 2003, o setor aéreo norte-americano como um todo só registrou lucro em seis dos 14 anos. No início da década de 1990, acumulou perdas de US$ 13 bilhões e licenciou mais de 100 mil funcionários. A Southwest, porém, continuou lucrativa e não licenciou uma única pessoa. Apesar de uma epidemia quase crônica de problemas nas companhias aéreas, incluindo falências espetaculares de algumas das maiores, ela teve lucro todos os anos, durante 30 anos consecutivos.[12]

Igualmente importante, a Southwest teve a disciplina para se segurar nos períodos mais favoráveis, de modo a não ir além de sua capacidade de preservar a lucratividade e a cultura. A empresa não se expandiu fora do Texas antes de completar oito anos em operação, quando fez um pequeno movimento e passou a voar para Nova Orleans. Construiu sua trajetória de expansão para outros estados em etapas definidas – Oklahoma City, Tulsa, Albuquerque, Phoenix, Los Angeles – e esperou pelo menos um quarto de século após sua fundação para chegar ao litoral. Em 1996, mais de cem cidades norte-americanas faziam de tudo para ser servidas pela Southwest. E quantas cidades a empresa incorporou naquele ano? Apenas quatro. (Veja o gráfico "Marcha das 20 milhas da Southwest Airlines".)[13]

À primeira vista, isso pode não parecer particularmente significativo. Mas vale parar para pensar sobre o assunto: estamos falando de uma companhia aérea que estabeleceu para si mesma um padrão de consistência em desempenho que nenhuma outra de seu setor atingiu. Se alguém dissesse que a Southwest daria lucro todos os anos durante quase três décadas na aviação comercial – note bem, aviação comercial! –, seria alvo de risos. Ninguém conseguiria isso, só que a Southwest conseguiu. Estamos falando também de uma empresa com ações na bolsa disposta a deixar o crescimento esperar. Quantos líderes de empresas com ações na bolsa teriam autocontrole suficiente para deixar todo esse potencial de crescimento em suspenso, sobretudo durante os períodos de boom, em um momento em que os concorrentes tocam a todo vapor seus projetos de crescimento? Poucos, na verdade, mas a Southwest fez isso também.[14]

> Algumas pessoas acreditam que um mundo marcado por mudanças radicais e forças perturbadoras não mais favorece aqueles que se engajam de maneira consistente em marchas das 20 milhas. No entanto, a grande ironia é que, quando examinamos exatamente esse tipo de ambiente acelerado e fora de controle, constatamos que cada uma das empresas 10X foi um exemplo perfeito da aplicação do princípio da marcha das 20 milhas durante o período coberto por nosso estudo.

A esta altura você pode estar pensando: "Espere aí: vocês estão confundindo as coisas! Talvez as empresas 10X pudessem se dar ao luxo de se comportar assim por serem bem-sucedidas e dominantes. Talvez a marcha das 20 milhas seja um resultado do sucesso, um luxo típico do sucesso, não um fator de sucesso". Entretanto, as evidências demonstram que as empresas 10X adotaram a marcha das 20 milhas muito cedo, bem *antes* de serem grandes empresas.

Além do mais, nenhuma das organizações de comparação adotou algo parecido com uma marcha das 20 milhas com um padrão de consistência próximo ao demonstrado pelas 10X. Esse foi, na verdade, um dos contrastes mais fortes que observamos em nosso estudo (veja "As bases da pesquisa: análise da marcha das 20 milhas"). Algumas empresas do grupo comparativo não seguiram a marcha das 20 milhas em momento algum durante o período estudado; foram elas a USSC, a AMD e a Kirschner. Duas não incorporaram a marcha das 20 milhas em seus piores anos e só recuperaram algum terreno depois que finalmente resolveram adotá-la: a Genentech, na gestão de Arthur Levinson, e a Apple, sob a liderança de Steve Jobs. Por fim, a PSA e a Safeco empreenderam a marcha das 20 milhas em seus primeiros anos, época em que geraram seus melhores resultados, mas depois perderam sua disciplina e ficaram para trás.

Marcha das 20 milhas da Southwest Airlines
Parte 1: Desempenho passo a passo em períodos bons e ruins –
Lucrativa em todos os anos

META ATINGIDA

Lucratividade atingida em todos os 30 anos

✓✓✓✓✓✓✓✓✓✓✓✓✓✓✓✓✓✓✓✓✓✓✓✓✓✓✓✓✓✓

1973   2002

META NÃO ATINGIDA

VENCEDORAS POR OPÇÃO

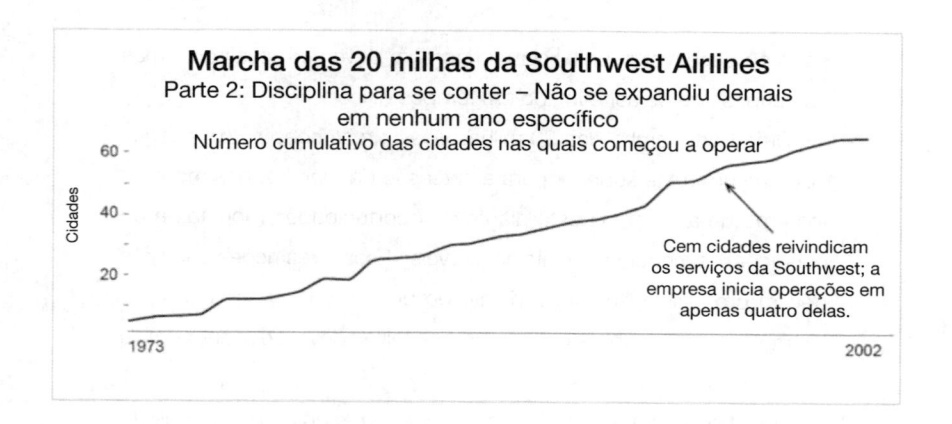

Marcha das 20 milhas da Southwest Airlines
Parte 2: Disciplina para se conter – Não se expandiu demais em nenhum ano específico
Número cumulativo das cidades nas quais começou a operar

Cem cidades reivindicam os serviços da Southwest; a empresa inicia operações em apenas quatro delas.

Marcha das 20 milhas da Southwest Airlines
Parte 3: Retorno acumulado das ações

Notas:
1. Valor de US$ 10 mil investidos de 31 de dezembro de 1972 a 31 de dezembro de 2002.
2. Fonte de todos os cálculos de retorno sobre o investimento em ações contidos neste trabalho: ©20061 CRSP®, Center for Research in Security Prices. Booth School of Business, 2. The University of Chicago. Utilização autorizada. Todos os direitos reservados. www.crsp.chicagobooth.edu.

ELEMENTOS DE UMA BOA MARCHA DAS 20 MILHAS

Uma boa marcha das 20 milhas utiliza *marcos de desempenho* que determinam um limite inferior aceitável para os resultados. Isso gera um desconforto produtivo, bem parecido com treinamento físico pesado ou desenvolvimento mental rigoroso; deve ser desafiador, mas não impossível de ser atingido em tempos difíceis.

Uma boa marcha das 20 milhas possui *restrições autoimpostas*. Isso cria um limite superior para a extensão da marcha, nos momentos em que a empresa está diante de oportunidades robustas e de condições excepcionalmente favoráveis. Essas restrições também devem produzir desconforto diante de pressões e de medos – por exemplo, a sensação de que a empresa talvez devesse avançar mais rapidamente e fazer mais.

Uma boa marcha das 20 milhas é *adequada ao empreendimento* e seu ambiente. Não existe uma marcha das 20 milhas padrão, que sirva para qualquer empreendimento. A marcha da Southwest não se aplicaria à Intel, por exemplo. A marcha de uma equipe esportiva não se aplicaria à do líder de um pelotão do Exército, nem a marcha deste se aplicaria a uma escola.

Uma boa marcha das 20 milhas deve estar *fundamentalmente sob controle interno*.

Uma boa marcha das 20 milhas tem uma *estrutura de tempo do tipo "Cachinhos Dourados"* – nem muito curta, nem muito longa, mas na medida certa. Se a linha do tempo de sua marcha for muito curta, você ficará mais exposto a uma variabilidade incontrolável; se for longa demais, perderá força.

Uma boa marcha das 20 milhas é *concebida e imposta pela própria empresa*, e não exigida por agentes externos, nem copiada de outros. Por exemplo, aceitar simplesmente os "ganhos por ação" como foco de uma marcha só porque Wall Street está visando os ganhos por ação seria falta de rigor e demonstraria pouca ou nenhuma clareza dos fatores de desempenho a serem considerados em um empreendimento específico.

Uma boa marcha das 20 milhas deve ser *realizada com grande consistência*. Boas intenções não contam.

VENCEDORAS POR OPÇÃO

O QUE FAZ UMA BOA MARCHA DAS 20 MILHAS

No início da década de 1970, Peter Lewis articulou uma rígida métrica de desempenho: a Progressive Insurance deveria crescer somente a uma taxa que lhe permitisse sustentar o serviço ao consumidor exemplar e atingir um "índice combinado" lucrativo de 96% em média. O que significa um índice combinado de 96%? Se a empresa vende US$ 100 em seguros, deve pagar no máximo US$ 96 em perdas mais despesas gerais combinadas. O índice combinado resume o desafio central da atividade de seguros, pois precifica os prêmios a uma taxa que permite à seguradora pagar as perdas, prestar um bom serviço ao cliente e ter algum retorno. Se uma companhia baixa seus preços para crescer mais depressa, seu índice combinado pode ser impactado. Se subestima os riscos e administra mal as reclamações, o índice combinado sofre também. E, se o índice combinado é superior a 100%, a empresa perde dinheiro na atividade de seguros.[15]

O mantra "índice combinado lucrativo" da Progressive tornou-se comparável à lei dos 20% de John Brown: um padrão rigoroso a ser atingido ano após ano. A postura da Progressive era a seguinte: "Se os concorrentes baixam suas taxas em uma aposta não lucrativa para aumentar sua participação de mercado, tudo bem, que o façam! Não vamos embarcar nessa e caminhar para a autodestruição. Isso não tem sentido". A Progressive tinha um comprometimento inequívoco com o índice combinado lucrativo, independentemente das condições que enfrentasse, do comportamento de seus concorrentes e de quaisquer oportunidades de crescimento que surgissem, por mais sedutoras que fossem. Como disse Lewis em 1972, "Não há desculpa, problemas regulatórios, dificuldades com a concorrência ou desastre natural que justifiquem não honrar esse compromisso". A Progressive atingiu o índice combinado lucrativo em 27 dos 30 anos do período 1972-2002, com uma média ligeiramente melhor do que sua meta original de 96%.[16]

Comparemos agora a disciplina do índice combinado da Progressive com os critérios destacados no quadro "Elementos de uma boa marcha das 20 milhas".

Marcos de desempenho: confere.
Restrições autoimpostas: confere.
Adequada ao empreendimento: confere.
Fundamentalmente sob controle interno: confere.
Estrutura de tempo do tipo "Cachinhos Dourados": confere.
Concebida e imposta pela própria empresa: confere.
Realizada com grande consistência: confere.

Uma marcha das 20 milhas funciona como um mecanismo prático, poderoso e estratégico. John Brown construiu todo o sistema da Stryker, desde os rápidos ciclos de desenvolvimento de produtos até o Troféu Snorkel, com o objetivo de cumprir "a lei" (crescimento de 20% nos ganhos). Peter Lewis concebeu seu sistema inteiro para atingir o índice combinado de 96%. "Parece simples, mas é muito difícil fazer", disse o sucessor de Lewis, Glenn M. Renwick. "Pense nisso como uma receita. Se você usar mais de qualquer dos ingredientes, não vai atingir o resultado que deseja. Imagine o desastre que seria constatar que você errou a mão em apenas um ingrediente, acrescentando uma quantidade quatro vezes maior do que deveria... Um índice combinado de 96% significa que você tem de ser disciplinado em todos os segmentos de seu negócio. Significa que é melhor crescer de maneira consistente... do que ter sucesso durante um ano e virar pó no seguinte."[17]

Você precisa realizar sua marcha das 20 milhas com 100% de sucesso? As empresas 10X não tinham um registro perfeito, mas quase perfeito. Entretanto, nunca consideraram certo perder o ritmo da marcha. Se o perdessem por um dia que fosse, ficavam obcecadas por saber o que precisavam fazer para retornar ao caminho certo. *Não há desculpa; corrigir nossos erros depende só de nós mesmos e ponto.*

Vamos refletir sobre o triste fim da Safeco, a empresa que selecionamos como comparativo direto da Progressive. Antes da década de 1980, a Safeco demonstrava uma dedicação "quase fanática" a um índice combinado lucrativo nos momentos bons e ruins, de maneira muito parecida com a da Progressive. No entanto, relaxou sua disciplina nos anos 1980 (o gráfico "Marcha das 20 milhas: atingir os marcos ano a ano" mostra o ponto de divergência no final da década de 1980 e no início da de 1990, quando a Safeco abandonou a disciplina, o que não aconteceu à Progressive). A empresa não conseguiu manter seu índice combinado com eficiência, deixou-se seduzir por lucros astronômicos e investiu os prêmios de seguro nos mercados de capitais; com isso, acabou se desviando de seu negócio principal. Em 1989, por exemplo, a Safeco perdeu US$ 52 milhões em sua atividade-fim de subscrição, mas teve US$ 263 milhões em lucros com seu portfólio de investimentos.[18]

> A marcha das 20 milhas impõe ordem em meio à desordem, consistência em meio à inconsistência e à agitação. Mas só vai funcionar se você efetivamente insistir em sua marcha ano após ano. Se definir uma marcha das 20 milhas e não conseguir realizá-la – ou, pior, se abandonar completamente a disciplina fanática –, poderá muito bem ser esmagado pelos acontecimentos.

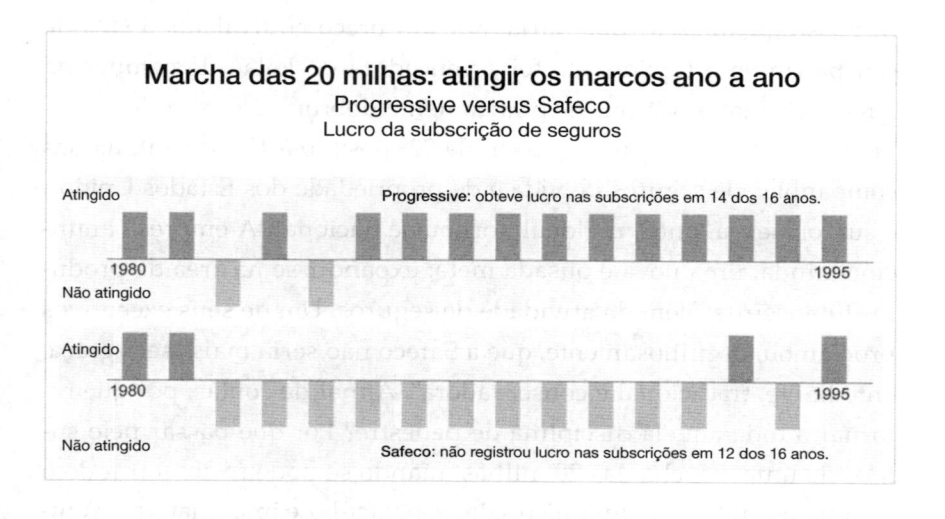

Marcha das 20 milhas: atingir os marcos ano a ano
Progressive versus Safeco
Lucro da subscrição de seguros

Progressive: obteve lucro nas subscrições em 14 dos 16 anos.

Safeco: não registrou lucro nas subscrições em 12 dos 16 anos.

Resultados da marcha das 20 milhas
Progressive versus Safeco
Razão dos retornos acumulados das ações em relação à média do mercado

Notas:
1. A razão de cada empresa em relação à média do mercado foi calculada para o período entre 31 de dezembro de 1979 e 31 de dezembro de 1995.
2. Fonte de todos os cálculos de retorno sobre o investimento em ações contidos neste trabalho: ©20061 CRSP®, Center for Research in Security Prices. Booth School of Business, The University of Chicago. Utilização autorizada. Todos os direitos reservados. www.crsp.chicagobooth.edu.

Então, em 1997, a Safeco divulgou "notícias realmente incríveis" e o "passo gigantesco" que daria: por um preço equivalente a 68% de seu patrimônio líquido, ela foi a vencedora do leilão de compra da American States. Com isso, praticamente dobrou sua força de distribuição para 8 mil agentes, passou da 22ª posição à 12ª no ranking das companhias de seguros de vida e de propriedade dos Estados Unidos, e sua presença, antes regional, tornou-se nacional. A empresa anunciou, ainda, uma nova e ousada meta: expandir-se na área de produtos financeiros, além da atividade de seguros. Um de seus executivos proclamou, orgulhosamente, que a Safeco não seria mais "sem graça, entediante, tradicional e conservadora". Afinal de contas, por que retornar a toda aquela disciplina de pedestre? Por que passar pelo sufoco de uma marcha das 20 milhas quando se pode recuperar todo o terreno perdido com um único salto espetacular e imaginativo? Arauto da grande escalada da empresa, o CEO, Roger Eigsti, abriu sua carta anual aos acionistas em 1997 com as seguintes palavras: "As futuras gerações vão se lembrar de 1997 como um ano excepcional para a Safeco".[19]

VENCEDORAS POR OPÇÃO

A virada de fato foi excepcional, mas não como Eigsti previu. O índice combinado sofreu grande impacto e a empresa não registrou lucros em 1998, 1999, 2000, 2001 e 2002. "Talvez tenhamos ido longe demais em nome do crescimento", disse um dos executivos sobre a queda da Safeco. Cada dólar investido na empresa no início de 1997, o ano da aquisição da American States, perdeu 30% do valor nos três anos seguintes, uma queda de 60% em relação à média do mercado. Três anos depois do grande e ousado salto da Safeco, Eigsti anunciou sua aposentadoria e o conselho saiu em busca de um novo CEO, recorrendo ao mercado para conseguir um salvador que mudasse o destino da empresa. Do início de 1976 até 2002, a Safeco só atingiu índice combinado lucrativo em 10 dos 27 anos; no mesmo período, a Progressive – a entediante campeã em índice combinado consistente – gerou um retorno acumulado para os acionistas quase 32 vezes maior do que o da Safeco.[20]

Ainda que as três marchas das 20 milhas que discutimos até agora – o crescimento de 20% nos ganhos da Stryker, a lucratividade ano a ano da Southwest Airlines e o índice combinado de 96% da Progressive Insurance – tenham sido financeiras, queremos deixar claro que é possível empreender marchas não financeiras também. Uma escola pode realizar uma marcha focada no desempenho dos alunos. Um hospital pode fazer uma marcha voltada para a segurança dos pacientes. Uma igreja pode adotar uma marcha centrada no número de conversões religiosas. Uma agência governamental pode promover uma marcha visando a melhoria contínua. Um movimento de sem-teto pode empreender uma marcha para conseguir moradias para seus integrantes. Um departamento de polícia pode criar uma marcha pela redução da criminalidade. Mesmo as empresas podem definir marchas não financeiras – uma marcha pela inovação, por exemplo. A Intel montou sua marcha das 20 milhas em torno da ideia da Lei de Moore: duplicar a complexidade de componentes por circuito integrado a um custo acessível em cada período de 18 meses a dois anos. A Intel sustentou seu compromisso de atingir a Lei de Moore tanto nas épocas de boom como durante a depressão do setor; reteve seus melhores engenheiros, avançou sempre rumo à próxima geração de chips, investiu de maneira consistente em sua marcha criativa ano após ano, sem exceção e em qualquer circunstância, por mais de 30 anos.[21]

OS CONTRASTES NAS MARCHAS DAS 20 MILHAS ATÉ 2002

Case 10X	Case comparativo
Stryker Atingiu crescimento de 20% nos ganhos anuais. Praticou também a marcha das 20 milhas pela inovação, por meio de inúmeras repetições e extensões de produtos. Restringiu o crescimento em períodos de sucesso, o que lhe permitiu enfrentar eventos difíceis do setor, entre 1992 e 1994.[22]	*USSC* O crescimento dos ganhos foi errático. Perseguiu grandes inovações de ponta, em vez de empreender uma marcha das 20 milhas pela inovação. Expandiu-se além de suas possibilidades em tempos difíceis, particularmente entre 1992 e 1994. Foi vendida em 1998.[23]
Southwest Airlines Registrou lucratividade por 30 anos consecutivos. Diferentemente de outras companhias aéreas importantes, teve lucro em 2002, apesar da tragédia de 11 de setembro de 2001. Restringiu o crescimento para garantir a lucratividade e preservar a cultura.[24]	*PSA* Adotou uma filosofia alinhada com o conceito da marcha das 20 milhas, com lucratividade consistente, no início de sua história, mas abandonou-a na década de 1970. Sucumbiu a uma aquisição pela US Air em 1986.[25]
Progressive Insurance Manteve o índice combinado abaixo de 100% em todos os anos, com uma média de 96% no período. Atingiu índice combinado lucrativo em 27 dos 30 anos considerados. Limitou o crescimento para garantir a manutenção dos padrões de subscrição e alcançou seu objetivo em relação ao índice combinado.[26]	*Safeco Insurance* Focou o índice combinado no início de sua história. Tornou-se inconsistente nos anos 1980 e partiu para o crescimento rápido com a aquisição bombástica da American States na década de 1990. Atingiu índice combinado lucrativo em apenas 10 dos 27 anos do período considerado.[27]

VENCEDORAS POR OPÇÃO

Intel Defendeu a Lei de Moore, duplicando a complexidade de componentes por circuito integrado a um custo mínimo em cada período de 18 meses a dois anos. Perseguiu esse objetivo incansavelmente durante todo o período de nossa análise.[28]	*AMD* Perseguiu repetidamente grandes lucros nas fases boas (muitas vezes contraindo dívidas significativas), o que deixou a companhia despreparada para tempos difíceis (particularmente 1985-1986). Não há evidência de marcos de desempenho equilibrado.[29]
Microsoft Praticou a marcha das 20 milhas pela inovação, voltada para o contínuo aperfeiçoamento de softwares. Muitas vezes começou com produtos imperfeitos, mas empreendeu sua marcha por melhorias ano após ano, o que a tornou dominante em seu setor. Nunca passou dos limites em termos financeiros, portanto nunca precisou dar uma pausa em sua marcha.[30]	*Apple* No início de sua história, não seguiu a marcha das 20 milhas. Teve crescimento dos lucros inconsistente e alguns reveses em meados da década de 1980, assim como no início e em meados dos anos 1990. Adotou a marcha das 20 milhas pela inovação com o retorno de Steve Jobs, fator essencial para sua retomada, na década de 2000.[31]
Amgen Empreendeu a marcha das 20 milhas pela inovação, com base em inovações incrementais nos produtos e em marcos no desenvolvimento de produtos. Optou pelo desenvolvimento contínuo de medicamentos já existentes para novas indicações. Isso resultou em forte crescimento da receita.[32]	*Genentech* Não realizou a marcha das 20 milhas entre 1976 e 1995, por causa da mentalidade voltada para "apostar alto", aliada a um excesso de promessas, o que resultou em derrocada. Depois de 1995, adotou uma estratégia análoga à da marcha das 20 milhas dividindo suas metas para cinco anos em uma série de ações com prazo de um ano.[33]
Biomet Focada em um crescimento lucrativo consistente, teve resultados positivos em 20 dos 21 anos considerados. Empreendeu também a marcha das 20 milhas pela inovação, com rápidos ciclos de desenvolvimento de produtos. Tomou o cuidado de jamais ir além de seus limites.[34]	*Kirschner* Não optou pela marcha das 20 milhas. Embarcou em uma estratégia de "crescimento rápido por meio de aquisições" e se endividou para isso. O resultado foi a crise e a venda da empresa em 1994.[35]

POR QUE AS EMPRESAS QUE ADOTAM A MARCHA DAS 20 MILHAS VENCEM

A marcha das 20 milhas ajuda a virar a situação a seu favor por três razões:

1. Gera confiança em sua capacidade de ter bom desempenho em circunstâncias adversas.
2. Reduz a probabilidade de ocorrer uma catástrofe, caso você seja atingido por uma circunstância turbulenta.
3. Ajuda você a exercer o autocontrole em um ambiente fora de controle.

CONFIANÇA VINDA DO DESEMPENHO EM MEIO À ADVERSIDADE

A confiança não vem de palestras motivacionais, inspiração carismática, grandes reuniões de mobilização, otimismo infundado ou esperança cega. Taciturno, despojado e reservado, John Brown, da Stryker, sempre evitou tudo isso. A empresa conquistou a autoconfiança com resultados reais, por ter atingido rigorosos padrões de desempenho ano após ano, independentemente da situação do setor. John Brown trabalhava como um treinador de atletismo que prepara seus atletas para correr com mais intensidade no final de cada sessão de exercícios, no vento, no calor, na chuva, na neve, em quaisquer condições. Assim, se no dia do campeonato o tempo estiver quente, com vento, chuva ou neve, os corredores se sentem confiantes por causa da própria experiência: podem correr com pique total porque treinaram duramente, mesmo quando não se sentiam bem, porque praticaram bastante para correr a toda a velocidade em condições terríveis!

> Realizar uma marcha das 20 milhas com consistência, tanto nos momentos bons como nos ruins, faz a confiança aumentar. Uma realização tangível diante da adversidade reforça a perspectiva 10X: *em última instância, somos responsáveis por melhorar nosso de-*

VENCEDORAS POR OPÇÃO

> *sempenho*. Nunca jogamos a culpa nas circunstâncias, muito menos no ambiente.

Em 2002, em nosso laboratório de pesquisa em Boulder, Colorado, recebemos um telefonema de Lattie Coor, ex-presidente da Arizona State University e, mais tarde, presidente do conselho do Center for Future of Arizona. "Identificamos a educação de crianças de origem latina como uma das prioridades de nosso estado", disse ele. "Precisamos descobrir como solucionar o problema. Vocês podem nos dar alguma orientação?" Coor teve a ideia de criar um estudo padronizado segundo um método de comparação de duplas, bem semelhante ao que desenvolvemos neste estudo, só que aplicado à educação. Eles identificariam as escolas públicas que haviam apresentado bom desempenho em condições adversas e que possuíam um contingente significativo de alunos de origem latina; então comparariam essas escolas com outras escolas públicas que, em circunstâncias semelhantes, não tinham atingido bom desempenho e estudariam as diferenças.

Coor reuniu uma equipe de pesquisadores liderada por Mary Jo Waits, que conduziu o estudo *Beat the odds** com a orientação de nosso laboratório de pesquisa.[36] Eles descobriram que fatores fora do controle do diretor – como o tamanho das turmas, a duração do dia escolar, o valor dos subsídios e o nível de envolvimento dos pais – *não* diferenciavam sistematicamente as escolas de melhor desempenho das do grupo comparativo. É claro que alterações nessas variáveis poderiam melhorar o desempenho da educação em todas as escolas, mas as do grupo de "superação das dificuldades" canalizavam suas energias para o que *podiam fazer*. Os pesquisadores identificaram um conjunto de disciplinas práticas que estavam no campo de controle de cada escola individualmente, *mesmo* em circunstâncias adversas. Cada escola do grupo de "superação das dificuldades" se responsabilizou por um resultado bem claro em termos de desempenho acadêmico, com base em três preceitos articulados no relatório do estudo:

---

* *Beat the odds* significa "superar as dificuldades", em tradução livre. [N. da T.]

▶ Nem pense em apontar culpados quando os alunos não estão aprendendo. Tenha a coragem de encarar o problema e de assumir a responsabilidade.

▶ Não imagine que a solução está "lá fora". Se os alunos não estão aprendendo, a escola precisa mudar.

▶ Ninguém tem permissão de se acomodar. Se cada aluno em cada sala de aula não está aprendendo, a escola não está fazendo seu trabalho.

Em 1997, a escola de ensino fundamental Alice Byrne, de Yuma, Arizona, não apresentou desempenho melhor do que uma escola similar à qual foi comparada e o nível de leitura de seus alunos do segundo ano ficou substancialmente abaixo do da média do estado. A diretora, Juli Tate Peach, recusou-se a capitular diante das circunstâncias difíceis. Sim, muitos alunos vinham de famílias latinas pobres. Sim, a escola tinha um orçamento reduzido. Sim, os professores se sentiam pressionados a fazer mais com menos. No entanto, Juli Peach e seus professores superaram esses obstáculos e melhoraram gradualmente o desempenho em leitura dos alunos em cerca de 20 pontos percentuais, superando a média do estado. Enquanto isso, a escola que foi comparada à Alice Byrne não teve, *em circunstâncias semelhantes*, melhora substancial no nível de leitura dos alunos do segundo ano. Por quê?

Juli Tate Peach imprimiu disciplina fanática em uma única meta, totalmente focada: o desempenho individual do aluno em habilidades básicas, como a leitura. Fez com que a escola passasse a mensurar o progresso não apenas no final do ano, mas também ao longo de todo o período, trabalhando com os professores para monitorar o desempenho e adotar ações corretivas pelo caminho. Criou uma cultura colaborativa, em que professores e administradores passaram a estudar os dados e a compartilhar ideias, para descobrir como ajudar cada aluno a melhorar o desempenho pessoal. Todos mergulharam de cabeça em um ciclo de instrução, avaliação e intervenção, aluno por aluno, em uma incansável marcha das 20 milhas pela aprendizagem, o ano inteiro. Os resultados melhores aumentaram a confiança e a motivação, o que reforçou a disciplina, levando a resultados ainda melhores, que aumentaram a confiança e a motivação, de novo reforçando a disciplina, e assim sucessivamente, sempre em um crescendo.

Os diretores das escolas do grupo de "superação das dificuldades" do Arizona entenderam que cair na armadilha da próxima "reforma revolucionária" – correr de um programa para outro, da moda deste ano para a do ano seguinte – destrói a motivação e faz erodir a confiança. O ponto crucial não está em encontrar o programa perfeito ou esperar por uma reforma educacional de abrangência nacional, e sim em partir para a ação, escolher um bom programa, instilar na equipe a disciplina fanática necessária para fazer progressos de maneira incansável e repetitiva, e ater-se ao programa por tempo suficiente para gerar resultados sustentáveis. O que lhes deu confiança foi justamente o *fato* de terem melhorado os resultados. Se você supera as dificuldades, passa a confiar em que poderá superá-las de novo, o que aumenta a confiança de que será possível superar as dificuldades todas as vezes que for necessário.[37]

PREVENÇÃO DE CATÁSTROFES

Na década de 1980, a AMD quase se autodestruiu por não empreender a marcha das 20 milhas. Em 1984, Jerry Sanders declarou que a empresa se tornaria a primeira fabricante de semicondutores a ter crescimento de 60% por dois anos consecutivos e que poderia crescer mais em um único ano do que em todos seus 14 anos de história. E não foi só isso: anunciou também que a AMD se dedicaria a ser a empresa número um em circuitos integrados até o final da década, à frente da Intel, da Texas Instruments, da National Semiconductor, da Motorola ou de qualquer outra concorrente norte-americana. Sua postura representava um grande contraste com a da Intel, cujo CEO, Gordon Moore, declarou exatamente na mesma época que seu objetivo era *limitar* o crescimento da Intel, para minimizar as chances de vir a perder o controle. Ainda assim, a Intel cresceu rápido, mas conteve seu crescimento em comparação com a AMD; entre 1981 e 1984, a AMD cresceu quase duas vezes mais do que a Intel e mais rápido do que qualquer uma de suas concorrentes nos Estados Unidos.[38]

Então, em 1985, o setor de semicondutores entrou em uma recessão muito séria. Isso impactou tanto a Intel como a AMD, mas esta sofreu muito mais: em apenas um ano, as vendas caíram de US$ 1,1 bilhão para US$ 795 milhões.[39] A AMD, que tinha triplicado sua dívida de longo prazo, levou anos para se recuperar. Quando as duas empresas emergiram da tormenta, a Intel largou na frente de vez. Nos 12 anos anteriores à catástrofe do setor em 1985, o retorno das ações da AMD superou o da Intel, em parte alimentado pelo fato de a AMD ter triplicado suas vendas entre 1981 e 1984. Após o período difícil, porém, a AMD ficou para trás, enquanto a Intel cresceu vertiginosamente; do início de 1987 a 1994, o retorno para os acionistas da Intel foi mais de cinco vezes maior do que o da AMD e continuou a crescer, a ponto de superar a concorrente em mais de 30 vezes, até 2002. (Veja o gráfico "A marcha das 20 milhas da Intel versus a ascensão e a queda da AMD".)[40]

Se você esgotar seus recursos, desgastar-se até a exaustão e em seguida for atingido no momento errado por um choque externo, poderá ter sérios problemas. Se mantiver sua marcha das 20 milhas, reduzirá as chances de ser derrubado por qualquer incidente inesperado e de grandes proporções. Todos os líderes 10X dispararam na frente de seus comparativos diretos durante períodos turbulentos. Situações de grave instabilidade favorecem os adeptos da marcha das 20 milhas. É nesses momentos que eles brilham de verdade.

VENCEDORAS POR OPÇÃO

A marcha das 20 milhas da Intel
versus a ascensão e a queda da AMD
Razão dos retornos acumulados das ações em relação à média do mercado

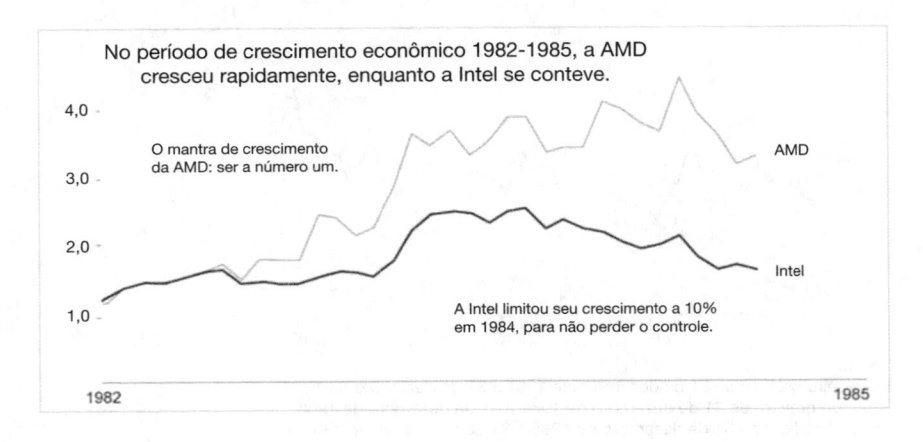

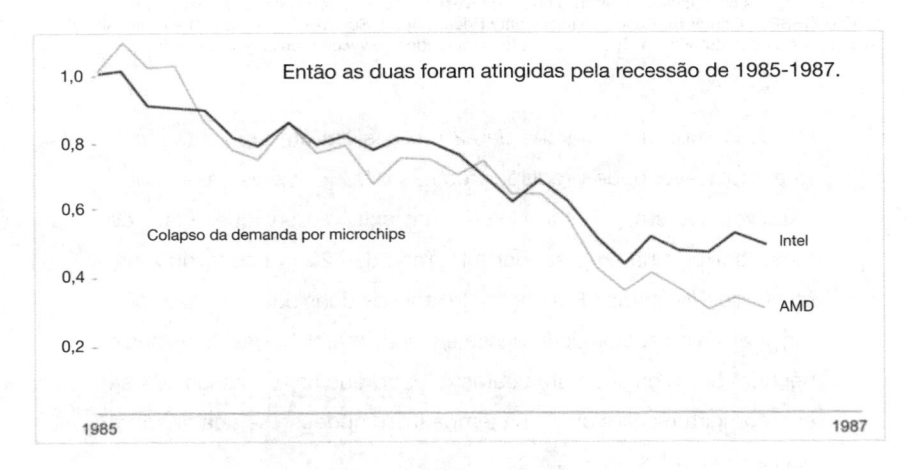

No período de crescimento econômico 1982-1985, a AMD cresceu rapidamente, enquanto a Intel se conteve.

O mantra de crescimento da AMD: ser a número um.

A Intel limitou seu crescimento a 10% em 1984, para não perder o controle.

4,0
3,0
2,0
1,0

AMD
Intel

1982 — 1985

Então as duas foram atingidas pela recessão de 1985-1987.

Colapso da demanda por microchips

1,0
0,8
0,6
0,4
0,2

Intel
AMD

1985 — 1987

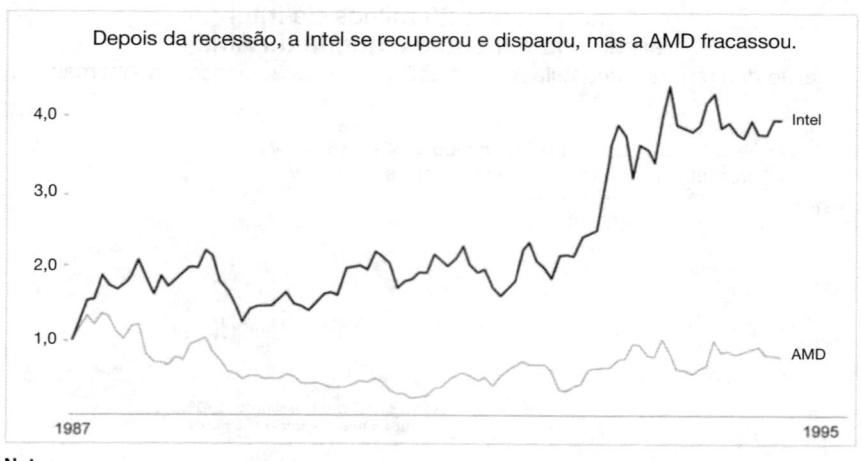

Depois da recessão, a Intel se recuperou e disparou, mas a AMD fracassou.

Notas:
1. Primeiro gráfico: de 31 de dezembro de 1981 a 31 de dezembro de 1984.
Segundo gráfico: de 31 de dezembro de 1984 a 31 de dezembro de 1986.
Terceiro gráfico: de 31 de dezembro de 1986 a 31 de dezembro de 1994.
2. Fonte de todos os cálculos de retorno sobre o investimento em ações contidos neste trabalho: ©20061 CRSP®, Center for Research in Security Prices. Booth School of Business, The University of Chicago. Utilização autorizada. Todos os direitos reservados. www.crsp.chicagobooth.edu.

> O fracasso de uma marcha das 20 milhas em um ambiente incerto e implacável pode predispor à catástrofe. Todos os casos comparativos tiveram, em sua história, um episódio em que o fato de terem deixado de empreender a marcha das 20 milhas levou a um resultado devastador. Em contraste, apenas duas das empresas 10X registraram episódios de fracasso em suas marchas das 20 milhas e nenhum deles originou uma catástrofe, porque as empresas 10X se autocorrigiram antes que uma tempestade pudesse se abater sobre elas e eliminá-las.

Quando examinamos de maneira sistemática os períodos de turbulência em cada setor estudado, identificamos um grave contraste. Em 29 eventos nos quais as empresas empreenderam a marcha das 20 milhas em meio a um episódio turbulento de seu setor, todas, sem exceção, saíram da turbulência com bons resultados; foram 29 sucessos de um total de 29, em 100% do tempo. No entanto, em 23 eventos nos quais as empresas não realizaram a marcha das 20 milhas em um episódio turbulento de seu setor, em apenas três elas tiveram bons resultados; nos outros 20, as coisas não correram bem.

Em um ambiente caracterizado pela imprevisibilidade, cheio de grandes ameaças e oportunidades, ninguém pode se dar ao luxo de se expor a situações inesperadas. Se você faz uma caminhada em meio ao calor e à claridade de um dia de primavera, por uma trilha agradável, ampla e bucólica perto de casa, pode abusar um pouco; talvez precise tomar um comprimido de algum relaxante muscular para aliviar os músculos cansados quando chegar em casa. No entanto, se você está no Himalaia ou em uma expedição rumo ao polo sul, as consequências de qualquer exagero costumam ser muito mais graves e talvez você nem consiga se recuperar. Durante algum tempo você pode escapar impune de qualquer imprevidência em relação a sua marcha das 20 milhas, mas essa atitude o tornará fraco e indisciplinado, e, portanto, você estará vulnerável quando os tempos instáveis chegarem. E eles sempre chegam.

AUTOCONTROLE EM UM AMBIENTE FORA DE CONTROLE

Em 12 de dezembro de 1911, Amundsen e sua equipe atingiram um ponto que ficava a 45 milhas do polo sul. Ele não tinha a menor ideia do paradeiro de Scott, que havia seguido por uma rota diferente, um pouco mais para o oeste; assim, até onde Amundsen sabia, Scott estava a sua frente. O tempo tinha clareado e estava tudo calmo; de sua posição no alto do suave planalto polar, Amundsen tinha esquis e trenós em condições para perfazer de uma vez o resto da distância até o polo sul. O explorador escreveu: "Viagem e superfície muito boas. Tempo esplêndido – calmo, com sol brilhante". Sua equipe tinha percorrido mais de 650 milhas, abrindo um atalho em linha reta no topo de uma cordilheira, que havia escalado desde o nível do mar até uma altitude de pouco mais de 3 mil metros. E naquele momento, com a ansiedade de saber "onde está Scott" atormentando a mente de todos, a expedição poderia atingir sua meta em 24 horas, se desse uma acelerada no final.

E o que fez Amundsen?

Avançou apenas 17 milhas.

Ao longo de toda a jornada, Amundsen adotou um regime de progresso consistente: nunca avançou demais com tempo bom, sempre tendo o cuidado de manter os integrantes da expedição bem longe do limite da exaustão, para não deixá-los vulneráveis, mas dava um impulso extra quando o tempo estava ruim, para não sair do ritmo. Amundsen controlava a velocidade de sua bem afinada equipe para que só percorresse de 15 a 20 milhas por dia em sua incansável marcha rumo aos 90 graus de latitude sul. Quando um membro da equipe sugeria que poderiam ir mais rápido – fazer umas 25 milhas por dia, por exemplo –, Amundsen sempre dizia "não". Todos precisavam descansar e dormir, para repor continuamente a energia.

Desenvolvemos todo o conceito da marcha das 20 milhas em nosso estudo uns três anos antes de tomar conhecimento da história de Amundsen e de Scott, e já usávamos a expressão "marcha das 20 milhas" em nossas discussões de pesquisa e nas conversas com alunos e clientes. Ficamos, portanto, muito impressionados ao saber que Amundsen tinha abraçado exatamente a mesma ideia em sua jornada rumo ao polo sul.

Em contraste, Scott às vezes levava sua equipe à exaustão nos dias de tempo bom e, quando as condições pioravam, ficava em sua tenda reclamando do tempo ruim. No início de dezembro, escreveu em seu diário, ao ser retido por uma tempestade de neve: "Duvido que alguma equipe consiga viajar com um tempo desses". No entanto, quando Amundsen enfrentou condições comparáveis às de Scott (aliás, com tempo mais frio e a uma altitude maior, ao cruzar os desfiladeiros das montanhas), anotou em seu diário: "Foi um dia desagradável – tempestade, nevasca e ferimentos por causa do frio –, mas avançamos 13 milhas e chegamos perto de nossa meta". De acordo com o relato de Roland Huntford em *O último lugar da Terra*, Scott enfrentou seis dias de ventos catabáticos e não avançou em nenhum deles, enquanto

Amundsen enfrentou 15 e conseguiu avançar em oito. Amundsen chegou ao polo sul seguindo exatamente seu ritmo, com uma média de 15,5 milhas diárias de caminhada.[41]

> Assim como Amundsen e sua equipe, os líderes 10X e suas empresas usam a marcha das 20 milhas como instrumento para exercer autocontrole, mesmo quando estão com medo ou são tentados pelas oportunidades. Ter a marcha das 20 milhas claramente definida ajuda a focar a mente: como todos na equipe conhecem os marcos e sua importância, conseguem se manter no ritmo.

Os mercados financeiros estão fora de seu controle. Os clientes estão fora de seu controle. Terremotos estão fora de seu controle. A concorrência global está fora de seu controle. As mudanças tecnológicas estão fora de seu controle. Enfim, quase tudo está fora de seu controle. Mas, quando você decide empreender sua marcha das 20 milhas, passa a ter um foco tangível que mantém você e sua equipe em movimento, a despeito da confusão, da incerteza ou mesmo do caos.

ARTHUR LEVINSON: COMO ENSINAR UMA EMPRESA A MARCHAR

Um dos cases comparativos mais surpreendentes de nosso estudo foi a Genentech, fascinante pela promessa desperdiçada durante os primeiros anos e igualmente interessante pelo ressurgimento das mãos de um estudioso do câncer pouco conhecido, promovido dentro da própria empresa, Arthur Levinson, que implantou uma disciplina compatível com a marcha das 20 milhas em toda a organização. No início de sua história, a Genentech adotou uma estratégia de inovação de ponta, porém sem disciplina. Ela começou como a encarnação da Próxima Grande Descoberta e tornou-se a primeira empresa especializada em biotecnologia pura da história, assim como a primeira do setor a abrir o capital. Por meio da bioengenharia, desenvolveu um hormônio de crescimento para crianças, além de tratamentos para leucemia de células pilosas, fibrose cística, hemofilia e coágulos sanguíneos em vítimas de ataques cardíacos, apenas para citar algumas de suas descobertas pioneiras. Sobre o medicamento para ataque cardíaco, o diretor do departamento médico da Harvard Medical School disse: "O t-PA vai fazer pelos ataques cardíacos o mesmo que a penicilina fez pelo tratamento das infecções". De fato, a Próxima Grande Descoberta! No entanto, mesmo com todo esse nível de inovação, o desempenho da Genentech ficou muito distante do que prometia. Quem comprasse ações da empresa em 31 de outubro de 1980 e as mantivesse até meados de 1995 constataria que seu investimento não conseguiu sequer acompanhar o ritmo do mercado de ações.[42]

A Genentech teve um imenso golpe de sorte ao promover o cientista-chefe Arthur Levinson ao cargo de CEO. Apesar de não ter sido testado antes nessa função, Levinson demonstrou ser um dos melhores executivos da área de biotecnologia de todos os tempos, um clássico líder de nível 5 que detestava toda forma de arrogância. Combinando uma capacidade quase juvenil de se divertir e uma entusiasmada busca de inovação com uma disciplina fanática, reorientou o foco da Genentech unicamente para as categorias de produtos nas quais a empresa podia se tornar a melhor do mundo, com uma forte estrutura econômica. Sob a direção de Levinson, a Genentech finalmente ganhou impulso e passou a ter um desempenho financeiro espetacular (veja o gráfico "Genentech antes e durante a era Levinson"), que superou fortemente a média do mercado de capitais.[43]

VENCEDORAS POR OPÇÃO

Genentech antes e durante a era Levinson
Lucros entre 1980 e 2008

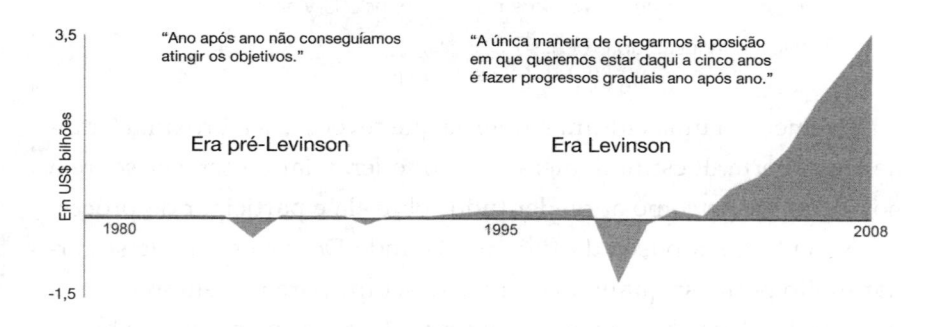

```
3,5
                "Ano após ano não conseguíamos      "A única maneira de chegarmos à posição
                atingir os objetivos."              em que queremos estar daqui a cinco anos
                                                    é fazer progressos graduais ano após ano."

Em US$ bilhões          Era pré-Levinson                    Era Levinson

        1980                        1995                              2008
-1,5
```

Em 1998, Levinson falou abertamente sobre a histórica falta de disciplina da Genentech. "No passado, acho que sofremos as consequências de planejamentos para períodos de cinco anos, que representam um cenário do tipo 'Nossa, o mundo seria assim se tudo fosse maravilhoso'. E nós definitivamente não usamos o planejamento de longo prazo como instrumento para administrar o negócio. Como assisti a umas 15 apresentações desses planos e estive diretamente envolvido em alguns deles, percebi que as pessoas não os levavam a sério, por reconhecerem que ano após ano não conseguíamos atingir os objetivos previstos nos planejamentos de longo prazo." Destacou, então, a nova abordagem da Genentech: "A única maneira de chegarmos à posição em que queremos estar daqui a cinco anos é fazer progressos graduais ano após ano. Temos de avançar, em cada ano, 20% do percurso até o objetivo. Não podemos fazer 2% no primeiro ano, no segundo, no terceiro e no quarto, e 92% no quinto. Dessa maneira, as coisas simplesmente nunca vão acontecer".[44]

> O case da Genentech sob o comando de Levinson destaca dois aspectos. Primeiro, a marcha das 20 milhas pode ajudar você a transformar um desempenho baixo em desempenho superior; desde que você esteja vivo e em ação, nunca é tarde para iniciar sua marcha. Segundo, o simples ato de buscar com afinco – e mesmo *encontrar* – a Próxima Grande Descoberta não basta para construir uma gran-

> de empresa. Assim como um atleta talentoso, porém indisciplinado, a Genentech teve mau desempenho e decepcionou. Ela só veio a cumprir sua promessa como empresa quando Levinson adicionou a disciplina fanática ao processo.

Vivemos em uma cultura moderna que reverencia a Próxima Grande Descoberta. É estimulante; é divertido ler, falar e escrever sobre a novidade, assim como aprender tudo sobre ela e participar do processo. No entanto, a busca da Próxima Grande Descoberta pode se tornar muito perigosa quando vira uma desculpa para não empreender a marcha das 20 milhas. Se uma empresa está constantemente em busca da Próxima Grande Descoberta, é só isso que vai fazer – buscar a Próxima Grande Descoberta. Os cases 10X, de modo geral, não tiveram oportunidades melhores do que seus comparativos, mas aproveitaram muito melhor suas oportunidades porque levaram sua marcha das 20 milhas ao extremo, nunca se esquecendo de que a Próxima Grande Descoberta pode ser, simplesmente, a Grande Descoberta que a empresa já fez.

É natural que algumas perguntas permaneçam sem resposta. Como conseguir o equilíbrio entre a necessidade de ter disciplina fanática e a necessidade de inovação e de adaptação, sobretudo em um mundo caótico? Ao empreender sua marcha das 20 milhas, será que você não corre o risco de marchar cegamente rumo ao esquecimento? Como se consegue ter sucesso 10X e permanecer vivo em um mundo cheio de mudanças radicais, que exige não apenas disciplina, mas também criatividade e vigilância? É sobre essas perguntas que vamos nos debruçar a seguir.

RESUMO DO CAPÍTULO 3

A MARCHA DAS 20 MILHAS

PONTOS PRINCIPAIS

▶ A marcha das 20 milhas foi um fator que diferenciou, em um nível impressionante, as empresas 10X das do grupo comparativo que usamos em nossa pesquisa.

▶ Uma boa marcha das 20 milhas exige que a empresa atinja marcos de desempenho específicos com grande consistência em um longo período. Exige também dois tipos diferentes de "desconforto": o de ter um desempenho elevado em tempos difíceis e o de limitar o crescimento em tempos bons.

▶ Uma boa marcha das 20 milhas possui sete características:
1. Utiliza marcos de desempenho bem claros.
2. Possui restrições autoimpostas.
3. É adequada ao empreendimento.
4. Está fundamentalmente sob controle da empresa.
5. Tem uma estrutura de tempo apropriada: período suficientemente longo para administrar e curto o bastante para produzir resultados.
6. É concebida e imposta pela própria empresa.
7. Deve ser realizada com grande consistência.

▶ A marcha das 20 milhas não precisa necessariamente ser financeira. Pode ser pela criatividade, pela aprendizagem, pela melhoria de serviços ou de qualquer outro tipo, desde que possua as características essenciais de uma boa marcha das 20 milhas.

RESUMO DO CAPÍTULO 3

▶ A marcha das 20 milhas gera confiança. Ao aderir a uma marcha das 20 milhas, sejam quais forem os desafios ou choques inesperados que encontrar pelo caminho, você prova a si mesmo e a sua empresa que o desempenho não é determinado pelas circunstâncias, e sim, em larga medida, por suas atitudes.

▶ Se a empresa deixar de empreender sua marcha das 20 milhas, ficará mais exposta a eventos turbulentos. Todos os cases comparativos de nosso estudo tiveram pelo menos um episódio no qual foram atropelados por períodos difíceis; como não tiveram a disciplina de realizar uma marcha das 20 milhas, sofreram um grande revés ou enfrentaram uma catástrofe.

▶ A marcha das 20 milhas ajuda você a exercer o autocontrole em um ambiente fora de controle.

▶ Os líderes 10X criaram as próprias marchas das 20 milhas, adequadas a seus empreendimentos; não deixaram que as pressões externas decidissem por eles.

▶ Uma empresa sempre pode adotar a disciplina da marcha das 20 milhas, mesmo que não tenha tido essa disciplina em sua história anterior. Foi o que fez a Genentech sob a gestão de Levinson.

DESCOBERTAS INESPERADAS

▶ As empresas que adotam a marcha das 20 milhas têm uma vantagem em ambientes voláteis; quanto mais turbulento estiver o mundo, mais necessário se torna empreender a marcha das 20 milhas.

▶ Existe uma correlação inversa entre o ato de perseguir o crescimento máximo e o sucesso das empresas 10X. Em sua maioria, os líderes do

RESUMO DO CAPÍTULO 3

grupo comparativo pressionaram suas organizações para crescer muito nos períodos favoráveis, o que as expôs a calamidades quando as condições mudaram subitamente. Os líderes 10X deixaram a questão do crescimento em suspenso e sempre tiveram em mente que algo ruim os esperava na próxima esquina. Com isso, evitaram que suas empresas extrapolassem os limites e fossem apanhadas desprevenidas.

▶ A marcha das 20 milhas não foi um luxo que o sucesso proporcionou às empresas 10X; todas elas já praticavam suas marchas das 20 milhas muito antes de serem bem-sucedidas. Na verdade, foi justamente isso que as ajudou a conquistar o sucesso.

PERGUNTA-CHAVE
▶ Sua marcha das 20 milhas é algo que você se compromete a atingir em um prazo de 15 a 30 anos com a mesma consistência demonstrada por empresas como a Stryker, a Southwest Airlines, a Intel e a Progressive Insurance?

4

PRIMEIRO BALAS DE REVÓLVER, DEPOIS BALAS DE CANHÃO

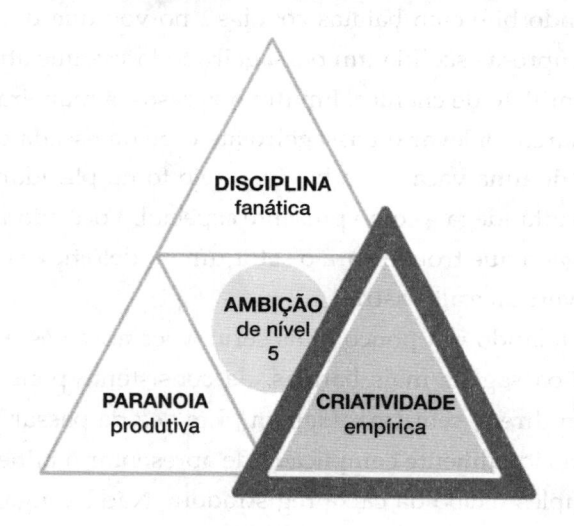

```
        DISCIPLINA
         fanática

           AMBIÇÃO
           de nível
              5

  PARANOIA      CRIATIVIDADE
  produtiva       empírica
```

"Você pode não encontrar aquilo que estava procurando, mas encontrará alguma outra coisa igualmente importante."

Robert Noyce[1]

Imagine a seguinte situação: você está sentado diante do portão de uma companhia aérea, esperando a hora de embarcar. Em determinado momento, ergue os olhos de seu jornal e vê um piloto envergando uniforme completo de comandante, que se dirige para seu avião... de óculos escuros, dando pancadinhas no chão com uma bengala branca.

Você ri sozinho; já voou antes nessa empresa maluca e sabe que isso é apenas mais uma peça que estão tentando pregar nos passageiros incautos. Os pilotos às vezes deixam o som do intercomunicador aberto com o avião cheio e dizem coisas do tipo: "Você se lembra de como é que liga este troço aqui?" ou "Pensei que a chave estava com *você*...". A companhia aérea estimulava os comissários de bordo a criar brincadeiras, inventar jogos e fazer piada com os passageiros, como: "Hoje estamos servindo bife com batatas cozidas... no voo que decolou há uma hora". A empresa escolhia um passageiro toda vez que atingia a marca de mais 1 milhão de clientes. Em um dos casos, a maneira de comemorar esse marco foi levar o passageiro até o pé da escada e lhe entregar os arreios de uma vaca – um bovino meio tonto placidamente parado ao lado da alfândega – como presente especial. Você adora essa companhia renegada que trouxe para o setor um modelo novo e radical, uma cultura divertida e alto-astral.

Agora, falando um pouco mais sério: você adora essa empresa por causa das passagens mais baratas, da consistente pontualidade e da abordagem direta, sem "maquiagem". Em vez de passar pelo procedimento tradicionalmente complicado de apresentar o bilhete, você recebe um simples recibo da caixa registradora. Não há lugares marcados nem primeira classe separada, e os atrasos são raríssimos. Os aviões pousam, dão uma rápida meia-volta na pista e decolam de novo. Você adora esse modelo ponto a ponto, sem conexões radiais. Toda a experiência é simples, rápida, divertida, confiável, segura e barata.

Quando você se prepara para embarcar no avião, na esperança de não ser escolhido como mais um milionésimo passageiro (afinal, você não quer nem precisa de uma vaca), nota um de seus detalhes favoritos: o "U" preto que corta a frente do avião da esquerda para a direita e cria o efeito de um sorriso gigante e amigo dirigido para você, com as janelas da cabine de comando parecidas com dois olhos e a parte frontal do avião na forma de um nariz com a ponta preta. Na verdade, essa é mais uma viagem de negócios na Pacific Southwest Airlines (PSA) e sua gigante Máquina Sorridente no Céu.[2]

A PSA tornou-se uma história de sucesso no setor aéreo norte-americano. Os clientes amavam aquela empresa alegre com seus aviões sorridentes, mas não era só isso: o modelo de negócio demonstrou ser muito lucrativo e com grande potencial de crescimento. Por isso, quando um grupo de empresários decidiu fundar uma nova companhia aérea no Texas, seu plano de negócios era bem simples: copiar a PSA ali. O jornal *The New York Times* escreveu, em 1971, que o presidente da Southwest Airlines, Lamar Muse, "diz claramente – e repete isso muitas vezes – que a Southwest Airlines foi desenvolvida, desde a concepção inicial, em torno das ideias que comprovadamente deram certo para a Pacific Southwest Airlines".[3]

"Não nos importamos de copiar uma operação como essa", afirmou Muse em 1971, referindo-se às visitas que ele e outros executivos da Southwest fizeram à PSA, enquanto montavam seus planos operacionais. A PSA recebeu a nova empresa texana em sua área de operações em San Diego e até lhe vendeu treinamento de voo e operacional. Isso pode parecer estranho, mas em um mundo pré-desregulamentação, com a Southwest restrita a operar no Texas, a PSA não seria ameaçada em seu grande mercado dentro do estado da Califórnia.[4]

Os empresários visitantes do Texas voaram nos bancos auxiliares da cabine de comando e anotaram cada pormenor da operação, desde o portão de embarque até os bastidores. Voltaram ao Texas com anotações copiosas e um conjunto de manuais, que usaram para imitar o modelo da PSA nos mínimos detalhes, incluindo sua cultura maluca e divertida. Lamar Muse escreveu, mais tarde, que criar os manuais de operação para sua empresa iniciante foi, basicamente, "um procedimento de cortar e colar", informação que foi corroborada em outro livro, sobre a ascensão e queda da PSA. A Southwest Airlines copiou a PSA tão completamente que poderia até ser chamada de fotocópia![5]

JIM COLLINS E MORTEN T. HANSEN

UMA GRANDE SURPRESA

Quando iniciamos nossa pesquisa, previmos que a inovação talvez fosse um fator diferencial importante para o sucesso das empresas 10X em ambientes instáveis, marcados por rápidas mudanças. Mas, então, como explicar o caso da PSA e da Southwest Airlines? Imagine nossa surpresa ao descobrir que a companhia que realmente inovou, a PSA, não mais existe como marca independente, apesar de ter criado um dos mais bem-sucedidos modelos de negócio para uma empresa aérea do século 20.[6] E mais: a Southwest Airlines, um de nossos cases mais queridos, praticamente não inovou nada na época de sua fundação.

O case Southwest versus PSA foi o primeiro que analisamos neste estudo. Nas discussões internas da equipe de pesquisa, comentamos: "Bem, talvez as companhias aéreas sejam um case especial, no qual a escala e os custos pesem muito mais do que a inovação". Pensamos: "Com certeza, quando analisarmos os setores de tecnologia, como os de fabricantes de aparelhos médicos, computadores, semicondutores, software e biotecnologia, vamos encontrar evidências esmagadoras de que as empresas 10X inovaram muito mais do que seus comparativos diretos".

Bem, o que descobrimos nos surpreendeu.

Nosso maior choque aconteceu quando estudamos a dupla de empresas de biotecnologia, o único setor no qual a correlação entre inovação e sucesso deveria estar perto dos 100%. Dê uma olhada nos dois conjuntos de curvas no gráfico "Inversão de papéis em biotecnologia: Amgen versus Genentech". À esquerda, vemos o impressionante desempenho da Genentech em rendimento criativo, com produtividade de patentes duas vezes superior à da Amgen; à direita, constatamos o desempenho financeiro espetacular da Amgen, que varreu a Genentech do mapa na proporção de 30 para 1. O professor Jasjit Singh, que estuda sistematicamente a produtividade de patentes, descobriu um padrão semelhante na *citação* de patentes, o que demonstra que a Genentech não apenas criou grande quantidade de patentes, como também muitas delas foram de *alto impacto*. A Genentech se destacou como uma das companhias mais inovadoras da história da área de biotecnologia; foi a primeira a utilizar DNA recombinante em um importante produto comercial, a primeira a criar um produto de biotecnologia aprovado pela FDA* e a empresa que a revista *Science* aclamou como a principal recordista do setor na criação de grandes avanços. No entanto, a Amgen, e não a Genentech, tornou-se o case 10X em nosso estudo.[7]

Inversão de papéis em biotecnologia:
Amgen versus Genentech
Inovação e desempenho

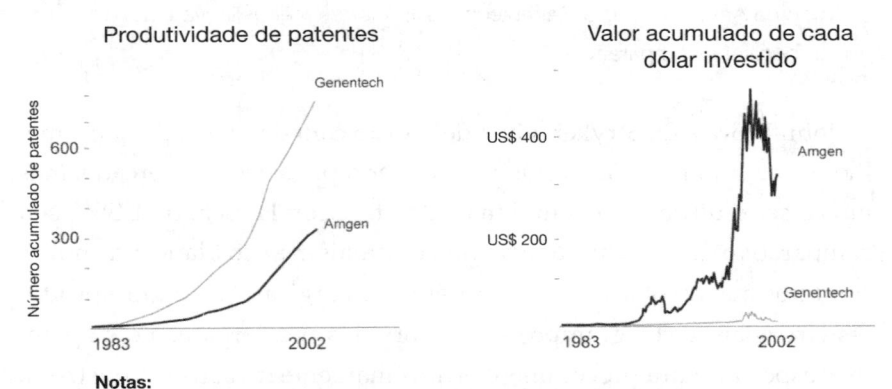

Notas:
1. Fonte do número de patentes: United States Patent and Trademark Office. www.uspto.gov.
2. Fonte de todos os cálculos de retorno sobre o investimento em ações contidos neste trabalho: ©20061 CRSP®, Center for Research in Security Prices. Booth School of Business, The University of Chicago. Utilização autorizada. Todos os direitos reservados. www.crsp.chicagobooth.edu.

Curiosos, resolvemos fazer uma análise sistemática do fator inovação, com foco na dimensão da relevância da inovação para cada setor considerado (no de biotecnologia, por exemplo, a inovação se concentra em novos produtos e descobertas científicas, enquanto no aéreo é voltada para novos modelos de negócio e práticas operacionais, e assim por diante). Identificamos inovações incrementais, médias e grandes; ao todo foram 290 eventos, dos quais 31 grandes, 45 médios e 214 incrementais.

---

* FDA, sigla de Food and Drug Administration, agência dos Estados Unidos que controla a liberação de alimentos e remédios. [N. da T.]

Em todos os casos, confrontamos cada empresa 10X com seu comparativo direto e nos perguntamos qual das duas companhias tinha sido mais inovadora no respectivo período de análise (veja "As bases da pesquisa: análise da inovação"). Em apenas três das sete duplas, a empresa 10X foi mais inovadora do que seu comparativo.

> As evidências de nossa pesquisa não corroboram a premissa de que as empresas 10X tenham sido necessariamente mais inovadoras do que seus comparativos menos bem-sucedidos. Em alguns cases mais surpreendentes, como o da Southwest Airlines versus a PSA e o da Amgen versus a Genentech, as 10X foram *menos* inovadoras do que seus comparativos.

John Brown, da Stryker, vivia de acordo com o mantra de que é melhor estar "um modismo atrás": nunca ser o primeiro do mercado, mas nunca ser o último também. Em contraste, Leon Hirsch, da USSC, seu comparativo direto, acumulava avanços e mais avanços, lançando novos produtos que revolucionaram as práticas cirúrgicas, como grampeadores cirúrgicos cujos grampos são absorvidos pelo organismo e aparelhos especiais para procedimentos minimamente invasivos. Construiu, entre os analistas de negócios, a reputação de ser o líder mais inovador em sua categoria de produtos. O *Investor's Business Daily* observou: "Foi assim que [a USSC] manteve a concorrência a distância: inovando mais do que ela". No entanto, a Stryker, que sempre esteve "um modismo atrás", derrotou a USSC em desempenho no longo prazo.[8]

Mesmo nas duplas em que a empresa 10X inovou mais que seu comparativo, como foi o caso da Intel versus a AMD, as evidências não corroboram a ideia de que o pioneirismo máximo na inovação constitui o fator diferencial mais importante para o sucesso 10X. Em vários momentos de sua história, a Intel não detinha o chip mais inovador do setor. Ficou muito atrás da National Semiconductor e da Texas Instruments na migração para os microprocessadores de 16 bits; alguns de seus executivos chegaram a considerar o Motorola 68000 melhor do que o Intel 8086. Depois, a

Intel demorou para comercializar seus microprocessadores de 32 bits. E também ficou para trás diante dos primeiros chips RISC (sigla de reduced instruction set, ou conjunto reduzido de instruções) e teve de correr atrás do prejuízo. É claro que a Intel efetivamente criou inovações importantes – *não estamos dizendo que ela não inovou* –, mas as evidências históricas mostram que ela foi bem menos pioneira em inovação em momentos críticos do que as pessoas pensam.[9]

Não somos os únicos pesquisadores a constatar esse fato. Deparamos com um trabalho fascinante de Gerard J. Tellis e Peter N. Golder, descrito em seu livro *Will and vision* (Vontade e visão). Os autores examinaram de maneira sistemática a relação entre conquistar liderança de mercado de longo prazo e ser pioneiro em inovação em 66 mercados de amplo espectro, desde goma de mascar até internet. Eles descobriram que apenas 9% dos pioneiros se tornam dominantes em qualquer mercado. A Gillette não foi pioneira em aparelhos de barbear, e sim a Star. A Polaroid não inventou a câmera que tira fotos instantâneas, e sim a Dubroni. A Microsoft não criou os programas de tabelas para computador pessoal, e sim a VisiCorp. A Amazon não foi pioneira na venda de livros online, nem a AOL como provedora de serviços de internet. Tellis e Golder também descobriram que 64% dos pioneiros fracassaram logo de início. Parece que ser pioneiro em inovação é bom para a sociedade, mas estatisticamente letal para o pioneiro![10]

Ficamos imaginando como seria compartilhar essas descobertas perturbadoras com alguns dos líderes 10X. Talvez ficassem surpresos ou mesmo ofendidos. Imaginamos Bill Gates, que via a inovação como a essência dos primeiros 30 anos de sucesso da Microsoft, berrando para nós: "Essa é a coisa mais idiota que já ouvi!".

De fato, se resolvêssemos sair por aí dizendo que "inovação é ruim", poderíamos ser justificadamente tachados de idiotas. Mas não é esse nosso ponto; não estamos dizendo que a inovação não é importante. Todas as empresas que fazem parte deste estudo inovaram. O que estamos dizendo é que as 10X inovaram menos do que seria esperado, tanto em relação a seus setores como em relação a seus comparativos diretos;

inovaram *o suficiente* para ter sucesso, mas de modo geral *não foram as mais inovadoras*.

> Concluímos que cada ambiente possui um "patamar de inovação" que é necessário atingir para participar do jogo; alguns setores, como o da aviação comercial, têm patamar baixo, e outros, como o de biotecnologia, patamar elevado. As empresas que não conseguem nem mesmo atingir o patamar de inovação mínimo não têm chance de vencer. No entanto – e isso nos surpreendeu –, uma vez transposto esse patamar, sobretudo em um ambiente muito turbulento, ser mais inovador é algo que, aparentemente, passa a não ter tanta importância.

PATAMAR DE INOVAÇÃO

Setor	Dimensão primária da inovação	Patamar de inovação
Semicondutores	Novos aparelhos, novos produtos e novas tecnologias	Elevado
Biotecnologia	Desenvolvimento de novos medicamentos, descobertas científicas e inovações de ponta	Elevado
Computadores/software	Novos produtos, melhorias e novas tecnologias	Elevado
Instrumentos médicos	Novos aparelhos médicos e descoberta de aplicações de ponta	Médio
Aviação comercial	Novas opções de serviços, novos modelos e novas práticas de negócios	Baixo
Seguros	Novos produtos e novas opções de serviços	Baixo

Temos, portanto, um quebra-cabeça bem interessante. Por que a inovação não diferencia, de modo sistemático, as empresas 10X de seus comparativos, apesar da visão amplamente difundida de que a inovação seria, talvez, o diferencial número um para o sucesso em um mundo em vertiginosa mudança? Porque, em essência, quando uma empresa atinge o patamar de inovação necessário para sobreviver e ter sucesso em determinado ambiente, precisa de uma *combinação* de vários outros elementos para se tornar 10X, sobretudo da mistura de criatividade e disciplina.

CRIATIVIDADE *E* DISCIPLINA

Em 1970, uma pequena empresa chamada Advanced Memory Systems quebrou a barreira do chip de 1.000 bits de memória e lançou no mercado um produto muito bem desenvolvido, alguns meses antes de sua rival, a também pequena Intel. Isso pode não parecer uma grande vantagem, mas nos estágios iniciais de uma corrida para se tornar referência em seu setor de atividade, em meio a uma revolução tecnológica caracterizada por rápidas mudanças, perder a chance de um lançamento por questão de alguns meses equivale, mais ou menos, a perder um minuto em uma corrida de apenas quatro minutos de duração. A Intel se apressou para lançar seu chip de memória 1103, no final de 1970. Em meio à correria, deparou com uma série de problemas, entre eles uma alteração de voltagem (causada por excesso de carga na superfície) que podia apagar dados. Lá estava a jovem Intel, atrasada alguns meses, com um chip que, sob certas condições, não conseguia se lembrar de nada! Os engenheiros da empresa trabalharam 50, 60, até 70 horas por semana, durante oito meses, para resolver o problema. "Este lugar era um hospício", refletiu Andy Grove em 1973. "Eu literalmente tinha pesadelos. Acordava no meio da noite e revivia algumas das situações que haviam acontecido durante o dia."[11]

Apesar de tudo isso, a Intel alcançou, ultrapassou e, por fim, acabou com a Advanced Memory Systems. "Tínhamos um design melhor, mas perdemos no mercado", disse o presidente do conselho da Advanced Memory Systems. "[A Intel] simplesmente passou por cima de nós." Em 1973, o chip 1103 da Intel tinha se tornado o componente de semicondutores mais vendido do mundo, usado por praticamente todas as principais fabricantes de computadores.[12]

Qual a razão?

Sim, a inovação teve um papel nisso; o 1103 provou ser um excelente chip. Mais revelador, porém, é um slogan que a Intel tinha cunhado para si mesma, por volta de 1973: "Intel delivers"*.[13]

"Era nossa capacidade de fabricar as partes que fazia a balança pesar a nosso favor", disse Robert Noyce sobre o sucesso inicial da Intel.[14] A empresa era obcecada com a fabricação, a entrega e a escala. "Queremos fazer um bom trabalho de engenharia", continuou Noyce, "e vendê-lo muitas e muitas vezes."[15]

> O slogan "Intel delivers" explica muito melhor o sucesso 10X da empresa do que, por exemplo, "A Intel inova". Para sermos mais precisos: "A Intel inova até um patamar necessário; depois, 'varre' toda a concorrência – de modo absoluto, completo, fanático e obsessivo – com sua capacidade de gerar inovações, ao custo esperado, com alta confiabilidade e grande consistência". Essa é a essência da jornada 10X da Intel.

Os fundadores da Intel acreditavam que inovação sem disciplina leva ao desastre. "Esse negócio vive à beira do desastre", disse Gordon Moore em 1973, referindo-se à tendência dos tecnólogos hiperansiosos de prometer mais do que podem cumprir e depois fracassam na tentativa de produzir chips confiáveis a um custo acessível. Na verdade, o texto original da Lei de Moore, escrito por Gordon Moore em 1965, não se concentrava apenas em duplicar a complexidade dos circuitos integrados em cada 18 meses (o elemento inovação), mas também em fazer isso *ao menor custo possível*. Aderir à Lei de Moore foi um jogo de disciplina, de escala e de sistemas, não apenas de inovação. Como disse Leslie Berlin sobre os primeiros tempos da Intel em seu definitivo e bem escrito livro *The man behind the microchip*: "O que a Intel precisava para ir em frente não era da coragem de dar grandes saltos, mas da

---

* Em tradução livre, "A Intel faz" ou "A Intel cumpre". O que o slogan quer dizer é que a empresa se propõe fazer um bom produto e realmente faz, não fica só na promessa. [N. da T.]

disciplina para dar passos ordenados de modo controlado". Naquela época, Andy Grove afirmou: "Temos de sistematizar as coisas para não arruinar nossa tecnologia", em um artigo que comparava a abordagem da Intel em relação à produção de chips para semicondutores a um sistema high-tech para fabricar balas de goma. Grove trabalhou para padronizar a Intel, mas não à moda de um laboratório avançado de pesquisa e desenvolvimento. Dentre todas as organizações, escolheu o estilo McDonald's: mantinha sobre sua mesa uma caixinha de hambúrguer com o logo "McIntel", a título de brincadeira. Um quarto de século depois do sucesso do 1103, a Intel rearticulou seus valores essenciais. E qual deles os líderes da organização elegeram como o número um, encabeçando a lista? Nem inovação, nem criatividade, mas disciplina.[16]

É claro que disciplina sozinha não leva uma empresa ao patamar das grandes, e sim uma *combinação* de disciplina *e* criatividade. Para usar o vocabulário de *Feitas para durar*, diríamos que essa dupla possui a verdadeira "genialidade do 'e'". Como colocou um amigo de longa data de Herb Kelleher, da Southwest Airlines: "O que as pessoas não entendem é que Herb tem a criatividade louca de um irlandês e a disciplina incansável de um prussiano. Não encontramos essa combinação com muita frequência por aí".[17]

> A grande tarefa, raramente atingida, é misturar intensidade criativa com disciplina incansável, de modo a amplificar a criatividade e não destruí-la. Quando você casa excelência operacional com inovação, multiplica o valor de sua criatividade. E é isso que os líderes 10X fazem.

Nossos dados comparativos sobre inovação nos levaram a um dilema básico. De um lado, quando se está diante de um mundo incerto e instável, o foco obsessivo em inovação não é garantia de grande sucesso e pode até levar à morte; apostar alto demais nas inovações erradas ou não desenvolver as inovações certas são atitudes que podem deixar a empresa exposta. De outro lado, se você fica parado e nunca faz nada ousado ou novo, o mundo vai passar direto por cima de você – e isso também fará sua empresa morrer. A solução para esse dilema está em substituir o mantra simplista "inovar ou morrer" por uma ideia muito mais útil: *primeiro balas de revólver, depois balas de canhão*.

O PRINCÍPIO "PRIMEIRO BALAS DE REVÓLVER, DEPOIS BALAS DE CANHÃO"

Imagine-se no mar, com um navio hostil se aproximando. Você tem uma quantidade limitada de pólvora e resolve usá-la toda de uma vez para atirar contra ele com uma enorme bala de canhão. A bala voa sobre o oceano... e erra o alvo por 40 graus. Você verifica o estoque e descobre que não tem mais pólvora. Resultado: você morre.

Suponha agora que, quando você vê o navio se aproximar, usa um pouquinho de pólvora e dispara com o revólver. Você erra o alvo por 40 graus. Lança então outra bala e erra por 30 graus. Dá um terceiro tiro e erra por apenas 10 graus. A bala seguinte acerta – boom! – o casco do navio, que já está bem perto. Então você junta toda a pólvora que sobrou e dá um grande tiro de canhão na mesma mira, o que faz o navio inimigo afundar. Você sobrevive.

Em 14 de abril de 1980, o capitalista de risco William K. Bowes e o cientista Winston Salser convidaram um pequeno grupo de cientistas e investidores para uma reunião no California Institute of Technology, com o objetivo de analisar uma empresa de biotecnologia recém-constituída. A companhia não tinha CEO, produto, plano de marketing ou qualquer direcionamento específico. Contava com pouco mais que um conselho consultivo e um grupo de pessoas dispostas a investir um valor ligeiramente inferior a US$ 100 mil em uma área nova e emergente: o DNA recombinante. A ideia era simples: reunir os melhores profissionais que pudessem encontrar, financiá-los para aplicar a mais recente tecnologia do DNA recombinante a uma variedade de ideias, encontrar algo que funcionasse, criar um produto e construir uma empresa de sucesso.[18]

Seis meses depois, Bowes convenceu George Rathmann a deixar seu cargo de vice-presidente de pesquisa e desenvolvimento nos Abbott

Laboratories para dirigir esse pequeno negócio iniciante, que acabaria por se tornar a Amgen. Rathmann e três funcionários começaram a trabalhar em um prédio pré-fabricado, "cai não cai", que dividiam com um coro evangélico em Thousand Oaks, na Califórnia. Tarefa 1: conseguir profissionais fantásticos. Tarefa 2: reunir o máximo poder de fogo possível (ou seja, financiamento extra). Tarefa 3: descobrir um caminho para o sucesso e construir uma grande empresa.[19]

Mas como?

A Amgen abraçou a tecnologia do DNA recombinante e "experimentou praticamente tudo".[20] Então, começou a lançar suas balas de revólver – aliás, várias delas:

Bala: interferon de leucócitos, para doenças virais.
Bala: vacina contra hepatite B.
Bala: fator de crescimento da epiderme, para cura de feridas e úlceras gástricas.
Bala: imunoensaios, para aprimorar os testes diagnósticos.
Bala: sondas de hibridização, para diagnóstico de câncer, doenças infecciosas e distúrbios genéticos.
Bala: eritropoetina (EPO), para tratamento de anemia em doenças renais crônicas.
Bala: hormônio de crescimento para frangos, com o objetivo de criar frangos melhores.
Bala: hormônio de crescimento para bovinos, para as vacas produzirem mais leite.
Bala: fatores de liberação do hormônio de crescimento.
Bala: vacina contra o parvovírus porcino, para aumentar as taxas de reprodução dos porcos.
Bala: vacina contra o vírus da gastroenterite transmissível, para evitar infecções intestinais em porcos recém-nascidos.
Bala: tintura índigo produzida por bioengenharia, para tingir calças jeans.[21]

Em 1984, a eritropoetina – uma glicoproteína que estimula a produção de glóbulos vermelhos, usada para tratar anemia – começou a despontar como grande promessa. Com o progresso da ciência, os cientistas da Amgen isolaram o gene da EPO e a empresa utilizou mais pólvora, iniciando a pesquisa clínica. Comprovou a eficácia, garantiu uma patente defensável e seguiu em frente. Mais tarde, depois de fazer toda a pesquisa e avaliar o mercado (200 mil pacientes de doença renal crônica só nos Estados Unidos), a Amgen deu um grande tiro de canhão: construiu uma unidade de testes, alocou capital para produção e reuniu uma equipe para lançar o produto. A EPO tornou-se o primeiro produto de bioengenharia da história a se tornar um supersucesso de vendas.[22]

> Os tempos iniciais da Amgen ilustram um padrão fundamental que observamos neste estudo: primeiro balas de revólver, depois tiros de canhão. Primeiro, você dá uns tiros de revólver para descobrir o que efetivamente funciona. Depois que adquirir confiança empírica, com base nas balas lançadas, chega a hora de concentrar seus recursos e dar um tiro de canhão. Quando a bala de canhão atinge o alvo, você continua sua marcha das 20 milhas para tirar o máximo proveito de seu grande sucesso.

A história das empresas 10X é como um campo de batalha todo marcado por crateras e coalhado de balas que nunca atingiram um alvo e se alojaram no chão (veja o quadro "O que é uma bala de revólver?"). Os registros retrospectivos tendem a se concentrar apenas nas balas de canhão, bem maiores, e dão a falsa impressão de que as realizações 10X acontecem com quem tem coragem para apostar sempre grande, ou seja, na bala de canhão. No entanto, as evidências históricas de pesquisa descortinam algo bem diferente: uma história de dezenas de pequenas balas que bateram direto no barro, pontuada por meia dúzia de balas de canhão que destruíram seus alvos.

VENCEDORAS POR OPÇÃO

O QUE É UMA BALA DE REVÓLVER?

Uma bala de revólver é um teste empírico que tem por objetivo descobrir que tipo de abordagem funciona. Atende basicamente a três critérios:

1. *Uma bala de revólver é de baixo custo.* O tamanho da bala aumenta à medida que a empresa cresce; o que equivale a uma bala de canhão para um empreendimento de US$ 1 milhão pode ser uma bala de revólver para um de US$ 1 bilhão.
2. *Uma bala de revólver é de baixo risco.* "Baixo risco" não significa alta probabilidade de sucesso, e sim que as consequências serão mínimas se a bala se desviar do curso ou não atingir alvo algum.
3. *Uma bala de revólver é de baixo poder de atrair atenção.* Isso significa que desperta pouca atenção da empresa inteira, mas pode despertar muita atenção de um ou de poucos indivíduos.

As empresas 10X usaram uma combinação de balas criativas (como novos produtos, tecnologias, serviços e processos) e aquisições. Para que uma aquisição se qualifique como uma bala, precisa passar nos três testes: baixo custo, baixo risco e baixo poder de atrair atenção. A Biomet usava as aquisições para explorar novos mercados, tecnologias e nichos, mas sempre agiu com uma restrição autoimposta: as aquisições só se concretizariam com pouco ou nenhum endividamento e somente quando o balanço se mantivesse sólido após a compra, de modo a garantir que as aquisições continuassem a ser de baixo risco, de baixo custo e de relativamente baixo poder de atrair atenção.[23]

Em contrapartida, a Kirschner, o comparativo direto da Biomet, fez *aquisições balas de canhão*, com endividamento e risco significativos (veja o gráfico "Biomet versus Kirschner"). As aquisições *tinham* de atingir o alvo de qualquer jeito, pois do contrário a empresa estaria em maus lençóis. Em 1988, fez a aquisição bala de canhão da Chick Medical, por um preço superior a 70% de seu patrimônio líquido total.[24] Esse movimento acabou se revelando desastroso – e piorou muito quando a equipe de vendas da Chick Medical migrou quase toda para uma concorrente. À medida que a Kirschner financiava essa e outras aquisições, a razão entre o passivo total e o patrimônio líquido total disparou de 43% para 609%, o que deixou a empresa terrivelmente exposta. Com o sangramento de recursos, subjugada pelas dívidas e com o pouco resultado de suas aquisições balas de canhão, a Kirschner foi forçada a vender seus ativos para a Biomet em 1994.[25]

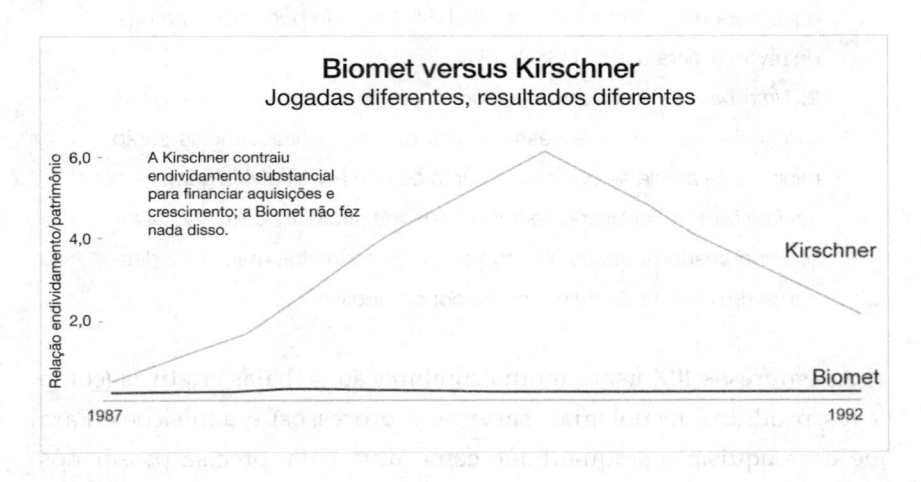

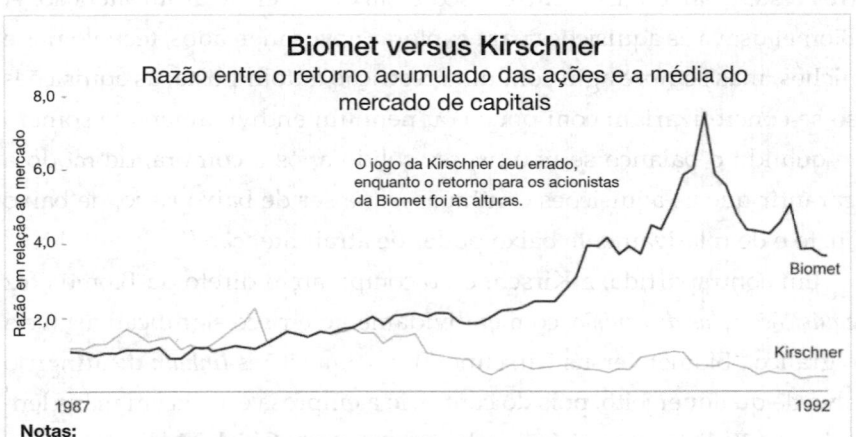

Biomet versus Kirschner
Jogadas diferentes, resultados diferentes

A Kirschner contraiu endividamento substancial para financiar aquisições e crescimento; a Biomet não fez nada disso.

Biomet versus Kirschner
Razão entre o retorno acumulado das ações e a média do mercado de capitais

O jogo da Kirschner deu errado, enquanto o retorno para os acionistas da Biomet foi às alturas.

Notas:
1. Endividamento = passivo circulante + exigível de longo prazo.
2. A razão em relação ao mercado de cada empresa foi calculada de 31 de dezembro de 1986 a 31 de dezembro de 1992.
3. Fonte de todos os cálculos de retorno sobre o investimento em ações contidos neste trabalho: ©20061 CRSP®, Center for Research in Security Prices. Booth School of Business, The University of Chicago. Utilização autorizada. Todos os direitos reservados. www.crsp.chicagobooth.edu.

VENCEDORAS POR OPÇÃO

O PERIGOSO FASCÍNIO DAS BALAS DE CANHÃO MAL CALIBRADAS

Adotar o princípio "primeiro balas de revólver, depois balas de canhão" requer uma combinação de várias ações:

- ▶ Dispare suas balas de revólver.
- ▶ Avalie: as balas atingiram algum alvo?
- ▶ Pondere: alguma das balas que você atirou com sucesso merece ser convertida em uma grande bala de canhão?
- ▶ Converta: concentre seus recursos e atire uma bala de canhão, *desde que* bem calibrada.
- ▶ Não dispare balas de canhão mal calibradas.
- ▶ Aborte as balas que não demonstraram qualquer evidência de possível sucesso.

Tanto as companhias 10X como seus comparativos diretos dispararam balas de canhão. As empresas do grupo de comparação, no entanto, demonstraram tendência a atirar suas balas de canhão *antes* de obter alguma confirmação, por calibração – ou seja, evidência empírica com base em experiência real –, de que a bala tinha probabilidade de atingir o alvo esperado. Para simplificar, chamamos de *mal calibrada* uma bala de canhão disparada antes de ter evidência empírica. As empresas 10X tinham muito mais chances de disparar *balas de canhão bem calibradas*, enquanto as do grupo comparativo atiravam balas de canhão mal calibradas por toda parte (o índice de calibração das 10X era de 69%, e o das empresas do grupo comparativo, 22%). As balas de canhão bem calibradas, disparadas seja pelas empresas 10X, seja pelas do grupo comparativo, tiveram índice de sucesso quase quatro vezes maior do que as mal calibradas – 88% em relação a 23%. (Veja "As bases da pesquisa: análise das balas de revólver e das balas de canhão".)

Em 1968, a PSA lançou uma nova e ousada bala de canhão chamada "Voar, Dirigir, Dormir". Em princípio, fazia sentido. Você dirige uma empresa aérea; as pessoas que embarcam em seus voos precisam alugar carros e também se hospedar em hotéis. É hora, portanto, de entrar nos ramos de aluguel de carros e de hotelaria. A PSA poderia ter atirado uma série de balas de revólver: comprar um hotel, fazer uma parceria com uma locadora de automóveis, testar o modelo em um local específico e aprender onde poderia (ou não) fazer o conceito funcionar. Em vez disso, apostou alto demais e, infelizmente, a bala de canhão "Voar, Dirigir, Dormir" voou para o éter e passou a gerar perdas todos os anos. "Somos péssimos operadores de hotelaria", refletiu J. Floyd Andrews, presidente do conselho da organização.[26]

Então, no início da década de 1970, a PSA disparou outra bala de canhão mal calibrada quando contratou a compra de cinco jatos Jumbo L1011, aeronaves enormes, a um preço equivalente a 1,2 vez o patrimônio líquido total da empresa. É importante lembrar que a PSA era uma companhia aérea que operava em curtas distâncias e fazia retornos rápidos diante dos portões para transportar as pessoas para lá e para cá dentro do estado da Califórnia. Não era uma grande empresa com experiência em operar Jumbos imensos, que envolviam demoradas operações de embarque e desembarque. Além do mais, a PSA fez modificações especiais nos aviões, como portas de saída mais largas e nenhum espaço para preparar o serviço de bordo. Isso dificultaria uma possível venda das aeronaves para qualquer outra companhia, caso precisasse fazer caixa. O plano dos L1011 exigiu um investimento inicial considerável em novos reboques, aparelhos de manutenção, equipamentos para embarque e treinamento. Os motores a propulsão de 19 toneladas consumiam quantidades gigantescas de combustível para jatos, o que infligia à PSA perdas enormes em cada voo caso não conseguisse lotar as aeronaves de 302 lugares.[27]

Infelizmente, um embargo de petróleo árabe dobrou o preço do combustível para jatos bem na época em que a PSA começava a operar os imensos L1011 e lutava para se livrar do fiasco "Voar, Dirigir, Dormir". A economia entrou em recessão e a inflação puxou os custos para cima; mesmo assim, o aumento de tarifa autorizado pela California Public Utilities Commission, que controlava os preços praticados pelas

VENCEDORAS POR OPÇÃO

empresas aéreas, foi de apenas 6,5%, apesar de a PSA reivindicar 16%. Logo a seguir, o sindicato dos maquinistas entrou em greve. Os L1011 decolavam vazios. Por fim, foram abandonados e não voaram mais com a frota PSA. Em 1975, o vice-presidente sênior de finanças da empresa declarou: "Chegamos muito, muito perto da insolvência".[28]

A PSA nunca reconquistou sua grandeza inicial e continuou a atirar balas de canhão mal calibradas a esmo, na tentativa desesperada de recuperar seu momentum. Ainda tentou uma joint-venture com a Braniff Airlines, esperando tomar um atalho para se tornar uma empresa nacional (o projeto naufragou quando a Braniff abriu falência). Abandonou seu modelo simples e sem frescura. Mudou para jatos menores fabricados pela McDonnel Douglas, deixando de lado o sucesso comprovado da experiência com a Boeing, e ainda se aventurou no negócio de exploração de óleo e gás. A PSA conseguiu fazer tudo isso enquanto se debatia em meio a uma infindável série de eventos tumultuados. A desregulamentação do setor a expôs a um enxame de concorrentes ferozes. Uma disputa judicial com a Lockheed em torno dos L1011 gerou incerteza financeira. Uma greve de pilotos parou a empresa por 52 dias. A mudança para os DC-9-80 da McDonnel Douglas acarretou atrasos inesperados nas entregas, o que deixou a PSA com poucas aeronaves justamente quando a greve acabou; isso derrubou sua reputação de confiabilidade e pontualidade. Por fim, uma tragédia: um Cessna usado para treinamento de pilotos colidiu com um 727 da PSA que iniciava o pouso em San Diego e as duas aeronaves foram violentamente arremessadas ao solo. "Torre, estamos caindo", disse o piloto do jato. "Aqui é a PSA."[29]

Por fim, em 8 de dezembro de 1986, a PSA sucumbiu a uma aquisição pela US Air. Os aviões da PSA, com seu sorriso característico, foram enfileirados um a um em hangares enormes e atacados por operários munidos de produtos químicos e pistolas. As aeronaves emergiram da operação sem rosto, depois de repintadas, apenas como máquinas intercambiáveis de uma frota gigante.[30]

> O fim da PSA ilustra o perigo de disparar balas de canhão mal calibradas em um mundo incerto, cheio de confusões e turbulências. Se um empreendimento é abatido por uma série de choques ao mesmo tempo que suas balas de canhão mal calibradas arrebentam no espaço, o resultado tem tudo para ser catastrófico.

Neste momento nosso foco está nas balas de canhão mal calibradas que não atingem o alvo. Mas e se você disparar uma bala de canhão mal calibrada e acertar? Bem, se o potencial de retorno for grande, talvez valha a pena correr o risco e apostar nessa grande bala de canhão mal calibrada. Mas aqui vai a ironia da coisa: disparar uma bala de canhão mal calibrada que dá certo e resulta em uma grande sorte inesperada pode ser até *mais* perigoso do que disparar uma bala que erra o alvo. Bons processos não garantem bons resultados, assim como maus processos não garantem maus resultados, porém bons resultados com maus processos – disparar balas de canhão mal calibradas que acertam por acaso – reforçam os maus processos e podem levar a empresa a disparar novas balas de canhão mal calibradas.

Você aconselharia um amigo ou parente a ir para Las Vegas e apostar metade de seu patrimônio em uma simples rodada de roleta? Suponha que seu amigo ou parente acredite que as pessoas só ganham muito dinheiro se fizerem apostas arriscadas em jogos como a roleta; então ele vai para Las Vegas, aposta alto na roleta e ganha. Aí volta para casa e diz: "É uma boa ideia apostar na roleta; veja só meu sucesso. Vou voltar lá na semana que vem e apostar *todo* meu patrimônio!".

AS EMPRESAS 10X APRENDEM COM SUAS EXTRAVAGÂNCIAS

Nossos cases 10X não têm um histórico perfeito no que diz respeito à calibragem de suas balas de canhão. A Southwest comprou a Muse Air no início da década de 1980, um movimento grande, fora de seu comprovado modelo de sucesso; não deu certo. A Intel fez uma aposta mal calibrada no início dos anos 1990 tentando levar o segmento de computadores pessoais a apostar em uma nova tecnologia de memória da Rambus; não deu certo. No entanto, nas raras vezes em que os cases 10X dispararam balas de canhão mal calibradas, aprenderam rapidamente com seus erros e retornaram à abordagem "primeiro balas de revólver, depois balas de canhão".[31]

Na maior parte de sua história, a Progressive Insurance funcionou de acordo com uma orientação explícita para evitar balas de canhão mal calibradas: limitar qualquer novo negócio a 5% do total das receitas corporativas, até ajustá-lo para operar com lucratividade sustentável. A empresa quebrou essa regra em meados da década de 1980, quando decidiu comercializar seguros voltados para empresas transportadoras e sistemas públicos de transporte. Saltou do zero para US$ 61 milhões em prêmios líquidos subscritos (quase 8% do total dos prêmios da empresa) em menos de dois anos. Em um único ano, multiplicou por dez a equipe de seguros para transportadoras, apesar de ter registrado perda de 23% em subscrições, e praticamente triplicou os prêmios novamente no ano seguinte. "Pensamos que aquele mercado era formado por maus motoristas com carros maiores", disse um executivo da Progressive. Mas o negócio acabou se revelando bem diferente; as transportadoras tinham muito mais poder de fogo para negociar preços do que os motoristas isoladamente, assim como exércitos de advogados sofisticados para brigar na Justiça pelas indenizações. "Foi um desastre financeiro", disse Lewis sobre as perdas de US$ 84 milhões que a empresa amargou. "Estou envergonhado pela maneira como chegamos a essa posição", admitiu. E apontou para o espelho na hora de atribuir a culpa: "Eu sou o verdadeiro responsável por isso".[32]

> Até os líderes 10X cometem erros, mesmo, às vezes, o grande erro de disparar uma bala de canhão mal calibrada. No entanto, eles encaram seus erros como "cursos de anuidade muito cara": é melhor tirar algum proveito deles, aprender tudo o que for possível, aplicar o aprendizado no dia a dia e não repetir o erro. Enquanto as empre-

> sas do grupo comparativo, em geral, tentam se recuperar de uma calamidade provocada por uma bala de canhão mal calibrada com outra bala mal calibrada, as 10X se recuperam voltando à antiga disciplina: só disparam balas de canhão quando já têm evidência empírica para isso.

A Progressive jurou de pés juntos nunca mais repetir o erro de disparar uma bala de canhão mal calibrada e logo usou a lição aprendida para ingressar no mercado de seguro básico. A empresa tinha conquistado grande parte de seu sucesso com a venda de seguros diferenciados para motoristas de alto risco, recusados pelas seguradoras tradicionais. Será que a Progressive devia partir para o seguro básico e comercializá-lo em um universo maior de motoristas? Os executivos da empresa não tinham certeza, mas sabiam como descobrir: disparando balas de revólver.[33]

Em 1991, a Progressive articulou alguns experimentos em certos estados que conhecia bem, como o Texas e a Flórida. Dois anos depois, continuou atirando balas de revólver para testar o seguro básico em outros estados. Disparou várias balas, uma após a outra; cada uma delas mostrou seus resultados e validou o conceito. Em 1994, de posse de uma boa evidência empírica ("já comprovamos que sabemos fazer isso!"), a Progressive concentrou um poder de fogo considerável e, finalmente, atirou uma bala de canhão: comprometeu-se integralmente com o seguro básico. No final de 1996, a empresa ofereceu essa modalidade de seguro em todos os 43 estados nos quais operava. Em cinco anos, o seguro básico respondia por quase 50% de todos os negócios da Progressive e finalmente catapultou a empresa para a quarta posição no ranking nacional das seguradoras de veículos dos Estados Unidos em 2002.[34]

A Progressive protagonizou um contraste interessante, tanto em relação à bala de canhão mal calibrada na direção dos seguros para transportadoras como à bala de canhão bem calibrada na direção do seguro básico de veículos: decidiu *não* disparar nenhuma bala de canhão na direção do seguro residencial. À primeira vista, a ideia de comercializar esse tipo de seguro fazia sentido. Afinal, por que não oferecer aos clientes a oportunidade de segurar a casa e o carro em um só pacote? É possível visualizar milhares de análises demonstrando as sinergias e o raciocínio estratégico para tal movimento, talvez até criando condições para uma grande aquisição. Mas a Progressive tinha aprendido: só sabemos se algo *vai efetivamente funcionar* quando temos evidência empírica, não importa quantas apresentações apoiem a ideia. Por isso, a Progressive recorreu mais uma vez às balas de revólver: exatamente como tinha feito com o seguro básico de veículos, realizou testes em alguns estados. Ao contrário do que ocorreu com o seguro de veículos, as balas atiradas na direção do seguro residencial não surtiram efeito, e a Progressive abandonou a ideia.[35]

> As três decisões estratégicas da Progressive – seguros para transportadoras (bala de canhão mal calibrada), seguro básico de veículos (bala de canhão bem calibrada) e seguro residencial (balas de revólver, seguidas da decisão de não disparar uma bala de canhão) – reforçam uma grande lição. Diante da instabilidade, da incerteza e de rápidas mudanças, confiar apenas em análises tende a não funcionar e pode levar à destruição. As técnicas de análise ainda são importantes, mas a evidência empírica é muito mais.

O princípio norteador é, portanto, a *evidência empírica*. Seja criativo, mas valide suas ideias criativas com experiência empírica. E você nem precisa disparar todas as balas; pode aprender com a experiência de outros também. A Southwest Airlines tornou-se uma das companhias aéreas iniciantes mais bem-sucedidas de todos os tempos apostando no modelo empiricamente validado que copiou da PSA. Roald Amundsen montou sua estratégia com base em técnicas comprovadas, como a de usar cães e trenós, que vinha sendo aperfeiçoada havia séculos pelos esquimós (Robert Falcon Scott, ao contrário, apostou alto em seus modernos trenós motorizados, que nunca haviam sido completamente testados nas condições polares mais extremas). Muito mais importante do que ser o primeiro ou o mais criativo é verificar *o que funciona na prática*, fazê-lo melhor do que todo mundo e depois elevar isso ao máximo com uma boa marcha das 20 milhas.[36]

EVIDÊNCIA EMPÍRICA, NÃO UM GÊNIO DAS PREVISÕES

Quando iniciamos este estudo, queríamos saber se os líderes 10X se revelariam superiores na arte de prever o futuro, colocando-se à frente dos fatos e, com isso, ganhando muito, graças a suas previsões geniais. Mas verificamos que isso não acontece. Nem Bill Gates, o grande gênio do software, tinha qualquer habilidade especial para fazer previsões. Ele não previu, desde o início, que a Microsoft seria a primeira empresa de software a comercializar um sistema operacional para o computador pessoal da IBM; estava totalmente concentrado em linguagens de computador quando a IBM, de uma hora para a outra, perguntou se a Microsoft poderia lhe fornecer um sistema operacional. Tampouco foi ele quem levou a Microsoft a ser a primeira no mercado dos navegadores.[37]

Em 1987, Bill Gates se viu diante de um dilema: apostar no DOS/Windows ou no OS/2. De um lado, o PC da IBM tinha sido padronizado com base no MS-DOS, e a Microsoft havia criado o Windows para rodar no DOS, o que dava ao sistema uma vantagem, como padrão inicial. De outro lado, a IBM tinha se comprometido até os dentes em criar um novo sistema operacional e envolvido a Microsoft no desenvolvimento daquele que viria a ser conhecido como OS/2. Em abril de 1987, a IBM tomou o setor de assalto com sua nova linha de computadores que rodavam com o OS/2, tecnicamente superior; o próprio Gates previu que, dentro de dois anos, o sistema seria dominante.[38]

No entanto, exatamente no mesmo período e sem alarde, Gates também começou a atirar suas balas de revólver no desenvolvimento continuado do Windows. Afinal, e se o OS/2 falhasse? E se o padrão DOS fosse complexo demais para ser superado, até mesmo para a IBM? E se as outras empresas de software não convertessem seus programas para rodar no OS/2, deixando os novos computadores sem uma ampla gama de opções de software? *E se? E se? E se?* No exercício de sua paranoia produtiva, Gates ficou preocupado em expor a Microsoft a todas essas incertezas. Assim, a despeito dos fortes desafios que enfrentou até dentro de seu círculo mais próximo, resolveu apostar e manteve um grupo de profissionais trabalhando no Windows... só para garantir. Gates foi esperto o suficiente para saber que ele não era esperto a ponto de prever, com razoável certeza, o que efetivamente aconteceria com o OS/2.[39]

No final de 1988, o OS/2 tinha conquistado apenas 11% do mercado. Más notícias para a IBM, mas não necessariamente para a Microsoft, como colocou a *Business Week*: "Por um lado, a Microsoft não perde nada: se o OS/2 falhar, o MS-DOS vai preencher o vácuo". Pelo menos publicamente, Gates continuou a prever o sucesso do OS/2. As evidências empíricas, porém, favoreciam o Windows. "Quem poderia prever [...] que 1989 seria o ano do Microsoft Windows e não do OS/2?", escreveu a *PC Week*. "No entanto, parece ser esse o caso." O Windows 3 chegou ao mercado e vendeu 1 milhão de cópias em apenas quatro meses, enquanto o OS/2 tinha vendido apenas 300 mil ao longo de três anos.[40]

Gates, portanto, apostou muito no Windows. Em 1992, o sistema vendia mais de 1 milhão de cópias por mês; Gates então se comprometeu a trabalhar no Windows 95. A bala de canhão atingiu em cheio o alvo e o novo sistema conquistou 1 milhão de clientes em apenas quatro dias, o que deu à Microsoft a posição dominante no mercado. Daí em diante, a empresa só manteve sua marcha das 20 milhas, potencializando ao máximo sua Grande Descoberta.[41]

> Os líderes 10X não possuem dom particularmente genial para previsões visionárias. Se Bill Gates, um dos grandes gênios dos negócios do século 20, não conseguiu prever com certeza o que ia acontecer em seu ambiente, há poucas razões para esperar que *qualquer pessoa* possa ter sucesso com uma estratégia do tipo "prever o futuro e depois se posicionar em relação ao que vem por aí".

Ficamos aliviados ao descobrir que não é preciso ter qualquer habilidade premonitória para prosperar em um ambiente de incerteza. Se você não sabe o que vai acontecer a seguir – ninguém sabe –, este capítulo esquematiza um método para que você possa fazer progressos, em vez de ficar paralisado, congelado pelas incertezas da vida. À medida que fomos avançando em nosso trabalho e descobrindo como os líderes 10X lidaram com a incerteza e com a mudança, começamos a mudar nossa abordagem e até mesmo a terminologia que desenvolvemos, abandonando a ideia de tentar prever o futuro ou de analisar nosso caminho para encontrar a resposta "certa". Em vez disso, começamos a fazer perguntas como as seguintes:

"Como podemos atirar balas de revólver para abrir caminho ao entendimento?"
"Como podemos disparar uma bala de revólver na direção dessa questão?"
"Quais as balas que os outros atiraram?"
"O que essa bala pode nos ensinar?"
"Será que precisamos disparar outra bala de revólver?"
"Temos evidência empírica suficiente para disparar uma bala de canhão?"

Se soubéssemos de antemão quais balas de revólver mereceriam um tiro de canhão, só dispararíamos as balas certas. Mas, é óbvio, não sabemos quais são as certas, por isso precisamos disparar nossas balas sabendo que algumas delas não vão atingir coisa alguma. No entanto, chega um momento em que precisamos nos comprometer – ou seja, quando já dispomos de evidência suficiente para dar aquele tiro de canhão. Sim, porque, se dispararmos várias balas de revólver, mas nunca nos comprometermos com uma aposta maior ou com um objetivo audacioso, nunca conseguiremos fazer algo realmente grande.

O RENASCIMENTO DA APPLE: BALAS DE REVÓLVER, BALAS DE CANHÃO E CRIATIVIDADE DISCIPLINADA

Quando Steve Jobs decidiu que a Apple abriria lojas de varejo, no início da década de 2000, tinha total clareza de que não sabia como fazer isso. Sem experiência empírica alguma, perguntou: "Quem é o melhor executivo do varejo deste país?". A resposta foi Mickey Drexler, então CEO da rede The Gap. Jobs o atraiu para o conselho diretor da Apple e começou a aprender tudo o que podia com ele. Drexler sugeriu a Jobs não começar com um lançamento grande, de 20 ou 40 lojas de uma só vez, e sim, em vez disso, encontrar um galpão, fazer o protótipo de uma loja, redesenhá-la até ficar exatamente do jeito que devia ser (bala, bala, bala) e então espalhar o modelo pelo mundo (bala de canhão), mas só depois que estivesse operando e tivesse sido exaustivamente testado. Pois foi exatamente isso que Jobs fez. E, de fato, a primeira experiência não funcionou muito bem. "Nós nos sentíamos meio 'Meu Deus, estamos ferrados!'", disse Jobs. Então ele e seu líder de varejo, Ron Johnson, partiram para redesenhar, testar e redesenhar de novo, até acertar. Abriram as duas primeiras lojas na Virgínia e em Los Angeles; assim que tiveram certeza do sucesso, ampliaram a rede com grande consistência. Questão de atirar uma bala, calibrar, atirar outra, recalibrar e, por fim, disparar a bala de canhão.[42]

Steve Jobs tinha retornado à Apple em 1997, depois de vagar pela selva high-tech durante 12 anos, desde que perdera sua posição no conselho da empresa após um enfrentamento com John Sculley, o CEO que o próprio Jobs tinha trazido para ajudá-lo na direção da companhia, no início dos anos 1980. Imagine a afronta que é ser forçado a sair da própria empresa e então vê-la perder força e tropeçar sob uma série de CEOs que simplesmente não entendiam o espírito que fez da Apple uma grande organização, para começo de conversa. Na época em que Jobs retornou, poucos acreditavam que a Apple pudesse voltar a ser grande. Quando perguntaram a Michael Dell, fundador da Dell Computers, o que ele faria com a Apple, o executivo respondeu, diante da plateia do Gartner Symposium ITxpo97: "O que eu faria? Fechava a empresa e devolvia o dinheiro aos acionistas".[43]

Nos cinco anos seguintes, do final de 1997 até 2002, a Apple superou a média do mercado de capitais em 127% e continuou a crescer, até finalmente tornar-se a empresa de tecnologia mais valiosa do mundo, em 2010.

Qual foi a primeira coisa que Jobs fez para colocar a Apple de volta nos trilhos? Não foi o iPod, nem o iTunes, nem o iPad. A primeira coisa que fez foi aumentar a disciplina. Isso mesmo, a disciplina, pois sem disciplina não haveria chance de desenvolver qualquer trabalho criativo. Jobs trouxe para a empresa Tim Cook, especialista de classe mundial em cadeia de fornecimento. Os dois formaram uma perfeita equipe yin-yang de criatividade e disciplina. Cortaram benefícios, deixaram de financiar o programa sabático corporativo, melhoraram a eficiência operacional, reduziram toda a estrutura de custos e fizeram com que as pessoas concentrassem seu foco no intenso *éthos* de "trabalhar dia e noite" que tinha marcado os primeiros anos da Apple. Os custos operacionais caíram. A razão entre o caixa e o passivo circulante dobrou e depois triplicou. A dívida de longo prazo encolheu em dois terços e a razão entre o passivo total e o patrimônio líquido caiu para mais da metade de 1998 para 1999.[44] Você pode estar pensando: "Bem, toda essa melhoria financeira é decorrência natural das grandes inovações". Na verdade, porém, a Apple fez tudo isso antes do iPod, do iTunes e do iPhone. Tudo o que não ajudava a empresa a retomar sua capacidade de criar grandes produtos que as pessoas amavam seria descartado, cortado, fatiado e sumariamente eliminado.

Em que produtos a Apple trabalhou primeiro? Ela voltou no tempo para ressuscitar o maior produto que Steve Jobs havia ajudado a criar uma década antes, a Grande Descoberta que ainda tinha um tremendo valor no mix da empresa: o computador Macintosh. A empresa lançou os PowerMacs, os PowerBooks e o iMac. Jobs não saiu em busca da Próxima Grande Descoberta; resolveu, em vez disso, aprimorar ao máximo a Grande Descoberta que ele já tinha.

VENCEDORAS POR OPÇÃO

Então, *quatro anos depois* do retorno de Jobs à Apple, foi dado um pequeno tiro empiricamente validado. Enquanto a Apple se concentrava no Mac, algo aconteceu fora dos portões da empresa: o compartilhamento de arquivos de música no Napster e o lançamento dos aparelhos digitais que reproduziam arquivos de música em MP3. Jobs disse a Brent Schlender, da revista *Fortune*, que "se sentiu um idiota" por ter sido apanhado totalmente desprevenido com a ascensão do Napster, do compartilhamento de arquivos digitais e dos aparelhos de MP3. "Achei que tinha perdido o bonde", continuou ele. "Tivemos de trabalhar muito duro para acertar o passo com a nova tendência."[45]

Levemos em conta todos os fatos empíricos presentes no cenário, *antes* de a Apple começar a desenvolver o iPod. Os jovens compartilhavam músicas; os aparelhos de MP3 permitiam que eles carregassem suas músicas para todo lugar, mas com limitações de espaço; a Apple tinha uma capacidade quase sobrenatural de tornar a tecnologia acessível às pessoas comuns; um MP3 bem descolado que funcionasse com o Mac seria uma extensão do Mac; os funcionários da Apple queriam ter um MP3 descolado e uma biblioteca de música para uso pessoal; e grande parte da tecnologia necessária para criar um MP3 melhor já existia (minidiscos rígidos da Toshiba, baterias em miniatura da Sony, interface FireWire da Texas Instruments e hardware de MP3 padronizado da PortalPlayer).[46]

Assim, a Apple desenvolveu um aparelho de MP3 charmoso para o Mac, com software de suporte, mas não criou um Grande Salto Adiante. A própria empresa não parecia enxergar o iPod como uma nova categoria de produto representativa; na verdade, a ideia era que o aparelho fosse uma extensão. Seu formulário 10-K de 2001 descrevia o iPod somente como "uma extensão importante e natural da estratégia central da Apple", baseada no Macintosh. Não era ainda uma revolução, e sim apenas um passo na evolução de uma estratégia em curso. Em 2002, o iPod continuou a ser uma pequena parte do portfólio geral da Apple e respondia por menos de 3% das vendas líquidas. Não mereceu uma linha sequer nas demonstrações financeiras da empresa, nem mesmo uma menção no parágrafo de abertura sobre o perfil da companhia. O iPod era uma bala de revólver muito interessante, mas continuava a ser só uma bala.[47]

Ainda assim, a Apple acumulava considerável volume de evidência empírica. As pessoas amavam o iPod; os consumidores adoravam o iTunes para o Mac; as vendas do iPod mais que dobraram em um ano; a indústria fonográfica enfrentou sérios desafios com a expansão dos downloads ilegais de música; e os funcionários da Apple sempre quiseram ter um jeito fácil de baixar música sem roubar.

Então a Apple deu o próximo passo: lançou uma loja para venda de músicas online, em parceria com a indústria fonográfica, oferecendo os arquivos de música a US$ 0,99 cada um. Isso também deu certo, o que aumentou a evidência empírica da empresa. Milhões de pessoas prefeririam comprar música a roubar, se o acesso fosse fácil e o preço, acessível; muitos clamavam por uma versão do iTunes para seus PCs com sistema Windows; e o Windows tinha uma base instalada de mais de 1 bilhão de computadores pessoais.[48]

Por fim, com toda essa evidência empírica acumulada, a Apple disparou sua grande bala de canhão: lançou as versões do iTunes e do iPod para computadores não Mac e multiplicou quase 20 vezes seu potencial de mercado.[49] "O iPod não é uma nova categoria", disse Jobs. "Não é um mercado especulativo [...]. Portanto, não é como dizer que vamos construir um dispositivo para informações ou alguma curiosidade e esperar que haja mercado para ele." E a Apple não parou por aí. Continuou acrescentando uma peça após a outra e explorando ao máximo a Nova Grande Descoberta: iPod Mini, iPod Click Wheel, iPod Photo, iPod 30 GB, iPod 60 GB, iPod 80 GB, iPod Shuffle, iPod Nano – tudo isso com filmes, vídeos, livros e programas de TV disponíveis na loja iTunes. Em três anos, o volume de vendas do iPod excedia o do Macintosh.[50]

> A história do iPod ilustra um ponto crucial: uma iniciativa de grandes proporções e bem-sucedida pode parecer, quando vista de certa distância, uma descoberta criativa que aconteceu de uma só vez, quando, na verdade, é o resultado de um processo repetitivo de várias

> etapas, baseado mais na evidência empírica do que em algum gênio visionário. O casamento da disciplina fanática com a criatividade empírica explica melhor a revitalização da Apple do que as inovações de ponta propriamente ditas.

O mesmo ponto vale também para Steve Jobs. Desde quando foi banido da selva high-tech em 1985, depois de exonerado da própria empresa, ele nunca parou de se autodesenvolver, de crescer, de aprender e de se autoimpulsionar. Poderia ter usado a fortuna pessoal para viver uma vida de facilidades e de confortável irrelevância. Em vez disso, fundou uma empresa chamada NeXT, trabalhou em um novo sistema operacional e se envolveu com cinema de animação na Pixar. Ao longo dos 12 anos em que esteve afastado da Apple, Jobs passou de empreendedor criativo a construtor de empresas disciplinado e criativo. Ele sempre soube como criar produtos insanamente geniais, mas tinha de aprender a construir uma empresa insanamente grandiosa.

Disciplina fanática *e* criatividade empírica: dois lados de uma mesma moeda, ambos essenciais para atingir o sucesso 10X e a grandeza duradoura. Ainda assim, não são suficientes, pois, se você for expulso do jogo, toda sua criatividade e disciplina se resumirão a nada. A Apple quase desapareceu como organização independente em meados da década de 1990, caindo tanto e tornando-se tão destituída de espírito que seus líderes consideraram seriamente a possibilidade de vendê-la para outra empresa. A Apple ganhou um período sub judice quando seu conselho não conseguiu chegar a bons termos com os potenciais compradores e Jobs retornou logo a seguir.[51] Se a Apple capitulasse e fosse vendida, muito provavelmente não haveria iMac, iPhone, iPod ou iPad. A grandeza requer uma determinação churchilliana de jamais desistir, mas também reservas para suportar derrotas esmagadoras, má sorte, calamidade, caos e confusão. Em um mundo estável e previsível, liderar com disciplina fanática e criatividade empírica pode ser suficiente, porém a incerteza e a instabilidade também exigem da liderança a *paranoia produtiva*, objeto do próximo capítulo.

RESUMO DO CAPÍTULO 4

PRIMEIRO BALAS DE REVÓLVER, DEPOIS BALAS DE CANHÃO

PONTOS PRINCIPAIS

▶ Uma abordagem do tipo "primeiro balas de revólver, depois balas de canhão" explica melhor o sucesso das empresas 10X do que inovações mirabolantes e gênios das previsões.

▶ Uma bala de revólver é um teste ou experimento de baixo custo, de baixo risco e de baixo poder de atrair atenção. Os líderes 10X usam as balas para obter evidência empírica do que efetivamente funciona. Com base nessa evidência, concentram seus recursos para atirar uma bala de canhão e, assim, alcançar retorno maior com apostas certeiras.

▶ Nossos cases 10X dispararam um grande número de balas que nunca acertaram alvo algum. Eles não sabiam de antemão quais balas atingiriam um alvo e teriam sucesso.

▶ Existem dois tipos de balas de canhão: as bem calibradas e as mal calibradas. Uma bala de canhão bem calibrada tem confirmação, com base na experiência real (evidência empírica), de que uma grande promessa tem chances de sucesso. Disparar uma bala de canhão mal calibrada significa apostar alto sem evidência empírica.

▶ Balas de canhão mal calibradas podem causar calamidades. As empresas que fazem parte de nosso estudo pagaram preços altíssimos quando eventos grandes e confusos coincidiram com o disparo de balas mal calibradas, que as deixaram expostas. Os cases comparativos

RESUMO DO CAPÍTULO 4

demonstraram maior tendência a atirar balas de canhão mal calibradas do que as empresas 10X.

▶ Alguns líderes 10X cometeram ocasionalmente o erro de disparar uma bala de canhão mal calibrada, mas procuraram se autocorrigir o mais rápido possível. Os cases comparativos, no entanto, tinham mais inclinação para tentar corrigir os erros atirando outra bala de canhão mal calibrada, o que aumentava seus problemas.

▶ O fracasso em disparar balas de canhão, *desde que bem calibradas*, leva a resultados medíocres. A ideia não é escolher entre balas de revólver ou de canhão; é atirar primeiro as balas de revólver, depois as de canhão.

▶ Aquisições podem funcionar como balas, se forem de baixo risco, de baixo custo e de relativamente baixo poder de atrair atenção.

▶ A tarefa mais difícil é casar a disciplina com a criatividade sem deixar que a primeira iniba a segunda, nem que a criatividade corroa a disciplina.

DESCOBERTAS INESPERADAS

▶ As empresas 10X nem sempre foram mais inovadoras do que as do grupo comparativo. Em algumas duplas, as 10X foram até menos inovadoras do que seus comparativos.

▶ Concluímos que cada ambiente possui um patamar de inovação, definido como o nível mínimo de inovação exigido para que a empresa possa fazer parte do jogo. Alguns setores têm baixo patamar de inovação, enquanto outros têm patamar elevado. No entanto, uma vez ultrapassado o patamar de inovação, ser *mais* inovador não parece ter tanta importância.

RESUMO DO CAPÍTULO 4

▶ Aparentemente, os líderes 10X não têm uma habilidade maior do que a de seus comparativos de prever mudanças iminentes ou eventos novos. Não são gênios visionários; são empiristas.

▶ A combinação de criatividade *e* disciplina, traduzida pela habilidade de inovar em escala com grande consistência, explica melhor algumas das maiores histórias de sucesso – da Intel à Southwest Airlines, dos primeiros anos da Amgen ao ressurgimento da Apple sob a liderança de Steve Jobs – do que a mitologia que envolve inovações de ponta de grandes proporções, criadas de uma só vez.

PERGUNTA-CHAVE
▶ Quais dos comportamentos abaixo você precisa intensificar?
  • Disparar um número suficiente de balas de revólver.
  • Resistir à tentação de disparar balas de canhão mal calibradas.
  • Assumir o compromisso de converter balas de revólver em balas de canhão a partir do momento em que possuir evidência empírica para tal.

5

LIDERAR ACIMA DA LINHA DA MORTE

DISCIPLINA
fanática

AMBIÇÃO
de nível 5

PARANOIA
produtiva

CRIATIVIDADE
empírica

"A partir do momento em que existe vida, existe perigo."
Ralph Waldo Emerson[1]

Na manhã de 8 de maio de 1996, David Breashears olhava a paisagem do alto do acampamento 3, a 7.500 metros de altitude, nas encostas geladas do monte Everest; preparava-se para o grande movimento em direção à passagem sul e para a empreitada de carregar o que ele chamava de "Porco" até o pico. O Porco era uma câmera IMAX de 19 quilos, que seria usada para fazer o primeiro filme em IMAX a ser rodado no ponto mais alto da Terra.[2]

O que Breashears viu o deixou alarmado. Mais de 50 pessoas que faziam trekking desde o acampamento 2 fervilhavam ao longo da geleira, subindo em direção ao ponto onde estavam Breashears e sua equipe. Alguns dos alpinistas eram clientes conduzidos ao topo do mundo pelos experientes guias Rob Hall e Scott Fischer. Além do mais, Breashears e sua equipe estavam iniciando o trabalho tarde, com poucas horas de sono e nervosos em razão dos ventos com força de furacão que tinham açoitado suas barracas na noite anterior.[3]

Breashears parou para pensar: *e se* sua equipe tivesse de se atrasar um dia, por causa dos fortes ventos ou tempestades, dando ao enxame de alpinistas a chance de alcançá-los? *E se* um monte de gente entupisse o pequeno topo da montanha justamente quando Breashears estivesse tentando filmar suas cenas do ponto mais alto? *E se* dezenas de alpinistas se empilhassem no gargalo conhecido como passo Hillary, logo antes de chegar ao topo, por onde só é possível passar um alpinista de cada vez, para cima ou para baixo, em cordas fixas? *E se* o peso combinado de tantas pessoas afetasse as cordas fixas e fizesse com que os parafusos usados para ancoragem rasgassem o gelo e se soltassem? *E se* ele desse de cara com um "engarrafamento" de alpinistas menos experientes – enfraquecidos, exaustos, desorientados – justamente no momento em que precisasse descer depressa?[4]

Breashears tinha reunido a melhor equipe de cinegrafistas alpinistas do mundo. Conversou com seus parceiros de confiança, Ed Viesturs e Robert Schauer; todos concordaram que as condições de fato não pareciam nada boas e chegaram a uma decisão clara: manter o equipamento no acampamento 3, descer e escalar tudo novamente alguns dias depois, quando a montanha estivesse vazia.[5]

Durante a descida, Breashears cruzou com o guia Rob Hall, alto e confiante em seu traje vermelho, comandando seu pequeno exército de guias e clientes; subia a montanha lentamente, mas com precisão quase militar. Breashears sentiu uma ponta de remorso, pois o dia tinha se tornado claro e calmo, quase agradável, e Hall aparentou surpresa ao vê-lo descer com condições de tempo tão boas. Hall parecia o Senhor do

Everest em sua marcha montanha acima, enquanto Breashears passava rapidamente por ele e rumava para baixo, em direção ao acampamento. Logo Breashears deparou com outro guia, Scott Fischer, carismático e cheio de energia, com cabelos desordenados, sorriso de criança e enorme paixão pelas montanhas. Assim como Hall, Fischer questionou a decisão de Breashears de descer; Breashears lhe falou sobre o vento e o tempo incerto, e que a montanha lhe parecia um pouco cheia. Fischer lhe deu um sorriso amplo e confiante e continuou a subir, transpirando seu proverbial otimismo e a alegria de poder escalar a montanha com um tempo tão glorioso.[6]

Quando Breashears viu Hall e Fischer novamente, 15 dias depois, a caminho de sua bem-sucedida filmagem com a IMAX no topo, ambos estavam mortos, congelados no alto da montanha, vítimas do maior desastre da história do Everest, no qual oito pessoas morreram em 24 horas.[7]

PARANOIA PRODUTIVA

Muitas pessoas conhecem essa triste história de 1996 no Everest pelo livro *No ar rarefeito*, de John Krakauer*; se você ainda não leu essa obra, trate de fazê-lo quanto antes. E não deixe de ler também o soberbo livro de David Breashears, *Alto risco***. Assim como Amundsen e Scott, analisamos o contraste: duas equipes e respectivos líderes em uma mesma montanha, no mesmo dia, ambos com grande carga de responsabilidade e sujeitos às pressões de cada negócio (um deles de guiar um grupo de clientes até o topo, mediante o pagamento de uma alta quantia; o outro de concluir o projeto multimilionário de um filme). Os dois têm uma experiência tremenda; no entanto, somente um deles conduz sua equipe ao sucesso 10X, atingindo a incrível meta de rodar um filme IMAX no topo do monte Everest e retornando com toda a equipe em perfeita segurança.[8]

---
* *No ar rarefeito* [*Into thin air*]. São Paulo: Companhia de Bolso, 2006. [N. da T.]
** *Alto risco* [*High exposure*]. São Paulo: Manole, 2001. [N. da T.]

Seria fácil colocarmos o foco nas decisões cruciais tomadas na montanha. De um lado, temos a prudente decisão de Breashears de descer em 8 de maio, o que provavelmente salvou sua expedição e talvez até a vida dos membros de sua equipe; de outro, a decisão de Rob Hall, que ignorou seu horário de retorno para esperar o cliente Doug Hansen chegar ao topo (o termo "horário de retorno" – no inglês, *turnaround time* – designa o horário preestabelecido pela equipe de alpinistas no qual eles se comprometem a iniciar sua descida, tenham ou não atingido o topo, para garantir maior margem de segurança de concluir a descida com a luz do dia). No entanto, manter o foco apenas nesses dois momentos de decisão obscurece nossa visão e limita nosso entendimento. De uma perspectiva 10X, as decisões mais importantes foram tomadas antes mesmo que as equipes chegassem à montanha; foram tomadas meses antes, em Boston, quando Breashears começou a se planejar e a se preparar para a escalada.[9]

David Breashears e sua equipe levaram cilindros de oxigênio suficientes para fazer mais de uma subida ao topo e uma quantidade de suprimentos que lhes permitiria ficar no Everest por mais três semanas além do tempo previsto, caso fosse necessário. Breashears deu meia-volta e desceu em 8 de maio de 1996 porque *podia* descer, esperar o tempo melhorar e usar as reservas para outra subida. A equipe de Roy Hall, em contraste, só levou oxigênio suficiente para *uma* subida ao topo.[10] A partir do momento em que os grupos guiados rumaram para o topo, a situação passou a ser de tudo ou nada. Ao contrário de Breashears, eles não tinham a opção de descer e voltar outro dia. Chegado o momento crucial, no alto da montanha, não observaram a hora acordada para descer, quebrando o protocolo do horário de retorno, e ficaram terrivelmente expostos a uma tempestade que avançava rapidamente e à escuridão que começava a descer. Quando a tempestade os envolveu, Breashears ofereceu heroicamente mais da metade dos cilindros de oxigênio de sua equipe, que estavam armazenados no alto da montanha, para ajudar nas tentativas de resgate, disposto a arriscar o projeto multimilionário do filme para salvar a vida de seus colegas alpinistas. Com tudo isso, ainda teve condições de reunir recursos suficientes para se reorganizar após a tragédia e subir ao topo com sua IMAX, quase duas semanas mais tarde.[11]

A postura de David Breashears em relação ao Everest exemplifica as ideias contidas neste capítulo, que trata da maneira como os líderes 10X conduzem suas empresas com paranoia produtiva. Os líderes 10X incluídos em nosso estudo sempre presumiram que as condições podem mudar repentinamente (e muitas vezes mudam mesmo), de modo rápido e violento. Demonstraram ser hipersensíveis às condições de mudança, por isso se perguntavam continuamente: "E se?". Como se prepararam com antecedência, gerando reservas, mantendo margens de segurança "irracionalmente" grandes, limitando os riscos e apurando sua disciplina nos tempos bons e ruins, lidaram com as dificuldades em uma posição de resistência e flexibilidade. Compreenderam profundamente que *os únicos erros que nos ensinam alguma coisa são aqueles aos quais sobrevivemos.*

O gráfico "Jornada das empresas 10X e a linha da morte" ilustra essa ideia. A curva ascendente representa a "jornada 10X", e os picos erráticos ao longo da curva, os "eventos bons" e os "eventos ruins" com que deparamos pelo caminho. Observe a linha reta horizontal chamada "linha da morte", que se estende pelo gráfico inteiro. Nesse contexto, "atingir a linha da morte" significa que a empresa morre ou fica tão destruída que não tem condições de persistir no objetivo de se tornar uma organização grande e duradoura. A ideia é simples: se você atinge a linha da morte, é o fim de sua jornada. Acaba o jogo!

Jornada das empresas 10X e a linha da morte

- Jornada 10X
- Eventos bons
- Ficar acima da linha da morte
- Eventos ruins
- Linha da morte

Neste capítulo, vamos explorar três importantes conjuntos de práticas, alicerçadas em nossa pesquisa, para liderar e conduzir uma grande empresa com base na paranoia produtiva:

▶ **Paranoia produtiva 1:** gerar reservas de caixa e amortecedores – *cilindros de oxigênio* – para se preparar para eventos inesperados e para a má sorte *antes* que aconteçam.

▶ **Paranoia produtiva 2:** limitar o risco – *risco na linha da morte, risco assimétrico* e *risco não controlável* – e administrar o risco atrelado ao tempo.

▶ **Paranoia produtiva 3:** *abrir o foco*, depois *fechar o foco*, mantendo-se hipervigilante para captar as mudanças de condições e dar uma resposta efetiva.

PARANOIA PRODUTIVA 1: CILINDROS DE OXIGÊNIO EXTRAS. É DISSO QUE VOCÊ PRECISA ANTES QUE A TEMPESTADE COMECE

Pense na Intel como se você fosse David Breashears. Imagine que construir uma grande empresa do setor de microeletrônica equivale a subir o Everest carregando uma câmera IMAX. Imagine também que ter reservas de caixa e um balanço patrimonial conservador são o mesmo que armazenar cilindros de oxigênio e outros suprimentos essenciais. No final de 1990, a posição de caixa da Intel tinha disparado para mais de US$ 10 bilhões, ou 40% da receita anual (enquanto a razão entre caixa e receita da AMD tinha despencado para menos de 25%).[12] Manter o caixa em um nível tão elevado pode ser irracional e ineficiente 95% do tempo, mas a liderança da Intel se preocupava com os 5% do tempo em que uma catástrofe poderia devastar o setor ou em que outro choque inesperado viesse a abalar a companhia.[13] Em um desses raros cenários, *que inevitavelmente se apresentam*, a Intel teria condições de manter sua incansável marcha das 20 milhas e continuar criando, inventando, sempre empenhada em sua jornada para se tornar uma empresa grande e duradoura. A teoria financeira diz que os líderes que acumulam caixa em suas organizações são irresponsáveis no que toca à distribuição de capital.[14] Em um mundo estável, previsível e seguro, a teoria pode ser aplicável; só que o mundo não é nem estável, nem previsível, nem seguro – e nunca vai ser.

Fizemos uma análise sistemática de 300 anos de demonstrações financeiras das empresas 10X e de seus comparativos diretos e encontramos fortes evidências de que as 10X carregaram muitos cilindros de oxigênio extras ao longo de sua vida. A razão entre caixa e ativos das empresas 10X era de 3 a 10 vezes superior à média das razões de 87.117 empresas analisadas pelo *Journal of Financial Economics*.[15] Quando se trata de construir suspensões e amortecedores financeiros, os cases 10X foram muito paranoicos e neuróticos! E não foi apenas um efeito do setor. Quando detalhamos as informações comparando os cases 10X com as empresas do grupo comparativo, descobrimos que as 10X foram mais conservadoras do que seus comparativos diretos na maneira de administrar o balanço e, em 80% do tempo, mantiveram uma razão entre caixa e ativos e uma razão entre caixa e passivo maiores do que as de seus comparativos diretos. (Veja "As bases da pesquisa: análise de risco do caixa e do balanço das empresas".)

Queríamos saber se nossos cases 10X tinham aderido a essa prudente disciplina financeira ao longo de sua história, quando ainda eram companhias pequenas, ou seja, *antes* de se tornarem enormes máquinas de sucesso e de fazer girar montanhas de dinheiro. Quando aplicamos o mesmo método de análise aos cinco primeiros anos a partir da primeira oferta pública de ações de cada uma das empresas, descobrimos que o padrão já estava implantado: todas as 10X demonstravam maior prudência financeira do que seus comparativos. A posição de caixa conservadora da Intel, no final da década de 1990, era uma continuação da paranoia produtiva que seus líderes, assim como os outros líderes 10X, adotaram nos primeiros anos da empresa.

Da mesma forma que Breashears e Amundsen, os líderes 10X criaram o hábito, desde cedo, de construir amortecedores e suspensões, preparando-se continuamente para o próximo evento "cisne negro". Um evento cisne negro, conceito popularizado pelo escritor e financista Nassim Nicholas Taleb[16], é uma situação de ruptura com poucas chances de ocorrer, um evento que quase ninguém consegue prever. De fato, quase ninguém consegue prever que *determinado* cisne negro vai acontecer, nem mesmo nossos líderes 10X. Entretanto, é possível prever que *algum* cisne negro vai ocorrer, ainda que inespecífico. Vamos colocar de outra maneira: a probabilidade de um evento cisne negro específico acontecer pode ser menor que 1%, mas a de que algum evento cisne negro venha a ocorrer fica perto de 100%; a questão é que não se consegue prever o que será e quando virá. Essa é uma contribuição fundamental de Taleb, um insight que qualquer aspirante a líder 10X deve aprender e decorar. Os líderes 10X sempre se preparam para aquilo que não podem prever de modo algum, armazenando enorme quantidade de cilindros de oxigênio extras (ou seja, amplas margens de segurança) e ampliando suas alternativas *antes* de depararem com o cisne negro – exatamente como Breashears se preparou para o Everest.

> Os líderes 10X continuam a ser produtivamente paranoicos quando as coisas melhoram, reconhecendo que o que mais importa é o que fazem *antes* de a tempestade começar. Como é impossível prever, de maneira consistente, eventos de ruptura específicos, eles constroem sistematicamente amortecedores e suspensões para lidar com situações inesperadas. Colocam em cena os cilindros de oxigênio extras *antes* de serem atingidos pela tempestade.

Em 1991, Herb Kelleher explicou por que a Southwest Airlines manteve um balanço extremamente conservador: "Desde que nunca esqueçamos os pontos fortes que nos permitem resistir e crescer em meio às catástrofes econômicas, desde que sempre lembremos que essas catástrofes econômicas acontecem com regularidade e desde que não desperdicemos tolamente nossas forças essenciais com visão curta, egoísmo ou intolerância, continuaremos a resistir, a crescer e a prosperar".[17]

Dez anos depois que Kelleher escreveu essas palavras, o mundo assistiu ao vivo, em tempo real, ao horror de 11 de setembro de 2001. Enquanto as outras grandes empresas aéreas reduziram suas operações imediatamente depois da tragédia, a Southwest não cortou um só emprego, nem cancelou um único voo – nem um mesmo! – e cumpriu todo seu cronograma de voos (apesar de inicialmente ter voado com apenas metade da lotação) assim que o governo liberou o espaço aéreo, que havia sido fechado em todo o país. A Southwest registrou algum lucro em 2001 (inclusive no quarto trimestre) e foi a única entre as grandes companhias aéreas que teve lucro em 2002. A Southwest iniciou operações em novas cidades, conquistou mercado e, fato totalmente assombroso, viu o preço de suas ações *subir* no quarto trimestre de 2001. No final de 2002, realizou uma capitalização no mercado cujo valor foi maior que o de todas as principais empresas aéreas norte-americanas *juntas*.[18]

JIM COLLINS E MORTEN T. HANSEN

A Southwest realizou tudo isso apesar da situação que ela mesma qualificou como "a tragédia potencialmente devastadora de 11 de setembro" porque, de acordo com o texto divulgado em seu relatório anual de 2001, "nossa filosofia de administrar a empresa nos tempos bons de modo a garantir que tudo corra bem nos tempos ruins demonstrou ser uma profilaxia maravilhosa". Em 11 de setembro de 2001, a Southwest tinha US$ 1 bilhão em caixa e a melhor classificação de crédito do setor, assim como o melhor custo por assento disponível por milha, posição garantida por 30 anos de uma disciplina que nunca relaxou nos tempos bons. Tinha um plano de crise pronto e ferramentas de planejamento financeiro de contingência antes dos ataques de 11 de setembro. Havia nutrido ao longo de 30 anos sua cultura mantida por pessoas arrebatadas, acolhedoras e desafiadoras; com isso, criou uma relação recíproca do tipo "nós vamos cuidar uns dos outros" que demonstrou ser forte e adaptável. Se essa cultura e essa relação não estivessem implantadas antes do 11 de setembro, a Southwest teria sofrido grandes impactos, como aconteceu com todas as outras companhias aéreas diante do terrível evento.[19]

Quando descreveu o modo como a Southwest Airlines respondeu ao 11 de setembro, Herb Kelleher não demonstrou sinal algum de exibicionismo. Engasgou de tanto chorar, incapaz de terminar as frases ao tentar contar como o pessoal da empresa se uniu para colocar os aviões no ar tão logo o espaço aéreo foi reaberto, todos unidos em um ato comum de rebeldia.[20] Podem nos atacar, mas não nos derrotar; podem tentar destruir nossa liberdade, mas só nos tornarão mais fortes; podem espalhar o horror, mas não conseguirão nos aterrorizar. Nós vamos voar!

Se você abraçar as melhores práticas para criar uma grande empresa e aplicá-las com rigor *o tempo todo* – em tempos bons e ruins, em tempos estáveis e instáveis –, terá um empreendimento capaz de arrancar na frente dos outros assim que a turbulência começar. Quando um evento calamitoso atinge violentamente um setor ou toda a economia, as organizações se posicionam em uma dessas três categorias: as que arrancam na frente, as que ficam para trás e as que morrem. A tragédia em si não determina em qual categoria você se enquadra; só quem pode determinar isso é você mesmo.

PARANOIA PRODUTIVA 2: LIMITAR O RISCO

Passou por nossa cabeça a hipótese de as empresas 10X terem tido tanto sucesso somente porque correram mais riscos. Talvez os cases 10X tivessem sido apenas vencedores em operações de alto risco, com recompensas elevadas – meros sortudos, porque os grandes riscos que correram acabaram dando resultados compensadores. Entretanto, conforme nos aprofundamos em nossa pesquisa, constatamos que as 10X optaram por uma abordagem mais conservadora, avessa ao risco. Elas limitaram seu crescimento na marcha das 20 milhas. Atiraram várias balas de revólver antes de dar seu grande tiro de canhão. Demonstraram prudência financeira e construíram um cofre cheio de cilindros de oxigênio extras. Impactados pelo acúmulo de evidências, conduzimos uma análise ainda mais sistemática com base na seguinte pergunta: "Os cases 10X correram mais riscos ou menos riscos do que seus comparativos?".

Para explorar essa pergunta, identificamos primeiro as três categorias primárias de risco consideradas mais relevantes para liderar um empreendimento: (1) *risco na linha da morte*, (2) *risco assimétrico* e (3) *risco não controlável* (veja "As bases da pesquisa: análise das categorias de risco"). Os riscos na linha da morte são aqueles que poderiam matar uma empresa ou prejudicá-la seriamente. Os riscos assimétricos são aqueles cujos potenciais aspectos negativos são muito maiores do que os positivos. Os riscos não controláveis são aqueles que expõem a empresa a forças e eventos que ela tem pouca capacidade de gerenciar ou controlar. Qualquer decisão ou situação específica pode envolver mais de uma forma de risco; as categorias de risco não são mutuamente excludentes.

A história do Everest ilustra bem essas três categorias. Quando Rob Hall decidiu não respeitar o horário de retorno de 14h para ajudar um de seus clientes a atingir o pico, aumentou drasticamente o risco de se ver no escuro e sem cilindros de oxigênio suficientes: em suma, correu um risco desnecessário na linha da morte. Em contraste, David Breashears encarou uma decisão difícil: permitir ou não que uma japonesa hesitante, membro de sua equipe, fizesse a subida final ao topo enquanto os outros integrantes retornariam à montanha, uma decisão "de partir o coração", com todos os anos de esforço e de treinamento que ela havia investido. Ainda assim, Breashears manteve sua margem de segurança e não permitiu que ela tentasse atingir o pico. A decisão de Hall de levar uma quantidade de cilindros suficiente para apenas uma subida caracteriza um risco assimétrico. Os cilindros de oxigênio são pesados e caros, mas o fracasso de uma expedição é bem mais caro, e perder vidas, infinitamente mais. Breashears, em contraste, acreditava que as desvantagens de levar um estoque limitado de oxigênio superavam de longe o custo de um estoque extra à mão. Breashears evitou também o risco não controlável, pois reconheceu que o grande número de alpinistas que subiam a montanha em 8 de maio de 1996 poderia criar uma situação sobre a qual ele não teria controle algum. Um perigoso gargalo poderia se formar no passo Hillary. Uma pequena multidão de alpinistas no topo poderia arruinar suas filmagens naquele ponto. Ele e sua equipe poderiam ser atingidos por uma tempestade no alto da montanha e ser impedidos de se movimentar por causa da quantidade de alpinistas dos outros grupos no mesmo local. Breashears decidiu evitar todos esses riscos não controláveis e desceu a montanha em 8 de maio.[21]

Voltando aos dados recolhidos em nossa pesquisa sobre as empresas 10X, conduzimos uma análise abrangente da história dessas organizações e de seus casos comparativos e descobrimos que as 10X se comportaram como David Breashears. Elas correram menos riscos na linha da morte, menos riscos assimétricos e menos riscos não controláveis do que as do grupo de comparação. O quadro "Comparação de riscos" e o gráfico "Empresas 10X: menos riscos do que seus comparativos" mostram os resultados de nossas análises.

COMPARAÇÃO DE RISCOS: EMPRESAS 10X VERSUS EMPRESAS COMPARATIVAS

Tipo de decisão tomada	Empresas 10X	Empresas do grupo comparativo
Número de decisões analisadas	59	55
Decisões que envolviam risco na linha da morte	10% das decisões	36% das decisões
Decisões que envolviam risco assimétrico	15% das decisões	36% das decisões
Decisões que envolviam risco não controlável	42% das decisões	73% das decisões
Decisões classificadas como de baixo risco*	56% das decisões	22% das decisões
Decisões classificadas como de médio risco**	22% das decisões	35% das decisões
Decisões classificadas como de alto risco***	22% das decisões	43% das decisões

* Baixo risco: nenhum risco na linha da morte, nenhum risco assimétrico, nenhum risco não controlável.
** Médio risco: nenhum risco na linha da morte, mas risco não controlável ou risco assimétrico.
*** Alto risco: risco na linha da morte e/ou risco assimétrico e risco não controlável.

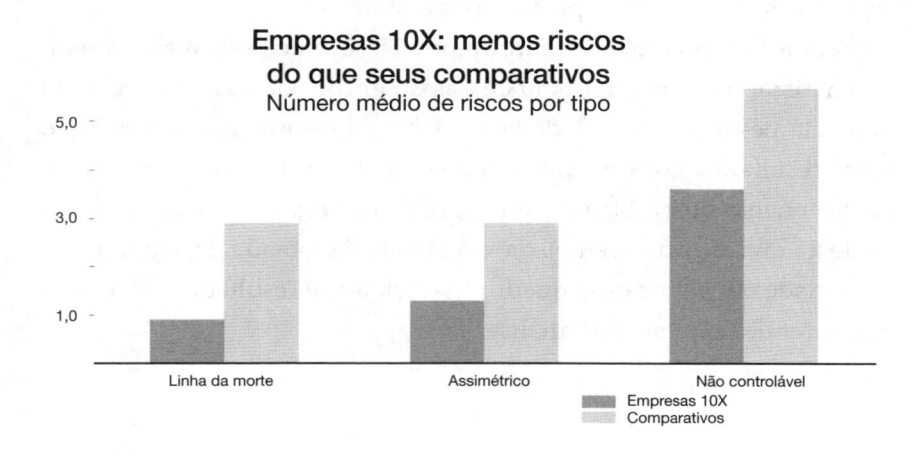

Empresas 10X: menos riscos do que seus comparativos
Número médio de riscos por tipo

> Em resumo, descobrimos que as empresas 10X correram menos riscos que seus cases comparativos. Não há dúvida de que os líderes 10X correram riscos, mas, em relação aos líderes do grupo comparativo e em ambientes semelhantes, eles limitaram, administraram e evitaram riscos. Esses líderes abominaram quaisquer riscos na linha da morte, afastaram-se de riscos assimétricos e se desviaram de riscos não controláveis.

Depois de concluirmos a análise de risco aqui descrita, chegamos à conclusão de que havia uma categoria de risco adicional muito importante a ser levada em conta: o *risco atrelado ao tempo*, ou seja, quando o grau de risco está associado ao ritmo dos eventos e à velocidade da tomada de decisões e ações. Se você enfrenta um tornado que ruge sobre as planícies e avança aceleradamente em sua direção, seu perfil de risco depende muito de você enxergar o tornado a tempo, tomar uma decisão e correr para um abrigo antes que ele o alcance. Dada a premissa de nosso estudo – um mundo turbulento, cheio de forças gigantescas e velozes, que não podemos prever nem controlar –, talvez as empresas do grupo comparativo tenham sido derrotadas porque foram lentas para agir diante de riscos e rupturas iminentes, e os cases 10X reduziram seus riscos simplesmente porque foram rápidos.

Para testar essa ideia, identificamos 115 eventos sensíveis ao tempo na história das empresas 10X e das do grupo comparativo (veja "As bases da pesquisa: análise da velocidade"). Examinamos a correlação entre resultados bons e ruins em consequência da velocidade do reconhecimento do problema (ou seja, se a empresa reconheceu cedo ou tarde a gravidade do evento), da velocidade da tomada de decisão e da velocidade da execução. O quadro "Velocidade e resultados" resume o que aprendemos com essa análise.

VELOCIDADE E RESULTADOS

Comportamentos associados a bons resultados	Comportamentos associados a maus resultados
Hipervigilância e preocupação constante com mudanças que podem sinalizar perigo; reconhecimento precoce da ameaça.	Arrogância; minimização ou ignorância do significado potencial das mudanças; reconhecimento tardio da ameaça.
Ajuste da velocidade da tomada de decisão ao ritmo (rápido ou lento) dos eventos: "Ir devagar quando possível, ser rápido quando necessário".	Falha em ajustar a velocidade da tomada de decisão ao ritmo dos eventos; tomada de decisão muito lenta ou muito rápida, dependendo da situação.
Tomadas de decisão deliberadas, com base nos fatos; pensamento altamente disciplinado, independentemente da velocidade.	Tomadas de decisão reativas e impulsivas, sem disciplina fanática e rigor estratégico.
Foco na excelência da execução, uma vez tomadas as decisões; intensidade aumentada conforme necessário, para atender às demandas de tempo, sem, contudo, comprometer a excelência.	Excelência da execução comprometida em razão da velocidade; falha em aumentar a intensidade para garantir a excelência da execução, quando era necessário agir rápido.

Como mostra o quadro, nossa análise rendeu uma perspectiva muito mais rica do que a de "ser sempre mais rápido". Concluímos que o fato de reconhecer uma mudança ou ameaça logo no início e de usar o tempo disponível (seja ele curto ou longo) para tomar uma decisão rigorosa e deliberada gera resultados muito melhores que os decorrentes de uma sucessão de decisões rápidas. Assim, a questão central não é "Devemos agir mais rápido ou mais devagar?", e sim "De quanto tempo dispomos para agir antes que o perfil de risco mude?".

Vale recordar a resposta de Andy Grove a seu diagnóstico de câncer, que discutimos no capítulo 2. Ele não partiu logo para a ação; analisou sua estrutura de tempo e reconheceu que o perfil do risco não mudaria significativamente em questão de algumas semanas – se fossem meses ou anos, sim, mudaria. Então decidiu usar o tempo para desenvolver um rigoroso plano de ataque, no qual levou em conta todas as possibilidades e criou as próprias planilhas de dados. Grove foi tudo menos complacente com seu câncer, mas não tomou uma decisão precipitada e reativa. Ele acreditava que mergulhar em uma sala de cirurgia sem pesar cuidadosamente todos os aspectos de sua situação e as opções que tinha *aumentaria* muito os riscos.[22]

> Às vezes, agir depressa demais aumenta o risco; outras vezes, é agir muito devagar que aumenta o risco. A questão crucial é: "De quanto tempo você dispõe para agir antes que o perfil de risco mude?". Segundos? Minutos? Horas? Dias? Semanas? Meses? Anos? Décadas? A principal dificuldade não está em responder a essa pergunta, e sim em ter a presença de espírito para fazê-la.

A tendência das equipes 10X foi de dar um tempo e deixar os eventos acontecerem nas situações em que o perfil de risco estava mudando devagar; da mesma forma, prepararam-se para agir muito rápido e quase por reflexo nos casos em que o perfil de risco começou a mudar rapidamente. Antes de meados da década de 1990, a Stryker vinha mantendo os olhos bem abertos para vigiar uma tormenta que começava a se formar no horizonte, chegando a mencionar, em seu relatório anual de 1989, que os Estados Unidos ficariam em desvantagem competitiva se os custos com a saúde atingissem um patamar superior a 15% do produto nacional bruto, o que, por sua vez, poderia levar a uma redução de custos e puxar para baixo os preços dos aparelhos médicos fabricados pela Stryker. A empresa então fez um estoque bem grande de cilindros de oxigênio (caixa no balanço patrimonial) para lidar com qualquer tipo de situação tumultuosa (veja o gráfico "Stryker: preparando-se para uma tempestade"). Ainda assim, John Brown *não* agiu depressa; esperou que a situação se revelasse e *preparou-se* para atuar com rapidez *quando* chegasse a hora.[23]

VENCEDORAS POR OPÇÃO

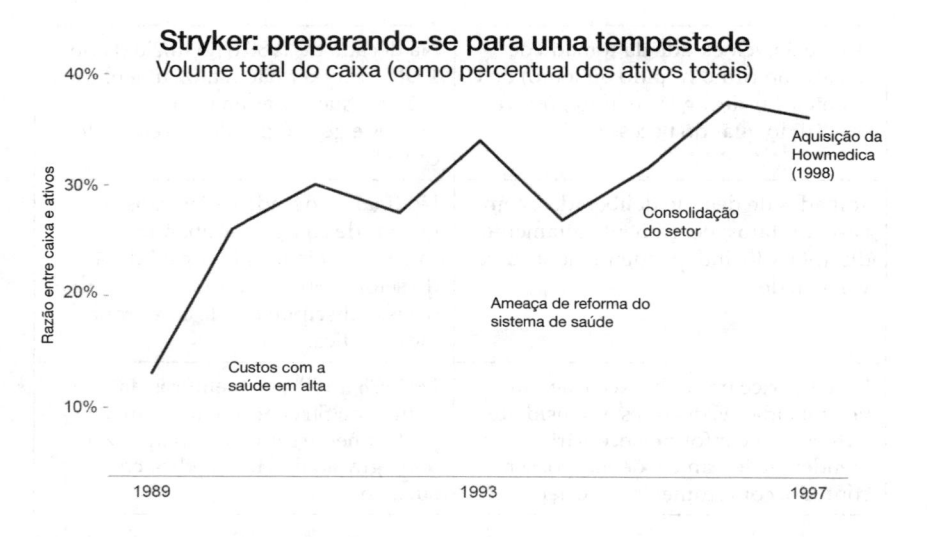

Stryker: preparando-se para uma tempestade
Volume total do caixa (como percentual dos ativos totais)

Eixo Y: Razão entre caixa e ativos (10%–40%)
Eixo X: 1989–1997

Anotações no gráfico:
- Custos com a saúde em alta
- Ameaça de reforma do sistema de saúde
- Consolidação do setor
- Aquisição da Howmedica (1998)

Então, no final da década de 1990, o perfil de risco da Stryker começou a mudar rapidamente. Foi o período em que surgiram os grupos de compras dos hospitais, criados para concentrar poder de compra. Esses grupos preferiam realizar transações com algumas das maiores empresas líderes de mercado; em resposta a essa postura, o setor começou a se consolidar em uma série de aquisições a jato. As companhias de equipamentos médicos estavam diante de uma escolha difícil: ou se transformavam em grandes players, com economia de escala, ou ficavam completamente fora do jogo. Foi *nesse ponto* que a Stryker atacou de repente, comprou a Howmedica e garantiu para si mesma um dos três principais assentos entre as grandes.[24]

VELOCIDADE E RESULTADOS: A STRYKER, OS CUSTOS COM O SISTEMA DE SAÚDE E O COLAPSO DO SETOR[25]

Comportamentos associados a bons resultados	Comportamentos da Stryker
Hipervigilância e preocupação constante com mudanças que podem sinalizar perigo; reconhecimento precoce da ameaça.	Na década de 1980, a Stryker identificou explicitamente o aumento dos custos com a saúde como uma preocupação e temeu que ocorressem problemas no setor.

Ajuste da velocidade da tomada de decisão ao ritmo (rápido ou lento) dos eventos: "Ir devagar quando possível, ser rápido quando necessário".	Na década de 1980 e no início da de 1990, a Stryker não realizou nenhuma ação drástica, mas analisou suas opções e gerou grandes reservas de caixa.
Tomadas de decisão deliberadas, com base nos fatos; pensamento altamente disciplinado, independentemente da velocidade.	No final da década de 1990, os grupos de compras acabaram forçando uma rápida consolidação do setor; a Stryker tomou a decisão disciplinada de comprar a Howmedica.
Foco na excelência da execução, uma vez tomadas as decisões; intensidade aumentada conforme necessário, para atender às demandas de tempo, sem, contudo, comprometer a excelência.	De 1998 a 1999, os membros da equipe da Stryker trabalharam praticamente sem parar para fazer a integração da Howmedica com sucesso.

Como todo bom paranoico produtivo, você quer estar ciente dos perigos que o espreitam e ficar vigilante em relação a possíveis problemas, mas isso é muito diferente de agir de maneira impulsiva e imediata só porque quer afastar a ansiedade e a incerteza. Em nosso laboratório de executivos, observamos que alguns líderes de mercados emergentes mantêm uma postura de incrível calma diante da incerteza, inclusive com grande disposição para deixar o tempo passar, até que o perfil de risco se estabilize. Durante a crise financeira de 2008-2009, trabalhamos diretamente com alguns dos mais bem-sucedidos líderes de mercados emergentes e percebemos sua calma e postura consciente diante do tumulto e da desordem. Um dos mais bem-sucedidos líderes autodidatas da América Latina, que conquistou o sucesso em um ambiente brutalmente incerto, descreveu sua capacidade de fazer pausas. "Claro, faz parte da natureza humana querer afastar a incerteza, mas esse desejo pode levar você a decidir muito rápido, às vezes rápido demais. Venho de um lugar em que logo percebemos que a incerteza *nunca* vai desaparecer, sejam quais forem as decisões que tomarmos ou as ações que executarmos. Então, se tivermos tempo para deixar que as coisas se revelem, para que tenhamos mais clareza antes de agir, o melhor é usarmos esse tempo. Claro que, quando chega a hora, é preciso estar pronto para agir."²⁶ Uma das mais perigosas falsas crenças é a de que, "quanto mais rápido, melhor", que os mais rápidos sempre derrotam os mais lentos, que ou você é rápido, ou morre. Bem, às vezes os mais rápidos *são* os que morrem primeiro.

PARANOIA PRODUTIVA 3: ABRIR O FOCO, DEPOIS FECHAR O FOCO

Em um famoso experimento, os pesquisadores Daniel J. Simons e Christopher F. Chabris pediram aos participantes que assistissem a um vídeo que mostrava pessoas passando uma bola de basquete para lá e para cá e contassem o número de passadas de bola; mais ou menos na metade do vídeo, uma pessoa vestida de gorila entrava repentinamente em cena, batia no peito e saía da quadra. Concentrados em sua tarefa de contar, apenas 50% dos participantes perceberam a presença do gorila.²⁷

Passamos grande parte da vida lidando com planos e atividades que estão bem diante de nós, riscando as tarefas cumpridas em nossas listas, assinalando os marcos alcançados em nossos grandes projetos – enfim, respondendo às incessantes demandas que consomem nosso tempo. Nessa correria, é muito fácil não enxergar o gorila que está bem a nossa frente. Os líderes 10X, porém, nunca deixam de ver o gorila, principalmente se ele representa uma ameaça perigosa. David Breashears estava totalmente focado em levar sua câmera IMAX para o pico do Everest; no entanto, quando em 8 de maio de 1996 viu, montanha abaixo, aquele enxame de seres humanos subindo em sua direção, enxergou um gorila enorme.

> Adotamos as expressões "abrir o foco" e "fechar o foco" para captar a manifestação essencial da paranoia produtiva: a capacidade de ver com duas lentes. Os líderes 10X permanecem obsessivamente focados em seus objetivos *e* hipervigilantes com relação a mudanças em seu ambiente; pressionam para que a execução seja perfeita *e* se adaptam às mudanças; contam os passos *e* enxergam o gorila.

Na prática, funciona assim:

Abrir o foco
Captar uma mudança nas condições.
Avaliar a estrutura de tempo: "De quanto tempo dispomos para agir antes que o perfil de risco mude?".
Avaliar com rigor: "As novas condições demandam planos para enfrentar grandes problemas? Em caso afirmativo, como criá-los?".

Depois

Fechar o foco
Concentrar-se na melhor execução possível dos planos e objetivos.

ABRIR O FOCO

FECHAR O FOCO

É importante observar que a pergunta "De quanto tempo dispomos para agir antes que o perfil de risco mude?" é parte do *foco aberto*. Como discutimos anteriormente neste capítulo, os líderes 10X usaram o tempo disponível para *abrir o foco* e formular uma resposta muito bem embasada. É claro que eles tiveram de agir depressa algumas vezes, nos momentos em que o perfil de risco mudou rapidamente, quando o gorila já estava bem próximo e pronto para atacar. Ainda assim, evitaram tomar decisões reativas ou movidas pelo pânico; mantiveram-se firmes e com a cabeça fria para poder responder *com a velocidade necessária*.

Em 4 de dezembro de 1979, uma força-tarefa especial, constituída por seis gerentes da Intel e pelo "guru" de marketing externo Regis McKenna, mergulhou por três dias inteiros em intensas discussões. A inspiração dos debates foi um telex de oito páginas enviado pelo engenheiro de campo Don Buckhout, que havia escrito uma "incisiva e desesperada" análise da posição enfraquecida da Intel com seu microprocessador 8086 em relação ao Motorola 68000.[28] Era particularmente preocupante o fato de a Motorola ter começado a tomar a frente da Intel na concorrência por importantes "design wins*", convencendo os consumidores a incluir o Motorola 68000 em suas linhas de produtos desde o design. Era uma ameaça aterrorizante: se a Motorola conquistasse uma parcela dominante desse mercado, poderia se transformar em um padrão, e aí seria cada vez mais difícil desalojá-la. Como refletiu o gerente da Intel William H. Davidow em seu livro *Marketing in high technology*, "a Intel rumava para a obscuridade".[29]

O grupo abriu o foco: "Por que a Motorola está vencendo?", "Qual a importância disso?", "Como podemos contra-atacar?". Eles desenvolveram então uma estratégia de posicionamento competitiva em cinco etapas, com o respectivo cronograma. O foco foi no diferencial da Intel, explicitado no slogan "Intel delivers", e na capacidade da empresa de fornecer toda uma família de chips, geração após geração, oferecendo mais conforto aos clientes. O documento produzido era inteligente e estratégico; refletia um profundo insight quanto aos pontos fortes da Intel e um entendimento dos aspectos que efetivamente importavam para os consumidores, na hora de escolher um chip. Com base em uma análise muito sistemática, o grupo desenvolveu um plano de contra-ataque batizado de Operação Crush (em inglês, "esmagar").[30]

---

* Em tradução livre, "design wins" quer dizer "vitória ou conquista exemplar, significativa". [N. da E.]

Em seguida, a Intel fechou o foco. A força-tarefa concluiu seu trabalho na sexta-feira, menos de uma semana depois de reunida; a Intel aprovou o plano e alocou um orçamento multimilionário na terça-feira seguinte. Na mesma semana, mais de uma centena de membros da equipe Crush, usando buttons com as letras C-R-U-S-H em laranja berrante, se encontravam no hotel Hyatt, em San Jose, Califórnia. De lá se espalharam pelos quatro cantos do globo para conquistar 2 mil "design wins" para a Intel dentro de um ano. A Intel saiu em uma cruzada por iniciativa própria, virou a maré e conseguiu suas 2 mil vitórias significativas, entre elas uma efetivamente grande, que era ser parte do futuro PC da IBM.[31]

> Apesar de estar no meio de uma situação perigosa, competitiva e em rápido movimento, a equipe da Intel adotou uma abordagem muito bem pensada e formulou uma estratégia inteligente e rigorosa. A empresa iniciou a Operação Crush em apenas sete dias, mas fez isso com o pensamento ardentemente disciplinado. Diante de ameaças que se movem muito depressa, as equipes 10X nem congelam, nem reagem imediatamente; pensam primeiro, mesmo que seja necessário pensar bem rápido.

A Intel cometeu um erro ao não reconhecer mais cedo a ameaça da Motorola (nem mesmo as empresas 10X têm um registro perfeito de tudo), o que a forçou a iniciar um programa superintensivo. No entanto, a partir do momento em que reconheceu a ameaça, não piorou a situação com uma reação impensada ou de pânico. Os empreendimentos 10X, em seu melhor estilo, respondem às evidências empíricas, e não a exageros ou alarmismos, e são fiéis aos princípios e estratégias comprovados quando se veem diante de eventos assustadores. Uma ameaça que se move rapidamente não é motivo para abandonar o pensamento disciplinado e a ação disciplinada.

No início de 1987, George Rathmann tinha convencido a Amgen a disparar uma bala de canhão em relação a seu produto de ponta, a EPO.

Reconhecendo que era o momento – pesquisa científica realizada, testes concluídos, produto pronto, relógio andando, está na hora de ir! –, os membros da equipe da Amgen responsável pelos trâmites com a FDA se transformaram nos "reféns de Simi Valley".

No começo, trabalharam no escritório mesmo, mas logo decidiram que precisavam se isolar de toda distração possível. Reconheceram que nada era mais importante, naquele momento, do que entrar com o pedido de validação do produto na FDA; todo o resto seria empurrado para a pilha das coisas que podiam esperar. Levaram copiadoras e arquivos de trabalho para os quartos da Posada Royale Quality Inn, em Simi Valley. Renunciaram à vida normal e abraçaram um cronograma brutal e ininterrupto, sorrindo ao ver que seus colegas penduravam fitas amarelas* nas árvores em sua homenagem. Trabalhavam de manhã, faziam um pequeno intervalo para o almoço, trabalhavam até as 18h, davam uma pequena pausa para o jantar, continuavam a trabalhar noite adentro. Repetiam essa rotina dia após dia, semana após semana. Por fim, depois de 93 dias, embarcaram o documento de 19.578 páginas em um caminhão alugado, levaram-no até o aeroporto e o remeteram para a FDA. Um grande lençol adornado com fitas amarelas foi pendurado do lado de fora do quartel-general da Amgen com a seguinte frase: "Os reféns de Simi Valley estão *livres*!".[32]

Os reféns de Simi Valley tiveram de recuperar muita coisa na vida pessoal. Afinal, se em 93 dias você não arrumou sua mesa, não repintou sua garagem, não correu uma maratona, não participou do jogo de golfe, não fez a prestação de contas das despesas, não retornou seus telefonemas, não respondeu a seus e-mails, não conseguiu sair de férias, não comprou uma casa nova, não leu os jornais ou não fez praticamente nada que não pudesse esperar uns meses, e daí? O que é tudo isso, em comparação a perder a chance de garantir o registro da EPO na FDA antes de qualquer outra concorrente?

---

* Nos Estados Unidos, usa-se uma fita amarela como símbolo de solidariedade para com uma pessoa que está longe de casa, em uma expressão de esperança de que ela retorne em segurança e rapidamente. A tradição é antiga e remonta à época da colonização. [N. da T.]

> Os reféns de Simi Valley entenderam que estavam em uma corrida para ser os primeiros, mas não sacrificaram sua abordagem detalhada e metódica porque tinham pressa. Ao levar sua intensidade profissional a extremos durante um período – "Nada mais importa até terminarmos isto, e terminarmos direito!" –, eles avançaram com a velocidade necessária para vencer em sua empreitada.

Em contraste, vejamos agora como a Genentech falhou em uma situação comparável e como essa falha contribuiu para que a empresa perdesse sua independência. Na tarde de 29 de maio de 1987, uma sexta-feira, 400 pessoas se reuniram no auditório da FDA em Bethesda, Maryland, para assistir à apresentação da Genentech, para um painel de consultores do órgão, de sua nova droga, o t-PA (também conhecido como Activase). Até aquele momento, nenhum medicamento em toda a história da biotecnologia tinha gerado entusiasmo tão grande quanto o que surgira em torno do t-PA, uma droga miraculosa concebida para dissolver coágulos em vítimas de ataques cardíacos. O preço alcançado pelas ações da Genentech, que estavam sendo negociadas com ganhos da ordem de três dígitos, refletia a capacidade de sua equipe de vendas em convencer as pessoas de que a bala de canhão chamada t-PA atingiria diretamente seu alvo – um excesso de euforia que poderia deixar as ações da empresa vulneráveis, caso o t-PA encontrasse empecilhos na FDA.[33]

Por volta da hora do jantar, após cinco horas de apresentações e discussões, o presidente do comitê finalmente pediu que os membros votassem. A plateia engoliu em seco ao ouvir a contagem.[34] A Genentech não conseguiu convencer o comitê da FDA de que o t-PA prolongava a vida; o órgão recomendou que a droga voltasse a ser estudada com mais profundidade.[35] O irônico é que a Genentech teve acesso de fato à maior parte das informações necessárias para convencer a FDA, mas não tinha todos os dados necessários prontamente disponíveis e preparados de maneira inequívoca, para dirimir quaisquer preocupações e para responder a quaisquer perguntas que o comitê viesse a fazer no dia da reunião.[36]

O fundador da Genentech, Robert Swanson, considerou a decisão do comitê um erro. Justiça seja feita: a Genentech retornou ao comitê seis meses mais tarde e obteve uma decisão positiva.[37] No entanto, aqueles seis meses fizeram diferença, pois pelo menos dez empresas embarcaram em uma corrida para criar drogas similares ao t-PA. Essas concorrentes ganharam terreno enquanto a Genentech se retirou para reconstituir seus dados e reapresentá-los à FDA.[38] O incidente com o t-PA ajudou a derrubar o preço, na época altíssimo, das ações da Genentech. Os papéis caíram mais de 60% abaixo da média do mercado nos dois anos seguintes, o que elevou o custo do capital investido (do qual a Genentech precisava para investir pesado em pesquisa e desenvolvimento) e, em última análise, levou a empresa a vender seu controle acionário para a Roche.[39]

NEM TODAS AS ÉPOCAS DA VIDA SÃO IGUAIS

Para concluir este capítulo, voltemos à história de Amundsen, que ilustra a importância de ser capaz de abrir o foco e depois fechá-lo. O fato é que Amundsen não tinha planejado seguir para o polo sul em 1911; seu plano original era ir para o polo norte. Isso mesmo, para o polo *norte*!

Amundsen levantara recursos para ir até o polo norte, reunira uma equipe para uma expedição ao polo norte, conseguira acesso ao navio *Fram* para uma viagem ao polo norte e mapeara todo um plano para chegar ao polo norte.[40]

Então por que foi parar no lado oposto da Terra, ou seja, no polo sul?

Porque, enquanto fazia seus preparativos para conquistar o polo norte, Amundsen recebeu notícias esmagadoras: o polo norte havia sido conquistado. Primeiro Cook e depois Peary relataram ter alcançado os 90 graus de latitude norte.* Assim, Amundsen decidiu redirecionar sua expedição e canalizou todas suas energias para os preparativos da viagem que o levaria a outro destino, o polo sul. Manteve

---
* Frederick A. Cook declarou ter atingido o polo norte em 21 de abril de 1908, e Robert Peary, em 6 de abril de 1909. [N. da T.]

sua decisão em segredo para a equipe, ao longo de todos os meses de preparação, até içar as velas. Em 9 de setembro de 1910, no porto da Ilha da Madeira, Portugal, levantou âncora três horas antes do programado, pegando todos desprevenidos. Reuniu os homens no tombadilho e lhes disse com toda a calma que, na verdade, não estavam indo para o polo norte e que a expedição daria uma guinada total, rumo ao polo sul. Algumas horas antes, nesse mesmo dia, a equipe só tinha em mente o polo norte; por volta das 10h já estavam todos rumando para o polo sul, totalmente comprometidos com a nova aventura, e o polo norte se apagava de seus sonhos.[41]

Retratamos Amundsen neste livro como alguém que era tudo menos impulsivo, completamente orientado para os detalhes, superpreparado, monomaníaco e disciplinado fanático. No entanto, com o polo norte conquistado e o polo sul na linha de mira de Scott, ele virou o jogo radicalmente e mudou da direção norte para a sul. Se Amundsen tivesse dito "Bem, meu plano é ir para o norte e é isso o que vou fazer", se tivesse se recusado a reorientar seu foco, tão teria levado sua equipe a uma conquista 10X. Depois de saber que o polo norte havia sido conquistado, *abriu o foco* e reavaliou a mudança de condições. Depois, *fechou o foco* e executou um novo plano para chegar ao polo sul.

O que diferencia os líderes 10X é sua capacidade de reconhecer os momentos decisivos em que precisam mudar radicalmente seus planos, alterar o foco de sua intensidade e/ou reorganizar suas ações, por questão de oportunidade, perigo ou ambas as coisas. Quando o momento decisivo chega, eles já têm os amortecedores nos devidos lugares e muitos cilindros de oxigênio extras, o que lhes dá opções e flexibilidade para fazer ajustes. Têm enormes margens de segurança precisamente porque limitaram seus riscos ao exercer a prudência o tempo todo, evitar riscos na linha da morte, abominar riscos assimétricos e minimizar riscos não controláveis. Eles sentem as mudanças e *abrem o foco*, fazendo a pergunta essencial: "De quanto tempo disponho para agir antes que o perfil de risco mude?". Tomam decisões rigorosas, não reativas. Depois *fecham o foco* e se concentram obsessivamente na excelência da execução no momento decisivo. Jamais comprometem a excelência em nome da velocidade.

Nem todas as épocas da vida são iguais. A vida nos oferece momentos que contam muito mais do que outros. O ano 1911 foi inigualável para Amundsen, e ele o aproveitou ao máximo. Maio de 1996 no Everest foi inigualável para David Breashears, e ele executou brilhantemente o que era preciso quando o momento chegou. O 11 de setembro foi decisivo para o setor aéreo, e a Southwest emergiu dele com um desempenho mais inspirado e desafiador. Todos nós enfrentamos momentos em que a qualidade de nosso desempenho importa muito mais do que em outras ocasiões, momentos que podemos agarrar ou desperdiçar. Os líderes 10X estão preparados para esses momentos, reconhecem esses momentos, agarram esses momentos, reviram sua vida nesses momentos e realizam seu melhor nesses momentos. Respondem aos momentos inigualáveis com intensidade inigualável, exatamente na hora em que isso é mais importante.

RESUMO DO CAPÍTULO 5

LIDERAR ACIMA DA LINHA DA MORTE

PONTOS PRINCIPAIS

▶ Este capítulo explora três dimensões-chave da paranoia produtiva:
1. Gerar reservas de caixa e amortecedores – *cilindros de oxigênio* – para se preparar para eventos inesperados e para a má sorte antes que ocorram.
2. Limitar o risco – *risco na linha da morte, risco assimétrico* e *risco não controlável* – e administrar o risco atrelado ao tempo.
3. *Abrir o foco,* depois *fechar o foco,* mantendo-se hipervigilante para captar as mudanças de condições e dar uma resposta efetiva.

▶ Os líderes 10X entendem que não podem prever os eventos futuros com confiabilidade e consistência; então se preparam obsessivamente – com antecedência e o tempo todo – para o que não têm condições de prever. Presumem que uma série de eventos ruins pode atingi-los em rápida sucessão, inesperadamente e a qualquer momento.

▶ Aquilo que você faz antes de a tempestade desabar – ou seja, as decisões, a disciplina, os amortecedores e as suspensões colocados nos devidos lugares – é o que mais importa na hora de determinar se seu empreendimento arranca na frente, fica para trás ou morre quando a tormenta irrompe.

▶ Os líderes 10X constroem amortecedores e suspensões em uma quantidade que vai muito além da que os outros têm como norma. As empresas 10X que estudamos tinham uma razão entre caixa e ativos de 3 a 10 vezes superior à média das razões da maioria das companhias e mantiveram balanços mais conservadores do que as do grupo comparativo ao longo de toda sua história, mesmo quando ainda eram pequenas.

▶ Os cases 10X são extremamente prudentes em sua maneira de abordar e administrar os riscos. Estão particularmente atentos a três categorias de risco:
  1. Risco na linha da morte (que pode matar o empreendimento ou prejudicá-lo seriamente).
  2. Risco assimétrico (no qual as desvantagens superam as vantagens).
  3. Risco não controlável (que não pode ser controlado ou administrado).

▶ Os líderes 10X *abrem o foco*, depois *fecham o foco*. Concentram-se em seus objetivos *e* captam as mudanças em seus ambientes; pressionam para que a execução seja perfeita *e* se adaptam às mudanças nas condições. Quando sentem o perigo, imediatamente *abrem o foco* para avaliar com que velocidade a ameaça se aproxima e definir se ela demanda alguma mudança nos planos. Depois *fecham o foco* e reorientam suas energias para executar os objetivos.

▶ Mudanças rápidas não pedem o abandono do pensamento disciplinado ou da ação disciplinada. Em vez disso, demandam um aumento de intensidade para *abrir o foco* e conduzir uma tomada de decisão rápida, porém rigorosa. Em seguida, é preciso *fechar o foco* para executar rapidamente os planos, mas sem abrir mão da excelência.

DESCOBERTAS INESPERADAS

▶ Os cases 10X correram menos riscos do que seus comparativos e, no entanto, geraram resultados amplamente superiores.

▶ Em contraposição à imagem de empreendedores exibicionistas, exa-

RESUMO DO CAPÍTULO 5

geradamente autoconfiantes, dispostos a correr riscos, que só enxergam o lado positivo das coisas, os líderes 10X exercitam a paranoia produtiva, são obsessivos em relação ao que pode dar errado. Costumam fazer perguntas do tipo: "Qual é o pior cenário que podemos enfrentar?", "Quais seriam suas consequências?", "Temos plano de contingência implementado para enfrentar o pior cenário?", "Quais as vantagens e as desvantagens dessa decisão?", "Quais são as probabilidades de cada uma delas?", "O que está fora de nosso controle?", "Como podemos minimizar nossa exposição a forças que não podemos controlar?", "E se?", "E se?", "E se?".

▶ Os casos 10X não demonstraram maior pendor para a velocidade do que as empresas do grupo comparativo. Usar o tempo disponível (curto ou longo) antes de o perfil do risco mudar para tomar uma decisão rigorosa e bem ponderada conduz a um resultado melhor do que tomar decisões apressadas.

PERGUNTA-CHAVE

▶ No que diz respeito às maiores ameaças e perigos que seu empreendimento enfrenta, *de quanto tempo você dispõe antes que o perfil de risco mude?*

6

RECEITA EMC

```
        DISCIPLINA
         fanática

         AMBIÇÃO
        de nível 5

PARANOIA         CRIATIVIDADE
produtiva          empírica
```

"Quase todos os homens morrem de seus remédios, não de suas doenças."

Molière[1]

No início de 1979, Howard Putnam, então CEO da Southwest Airlines, se debatia com uma questão: "A transformação avassaladora provocada pela desregulamentação do setor vai exigir uma revolução na maneira de administrar nossa empresa?". O Airline Deregulation Act, de 1978, liberaria a concorrência, lançaria as companhias aéreas em uma acirrada batalha para conquistar mercados, provocaria guerras de preço, forçaria as empresas a cortar custos e levaria muitas delas à falência.

Putnam considerou os seguintes pontos: "A desregulamentação pode minar nosso modelo de baixo custo?", "Ameaça nossa cultura alto-astral, focada no funcionário?", "Vai erodir o valor competitivo do retorno rápido em frente ao portão de embarque ou destruir a viabilidade de nosso sistema ponto a ponto?", "Uma mudança radical em nosso ambiente nos obriga a infligir mudanças radicais em nós mesmos?".[2]

Suas respostas para essas perguntas foram: não, não, não e não.

Putnam concluiu então que a Southwest deveria prosseguir em sua expansão, com base na "abordagem da 'forma de biscoito'". Evocou mentalmente a imagem de uma receita usada repetidas vezes para fazer fornadas e fornadas de biscoitos, todos cortados exatamente no mesmo formato. "Faça a mesma coisa que você já sabe fazer muito bem", disse, e faça-a "muitas e muitas vezes, sempre igual".

Mas a reflexão não ficou só nisso: ele detalhou a receita do biscoito, ponto por ponto. O que você verá a seguir é exatamente o que ele articulou. Transcrevemos tudo literalmente, com exceção de uma abreviatura que não conseguimos decifrar, para que você possa entender como ele montou a receita com as próprias palavras.[3]

1. Continuar a ser uma companhia aérea de trajetos curtos, em trechos de menos de duas horas.
2. Definir o 737 como nossa principal aeronave por 10 a 12 anos.
3. Manter, de maneira continuada, a alta taxa de utilização das aeronaves e os retornos rápidos, de 10 minutos na maioria dos casos.
4. O passageiro é nosso produto número um. Não transportar carga ou correspondência, apenas pacotes pequenos, que têm maior lucratividade e menor custo de manuseio.
5. Prosseguir com a política de baixas tarifas e elevada frequência de serviço.
6. Ficar fora dos serviços de alimentação a bordo.
7. Não fazer interlining... Custos de emissão de bilhetes, tarifas,

computadores e as características de nossos aeroportos não nos permitem esse tipo de parceria.

8. O Texas ainda é nossa prioridade número um. Só atender outros estados se os mercados de alta densidade em trajetos curtos estiverem disponíveis para nós.

9. Manter o clima familiar e humano de nosso serviço e a atmosfera divertida durante os voos. Temos orgulho de nossos funcionários.

10. Fazer tudo de modo simples, mantendo os seguintes procedimentos: emissão de bilhetes na caixa registradora; cancelamentos de reservas em 10 minutos, no portão de embarque, para acabar com a fila de espera; sistemas de computador simplificados; oferta gratuita de bebidas no serviço executivo e de café e donuts na área de embarque; não escolha de assentos a bordo; gravação das manifestações dos passageiros; transporte dos aviões e da tripulação para casa, em Dallas, todas as noites; administração e manutenção em um só endereço.

Putnam não criou uma declaração branda, genérica e vaga, do tipo: "A Southwest Airlines será líder entre as companhias aéreas de baixo custo". Nada disso: foi específico quanto à liderança nos trechos de duas horas no máximo. Foi específico em relação ao uso dos aviões 737. Foi específico sobre os retornos de 10 minutos. Foi específico ao indicar que a empresa não transportaria carga ou correspondência. Foi específico ao reafirmar que não haveria serviço de alimentação a bordo. Foi específico ao dizer que não faria parcerias com outras empresas para emissão de bilhetes. Foi específico ao determinar que não haveria escolha de assentos. Foi específico ao definir que os bilhetes seriam os recibos da caixa registradora. Os dez pontos criados por Putnam são fáceis de entender, articular, seguir e distinguir entre o que fazer e o que não fazer. Putnam definiu uma estrutura clara, simples e concreta para a tomada de decisão e também para a ação.

Esses dez pontos refletem insights, baseados na evidência empírica, sobre o que realmente funciona. Veja, por exemplo, a ideia de usar somente aviões 737. Por que só o 737 faz sentido? Porque, com um modelo único, todos os pilotos da empresa podem comandar todos seus jatos, o que permite uma imensa flexibilidade nas escalas. Só são necessários um conjunto de partes, um conjunto de manuais de treinamento, um conjunto de procedimentos de manutenção, um conjunto de simuladores de voo, um tipo de *finger* para embarque/desembarque e um tipo de procedimento para o embarque.

O mais incrível a respeito da lista de Putnam, porém, é sua consistência ao longo do tempo. No total, os elementos da lista *só mudaram cerca de 20% em um quarto de século*. Pare para pensar nisto por um momento: um percentual de mudança de apenas 20%, apesar de uma série de eventos turbulentos, desde choques de petróleo até greves de controladores de tráfego aéreo, grandes fusões no setor, a ascensão do modelo de operações radial, recessões, picos nas taxas de juros, a internet e o 11 de setembro. No entanto, mesmo sendo de uma consistência impressionante, a receita também evoluiu – nunca na forma de algum tipo de revolução rápida, mas em passos criteriosos. A Southwest de fato acabou oferecendo voos de mais de duas horas, fazendo reservas pela internet e firmando uma parceria com a Icelandair para emissão de bilhetes.[4] Se a empresa tivesse demonstrado rigidez, mente fechada ou pouca curiosidade e nunca ajustasse os pontos delineados por Putnam conforme a necessidade, não teria se tornado um case 10X. Com tudo isso, o que mais salta à vista é o percentual do que permaneceu intacto na lista.

A RECEITA EMC

Os dez pontos de Howard Putnam formam uma receita EMC – um conjunto de práticas operacionais duradouras que cria uma fórmula de sucesso replicável e consistente. A sigla EMC significa específico, metódico e consistente. Pode ser usada de várias maneiras: como adjetivo ("Vamos desenvolver um sistema EMC"), como substantivo ("O EMC diminui os riscos") e até como verbo ("Vamos EMCear esse projeto").

VENCEDORAS POR OPÇÃO

Uma sólida receita EMC é o código operacional capaz de transformar os conceitos da estratégia em realidade, ou seja, é um conjunto de práticas mais permanente do que, por exemplo, táticas apenas. As táticas mudam de situação para situação, enquanto as práticas EMC podem durar décadas e se aplicar a ampla gama de circunstâncias.

> Nós, da equipe de pesquisa, costumávamos acreditar que era inevitável haver um intercâmbio entre especificidade e durabilidade: se você deseja viver de acordo com preceitos duradouros, eles precisam ser mais gerais, como os valores essenciais ou as estratégias de alto nível; mas, se o desejo é adotar práticas específicas, elas precisam mudar frequentemente, à medida que as condições mudam, como ocorre com as táticas. No entanto, é possível desenvolver práticas que são específicas e duradouras: as práticas EMC.

Uma prática EMC não é a mesma coisa que estratégia, cultura, valores essenciais, propósito ou tática.

"Voar somente com aviões 737" é um valor essencial? Não.

"Voar somente com aviões 737" é um propósito essencial, uma razão de ser? Não.

"Voar somente com aviões 737" é uma estratégia de alto nível? Não.

"Voar somente com aviões 737" é uma cultura? Não.

"Voar somente com aviões 737" é uma tática que precisa ser mudada com frequência, de acordo com a situação? Não. Mais de 30 anos depois que Putnam estabeleceu seus dez pontos, a Southwest *ainda* voava somente com aviões 737.[5]

Uma receita EMC também inclui as "não práticas", ou seja, as práticas de "não fazer". A lista de Putnam é muito clara quanto ao que não se faz: nada de parcerias com outras companhias para emissão de bilhetes, nada de servir comida, nada de primeira classe, nada de transporte de carga. Putnam percebeu que acrescentar qualquer um desses serviços complicaria o processo de dar meia-volta rapidamente na frente do portão de embarque. Todas as receitas EMC das empresas

10X continham "não práticas": *não* usar as reservas destinadas a suprir perdas para gerenciar os ganhos (Progressive); *não* esperar até desenvolver o software perfeito para entrar no mercado, e sim alcançar a qualidade necessária para lançá-lo e depois melhorá-lo (Microsoft); *não* ser a primeira a trazer inovações, mas também *não* ser a última (Stryker); *não* fazer cortes em pesquisa e desenvolvimento durante os períodos de recessão do setor (Intel); *não* exagerar na promoção – é melhor ver as pessoas irritadas por subestimar seu próximo sucesso do que por superestimá-lo (Amgen); *não* garantir opções de compra de ações para os executivos, somente para os funcionários (Biomet).[6]

A clareza e a simplicidade de uma receita EMC ajudam as pessoas a manter sua postura e a sustentar um elevado desempenho em condições extremas. Voltemos a David Breashears no Everest. Durante os anos que culminaram no projeto IMAX, ele desenvolveu uma receita EMC para filmagens nos picos mais altos do mundo. Frequentou um freezer em Toronto, cuja temperatura era de 45 °C abaixo de zero, para desenvolver protocolos específicos para o manuseio da câmera IMAX em condições de frio extremo, avaliar o desempenho das baterias e praticar a melhor maneira de carregar o filme de 65 mm na câmera com as mãos nuas (mesmo estando no topo do Everest, ele tinha de enrolar o filme sem luvas, para minimizar a chance de o equipamento não funcionar direito).

Breashears criou a "lista de verificação do idiota" para trabalhar com a câmera e movimentá-la em condições extremas e situações fora do comum. Desenvolveu, de modo sistemático, uma lista de suprimentos que eliminava qualquer peso que não contribuísse diretamente para o projeto IMAX ou para a segurança da equipe. Depois refinou seus métodos em uma escalada de 160 milhas e 28 dias no Nepal, um ano antes da subida ao Everest. Portanto, quando ele e sua equipe foram filmar no Everest, todos sabiam, *precisamente*, o que deviam fazer e como fazê-lo. Em 23 de maio de 1996, estavam no topo do Everest com a câmera IMAX. Um único erro – perda de uma peça do equipamento, mau funcionamento, confusão na hora de colocar o filme na câmera – poderia apagar anos de esforço e milhares de dólares em investimentos. "Trabalhamos devagar e metodicamente, como vínhamos fazendo nos últimos 60 dias", disse Breashears, ao explicar o momento crucial. "Com as mãos nuas, enrolei novamente o filme. Depois, no topo do mundo, Robert e eu repassamos pela última vez nossa lista de verificação da câmera." EMC![7]

OS INGREDIENTES DA RECEITA EMC DE DAVID BREASHEARS[8]

1. Crie um fichário com divisórias para todas as facetas da expedição, incluindo planos alternativos (e às vezes até planos alternativos para os planos alternativos) para tudo o que possa vir a dar errado.

2. Repasse a "lista de verificação do idiota" toda vez que mudar de locação. Na verificação final, faça um movimento de 360 graus para ter certeza de que não deixou nada para trás.

3. Enrole o filme na câmera com as mãos nuas, faça o frio que fizer, para garantir tomadas perfeitas em todas as sessões.

4. Esteja sempre preparado para montar a câmera, posicioná-la no tripé, carregar e enrolar o filme, mirar e filmar em cinco minutos cronometrados.

5. Teste o equipamento em condições reais, em um freezer com temperatura abaixo de zero e em viagens de simulação, antes de iniciar a expedição real.

6. Sempre otimize o peso e a funcionalidade. Carregue a menor quantidade de peso possível sem sacrificar a função de cada equipamento e a segurança da equipe.

7. Na hora de selecionar os componentes da equipe, escolha pessoas com quem possa ficar preso em um cabo.

8. Tenha sempre unidades extras dos equipamentos e suprimentos críticos: oxigênio extra, grampos extras, luvas extras e alimentos extras. Prepare-se para ficar mais tempo do que o previsto.

9. Nunca deixe um integrante fraco da equipe tentar a subida. "Uma equipe é tão forte quanto o mais fraco de seus membros."

10. Divida a equipe em dois grupos, um de escaladores e um de cinegrafistas, que trabalhem bem juntos na montanha.

Em um mundo cheio de imensas forças em rápido movimento e de implacável incerteza, os líderes 10X aceitam, com sensata resignação, o que não conseguem controlar; no entanto, exercem extremo controle sempre que podem. E uma das maneiras cruciais de exercer controle em um mundo fora de controle é ser incrivelmente EMC. Quanto mais implacável for seu mundo, mais EMC você precisa ser. Uma receita EMC impõe ordem em meio ao caos. Impõe consistência quando você está oprimido pelas turbulências. Operar em um mundo turbulento sem uma receita EMC é como estar perdido na selva, no meio de uma tormenta, e não ter uma bússola.

A esta altura, você pode estar pensando: "Muito bem, a principal descoberta é a importância de ter uma receita EMC". Na verdade, porém, a existência de uma receita, por si só, *não* diferenciou sistematicamente as empresas 10X de seus comparativos diretos. A principal descoberta, de fato, é o modo como as 10X *aderiram* a suas receitas com disciplina fanática, em um grau muito maior do que seus comparativos, e como *ajustaram* criteriosamente as receitas com sua criatividade empírica e sua paranoia produtiva.

ADERIR À RECEITA EMC COM DISCIPLINA FANÁTICA

As empresas 10X mantiveram na receita qualquer dado elemento por mais de 20 anos, em média (com uma variação entre oito e 40 anos ou mais). Grande durabilidade! O quadro "Receita EMC da Progressive Insurance" ilustra a durabilidade e a consistência de uma receita EMC 10X.

RECEITA EMC DA PROGRESSIVE INSURANCE[9]

Ingredientes	Durabilidade e consistência
1. Concentrar-se no seguro de automóvel fora de padrão, atendendo motoristas de alto risco, que as principais seguradoras provavelmente recusariam.	30 anos ou mais – mudança na década de 1990
2. Preço tem de atingir o índice combinado de 96%. Preço para lucratividade, nunca para crescimento. Nunca baixar o padrão de subscrição ou relaxar a disciplina de precificação para ampliar a participação no mercado. Não há desculpa para não gerar lucro em subscrição: nem problemas regulatórios, nem dificuldades competitivas, nem desastre natural, nada.	30 anos ou mais – nenhuma mudança até 2002
3. Preço calculado para cada cliente, com base em todas as informações disponíveis sobre a vida dessa pessoa que possam impactar o risco de dirigir (código postal, idade, estado civil, histórico como motorista, fabricante e ano do veículo, potência do motor), mesmo que isso signifique ter de precificar milhares de prêmios diferentes.	30 anos ou mais – nenhuma mudança até 2002
4. Sair de qualquer estado norte-americano em que a regulamentação torne impossível prestar um serviço com preço lucrativo e, ao mesmo tempo, oferecer um atendimento fantástico às reclamações dos clientes.	20 anos ou mais – nenhuma mudança até 2002
5. Focar a velocidade de solução das reclamações; agilizar resultados com serviços melhores e redução dos custos.	25 anos ou mais – nenhuma mudança até 2002
6. Ter pelo menos um experimento relativo a um novo negócio ou serviço em andamento; no entanto, todo novo negócio deve ser mantido abaixo de 5% da receita total, até que demonstre gerar lucratividade sustentável.	30 anos ou mais – nenhuma mudança até 2002
7. Obter os lucros primariamente dos seguros, não de investimentos.	30 anos ou mais – nenhuma mudança até 2002
8. Nunca utilizar as provisões relativas a perdas para gerenciar os ganhos.	30 anos ou mais – nenhuma mudança até 2002

9. Empregar corretores independentes como nossa força de vendas; fazer um pequeno volume de negócios com um grande número de corretores, em vez de fazer um grande volume de negócios com um pequeno número de corretores.	30 anos ou mais – mudança na década de 1990

Observamos um fascinante contraste com as empresas do grupo comparativo: a maioria delas tinha algum tipo de receita EMC durante seu período de melhor desempenho (somente uma, a Kirschner, nunca teve). No entanto, essas companhias fizeram *muito mais mudanças* em suas receitas, ao longo do tempo, do que as 10X. Analisamos 117 elementos das receitas das empresas do grupo comparativo e verificamos que elas fizeram *quatro vezes mais mudanças* em suas receitas do que as 10X. (Veja "As bases da pesquisa: análise das receitas EMC".) A tabela a seguir mostra quanto as 10X e seus comparativos diretos mudaram suas receitas durante os respectivos períodos de análise.

MUDANÇAS NOS INGREDIENTES DAS RECEITAS EMC DURANTE OS RESPECTIVOS PERÍODOS DE ANÁLISE

Empresas 10X		Empresas do grupo comparativo	
Empresa	Percentual de mudança	Empresa	Percentual de mudança
Amgen	10%	Genentech	60%
Biomet	10%	Kirschner	não disponível
Intel	20%	AMD	65%
Microsoft	15%	Apple	60%
Progressive	20%	Safeco	70%
Southwest Airlines	20%	PSA	70%
Stryker	10%	USSC	55%

Bem, pode ser que você esteja pensando: "Espere aí: talvez os modelos operacionais das empresas do grupo comparativo fossem realmente inferiores e tenham mudado porque elas ainda não tinham encontrado um modelo ideal". Voltemos ao caso da PSA. Você deve se lembrar, do capítulo 4, que a Southwest Airlines começou como uma cópia da PSA, até nos manuais de operação. Temos, então, duas companhias aéreas, ambas prestes a enfrentar a desregulamentação do setor, ambas em um ambiente turbulento, ambas com mercados principais fabulosos, ambas com *receitas praticamente idênticas*. No entanto, somente a Southwest resistiu como uma grande empresa nas duas décadas que se seguiram à desregulamentação.

A PSA reagiu à desregulamentação decidindo que precisava ficar mais parecida... com a United Airlines. Aí, em uma incrível e irônica guinada, a PSA se afastou de sua receita testada e aprovada no exato momento em que a Southwest Airlines começou a ganhar momentum no Texas. Usando essa mesma receita testada e aprovada, até porque foi *inventada* por ela, a PSA deveria ter se tornado a companhia aérea de maior sucesso da história, porém foi vendida à US Air. "A vida é dura para uma empresa aérea independente na melhor época de todas", disse o presidente da PSA ao encerrar a vida independente da companhia com uma lamúria. "Poderíamos passar por isso sozinhos, mas... fez mais sentido para nós aceitar a oferta bastante razoável da US Air."[10]

Os analistas e a mídia começaram a falar que a Southwest, gêmea genética da PSA em seu conceito original, também tinha de mudar sua fórmula, que a lista simples de Putnam precisava de uma revisão importante, pois, do contrário, talvez a empresa afundasse como a PSA. "Um coro crescente de críticos diz que Kelleher, aos 56 anos, precisa repensar sua estratégia de fazer tudo bem simples", escreveu a *Business Week* em 1987. O *Wall Street Transcript* citou analistas que diziam que a Southwest não podia mais ser vista como uma empresa em crescimento, com seu modelo sem muita oportunidade. Herb Kelleher, CEO da Southwest na época, respondeu a toda essa pressão para revolucionar a companhia aérea bem no estilo da resposta que o general McAuliffe deu ao ultimato de rendição enviado pela Alemanha, na Batalha do Bulge: "Loucura!". Kelleher entendeu por que cada ingrediente da lista de Putnam funcionava – e entendeu que o modelo da Southwest Airlines ainda fazia sentido em um setor aéreo cada vez mais competitivo. Por isso, manteve a maior parte da receita intacta. A Southwest Airlines, naturalmente, acabou por se converter em uma das companhias aéreas mais admiradas do mundo, ao passo que a PSA tornou-se irrelevante e caiu no esquecimento. Apenas seu espírito resistiu, só que bem no coração do Texas.[11]

> A sabedoria convencional diz que mudar é difícil. Mas, se mudar é tão difícil assim, por que encontramos cada vez mais evidências de mudanças radicais nas empresas menos bem-sucedidas do grupo comparativo? Porque a mudança não é a parte mais difícil. Muito mais difícil do que implementar qualquer mudança é descobrir o que funciona, entender por que funciona, saber quando é hora de mudar e quando não é.

Desregulamentação das companhias aéreas: respostas diferentes de empresas diferentes
Southwest Airlines versus PSA
Razão entre o retorno acumulado das ações e a média do mercado

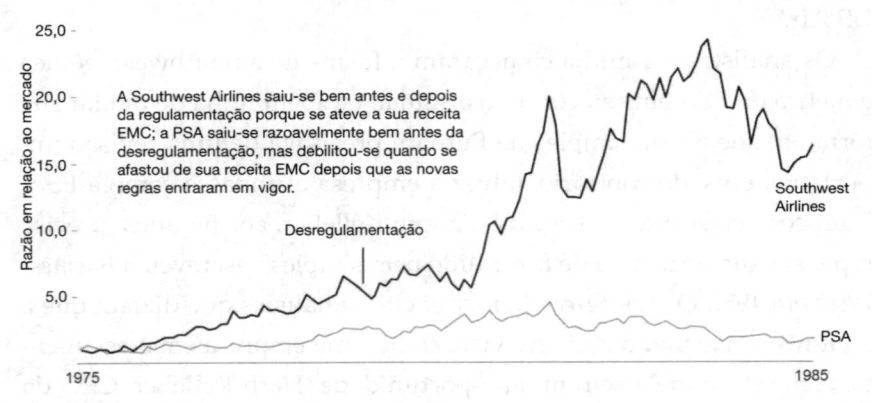

A Southwest Airlines saiu-se bem antes e depois da regulamentação porque se ateve a sua receita EMC; a PSA saiu-se razoavelmente bem antes da desregulamentação, mas debilitou-se quando se afastou de sua receita EMC depois que as novas regras entraram em vigor.

Notas:
1. A razão em relação ao mercado de cada empresa foi calculada entre 31 de dezembro de 1974 e 31 de dezembro de 1984.
2. Fonte de todos os cálculos de retorno sobre o investimento em ações contidos neste trabalho: ©20061 CRSP®, Center for Research in Security Prices. Booth School of Business, The University of Chicago. Utilização autorizada. Todos os direitos reservados. www.crsp.chicagobooth.edu.

VENCEDORAS POR OPÇÃO

A queda e a posterior ascensão da Apple ilustram bem o perigo que corre uma empresa quando se distancia de uma receita testada e aprovada, assim como o valor de resgatá-la. Em meados da década de 1990, a Apple havia caído feio em relação a seus gloriosos anos iniciais, quando lançara o Apple II e depois o Mac, "o computador para o resto de nós". Cercada por uma inconsistência crônica, teve uma reviravolta no alto escalão: John Sculley afastou Steve Jobs em 1985, Michael Spindler substituiu John Sculley em 1993 e Gil Amelio ocupou o lugar de Michael Spindler em 1996. Além disso, a empresa titubeava quanto ao posicionamento: computadores para o resto de nós, depois computadores para as empresas, depois os caríssimos "BMWs dos computadores", depois máquinas de baixo custo em uma estratégia ousada para conquistar mercado, depois o retorno às máquinas caríssimas. As ações da companhia caíram abaixo da média de mercado, em um violento contraste com a marcha da Microsoft rumo ao topo. (Veja o gráfico "1985-1997: Microsoft dispara, Apple despenca".) Durante esse período, a Microsoft demonstrou uma inabalável consistência – na liderança, no propósito, na estratégia e na receita. Em 1993, a Apple ficara tão para trás que uma conferência de tecnologia apresentou um painel com capitalistas de risco e com especialistas do setor de tecnologia para debater o seguinte tópico: "Será que a Apple vai sobreviver?".[12] Por fim, a Apple iniciou sérias conversações com empresas como a Sun Microsystems sobre a possibilidade de vender o controle, praticamente pronta para dar um tiro na cabeça de sua independência. Parecia que a luta da Apple para se tornar uma grande empresa terminaria em morte inglória.[13]

1985-1987: Microsoft dispara, Apple despenca
Razão entre o retorno acumulado das ações e a média do mercado

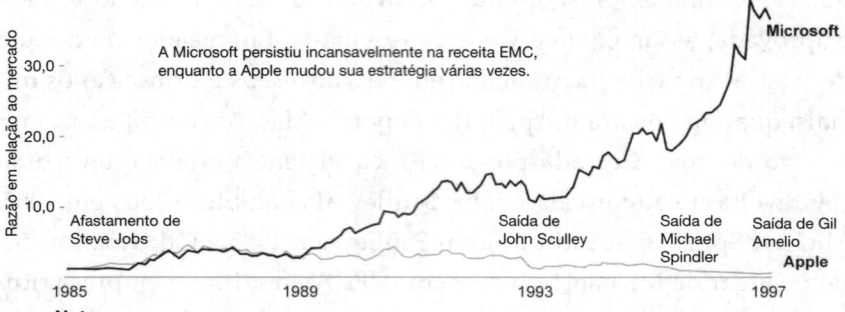

Notas:
1. A razão em relação ao mercado de cada empresa foi calculada entre 31 de agosto de 1985 e 31 de agosto de 1997.
2. Fonte de todos os cálculos de retorno sobre o investimento em ações contidos neste trabalho: ©20061 CRSP®, Center for Research in Security Prices. Booth School of Business, The University of Chicago. Utilização autorizada. Todos os direitos reservados. www.crsp.chicagobooth.edu.

Felizmente, a história da Apple acabou sendo muito diferente. A reviravolta começou em 1997. E aqui está a parte realmente interessante: Steve Jobs, na verdade, não revolucionou a companhia, e sim *retornou* aos princípios que usara para lançar a empresa da garagem para a grandeza, duas décadas antes. "A coisa mais fantástica é que o DNA da Apple não mudou", disse Jobs em 2005.[14] E não só seu propósito básico, mas também muitos dos ingredientes da receita da empresa permaneceram os mesmos. Por exemplo: "Não permitir que ninguém clone nossos produtos", "Desenhar nossos produtos para que trabalhem juntos continuamente", "Tornar o design amigável e elegante", "Ter obsessão pela confidencialidade e depois fazer grandes lançamentos, para captar o entusiasmo reprimido", "Não entrar em qualquer negócio cuja tecnologia não tenhamos o controle essencial", "Criar e comercializar produtos para pessoas, não para empresas". Todas essas práticas estavam em vigor nos primeiros tempos da Apple e foram ressuscitadas em seu renascimento, duas décadas mais tarde. A Apple ficou para trás em seus anos de chumbo não porque sua receita original não funcionava, mas porque *não teve a disciplina necessária para aderir a sua receita original*. Independentemente da genialidade de Steve Jobs, a Apple estourou novamente no mercado porque voltou, dessa vez com disciplina fanática, à essência de sua receita original. Como comentou John Sculley em uma entrevista em 2010, quando refletiu sobre o ressurgimento da Apple, justamente sob a liderança do homem que ele afastara da empresa, 25 anos antes: "Os princípios em relação aos quais Steve é absolutamente rigoroso são exatamente os mesmos que professava já naquela época".[15]

> Diante de resultados em queda, os líderes 10X não presumem, logo de início, que seus princípios e métodos se tornaram obsoletos. Em vez disso, avaliam primeiramente se a empresa por acaso se afastou de sua receita ou se relaxou na disciplina e no rigor ao aderir a ela. Se verificam que foi isso o que aconteceu, veem que o remédio está em reconectar a empresa com os insights que a receita oferece e em reacender a paixão das pessoas em se comprometer com ela. Perguntam então à equipe: "Nossa receita não está mais funcionando porque nós relaxamos em nossa disciplina? Ou não está funcionando porque nossas circunstâncias mudaram na essência?".

John Wooden, o grande técnico de basquete da UCLA que liderou dez equipes campeãs da NCAA em 12 anos, durante as décadas de 1960 e 1970, deu o exemplo perfeito do poder da consistência. No fascinante documentário *The UCLA Dynasty*, um jogador recordou: "Havia um jeito certo de fazer cada coisa. Você podia pegar gente que jogou pela UCLA em 1955, 1965, 1970 e 1975, colocar todos no mesmo time e ver que teriam condições de jogar juntos instantaneamente". Wooden conduziu os treinos com base no mesmo conjunto de cartões 3x5, com raras modificações, ao longo de três décadas. Os treinos começavam e terminavam na hora exata, e os exercícios eram rigorosamente os mesmos, tanto antes do campeonato nacional como no início da temporada, de modo que, nas palavras de uma das estrelas do time, "quando chegava a época dos jogos, eles simplesmente se tornavam exibições de brilhantismo sabidas de cor".[16]

Wooden traduziu sua "pirâmide de sucesso" – uma filosofia de vida e de competição – em uma receita detalhada, que chegava a minúcias, como a maneira de os jogadores amarrarem os tênis.[17]

Imagine-se na pele de um astro do basquete recrutado pela UCLA. Você comparece ao primeiro treino prático, pronto para demonstrar suas habilidades, atrair os holofotes, correr pela quadra inteira de cima a baixo, atirar a bola na rede e pular, saltar e girar. Você se senta ao lado de um veterano que conquistou todas as honras nacionais pelo time e espera que o treinador inicie os exercícios. O treinador chega e abre os trabalhos com as seguintes palavras: "Vamos começar aprendendo como amarrar os tênis".

Você olha para alguns dos famosos veteranos – astros norte-americanos que já venceram inúmeros campeonatos nacionais – e pensa que isso talvez seja algum tipo de iniciação para os calouros. Mas não; os veteranos começam a se descalçar calmamente e se preparam para a aula de amarrar tênis.

"Primeiro coloquem as meias sobre os dedos dos pés, devagar e com cuidado", diz o treinador. "Agora, subam as meias aqui... e aqui... alisem as rugas... tudo direito e justo... façam devagar", continua ele, com uma entonação que lembra algum mestre zen que, em êxtase, ensina a fazer chá como um caminho para a iluminação interior. "Agora comecem a passar o cadarço do tênis pelos ilhoses a partir de baixo, com cuidado e devagar. Atenção a cada laçada, façam tudo direito e justo... Ajustem! Ajustem! Ajustem! Ajustem!"

Depois da aula, você pergunta a um dos astros o que foi aquilo. Ele responde: "Se você tiver uma bolha em um jogo importante, vai sofrer. Os tênis desamarram no final de uma partida... Bem, aqui isso simplesmente nunca acontece". Um ano mais tarde você chega para o treino, depois de ter ajudado a conquistar mais um campeonato nacional, e observa a expressão de surpresa no rosto dos calouros quando o treinador anuncia: "Vamos começar aprendendo como amarrar os tênis".

Os dogmas da administração moderna insistem na tese de que as empresas devem cometer revoluções gerais com frequência, que devem mudar mais por dentro do que por fora, que devem obrigar-se a mudar radicalmente e que devem fazer isso o tempo todo. Porém, como disse Abraham Lincoln nos anos terríveis da Guerra Civil Americana, "os dogmas do passado tranquilo são inadequados para o presente turbulento".*[18]

Neste mundo turbulento, precisamos pensar de modo diferente. E isso significa rejeitar a ideia de que o único caminho para a contínua prosperidade é a contínua revolução corporativa. Se você quer muito se tornar medíocre ou ser massacrado por um ambiente turbulento, então comece a mudar, a transfigurar-se, a pular e a se transformar o tempo todo, em contínua reação a tudo o que o atinge. Em todos nossos estudos e pesquisas, concluímos que *a assinatura da mediocridade não é a indisponibilidade para mudar, e sim a inconsistência crônica.*

Tenha em mente a premissa deste estudo: o mundo está em um estado de incerteza e de instabilidade, assolado por mudanças rápidas e turbulências drásticas. No entanto, quando conduzimos nossa pesquisa justamente *com essa lente* de mudança e de turbulência extremas, vimos que as empresas 10X mudaram menos suas receitas do que as do grupo comparativo. Isso não significa que os líderes 10X sejam complacentes. Paranoicos produtivos imbuídos de disciplina fanática e movidos por criatividade empírica, em busca de realizar suas ambições de nível 5, eles não possuem qualquer concepção de complacência. Os líderes 10X são realmente pessoas obsessivas e movidas por uma causa. O fato é que concretizam suas grandes metas porque aderem, com enorme disciplina, ao que sabem que funciona. Ao mesmo tempo, se preocupam – sim, porque eles sempre se preocupam – com o que poderá vir a não funcionar mais em um ambiente de mudança. Quando as condições efetivamente demandam uma mudança, a resposta deles é ajustar a receita.

---

* Em inglês, *"The dogmas of the quiet past are inadequate to the stormy present"*. (Frase dita por Lincoln na mensagem anual do presidente norte-americano ao Congresso em 1862.) [N. da T.]

JIM COLLINS E MORTEN T. HANSEN

AJUSTAR A RECEITA EMC: CONSISTÊNCIA PARANOICA E CRIATIVA

Suponha que nós pedíssemos a você que catalogasse cada coisa que está mudando em seu ambiente. Qual seria o tamanho da lista? Leve em conta apenas algumas categorias:

Como a economia está mudando?
Como os mercados estão mudando?
Como os modismos estão mudando?
Como a tecnologia está mudando?
Como o panorama político está mudando?
Como as leis e regulamentações estão mudando?
Como as normas societárias estão mudando?
Como sua linha de trabalho está mudando?

O volume de mudanças que se revolvem por aí é ao mesmo tempo gigantesco e, para a maioria das pessoas, acelerado. Se tentássemos reagir a cada mudança externa, logo nos veríamos incapacitados para tal. Grande parte das mudanças é apenas ruído e não exige que passemos por mudanças internas fundamentais.

Algumas mudanças, no entanto, *não* são ruídos e nos obrigam a nos adaptar e a evoluir, pois, do contrário, teremos de enfrentar morte, catástrofe ou oportunidades perdidas. Uma grande empresa *precisa* fazer sua receita evoluir revisando determinados elementos quando as condições assim o exigirem, mas a maior parte dela deve permanecer intacta.

Em 1985, a Intel enfrentou uma sombria realidade no segmento de chips de memória (memória RAM dinâmica, ou DRAMS). As concorrentes japonesas lançaram o setor em uma guerra de preços feroz, que provocou quedas de até 80% em dois anos. A liderança da Intel acabou tendo de encarar um fato brutal: o segmento de memória não oferecia nada além de sangrias e dificuldades. Felizmente, a Intel havia disparado algumas balas de revólver em outro segmento, o dos microprocessadores, no início de 1969, quando o engenheiro Ted Hoff conseguiu colocar todas as funções do computador em um único chip. Ao longo dos 16 anos seguintes, a Intel foi gradualmente criando momentum na área dos microprocessadores, com aumento da participação de mercado, lucros crescentes e a evidência empírica de que os microprocessadores representavam um segmento vasto e viável para a empresa.[19]

Em uma decisão celebrizada por Robert Burgelman, professor de Stanford e a maior autoridade mundial sobre a evolução estratégica da Intel, Andy Grove e Gordon Moore debateram sobre o que fazer em relação ao declínio do segmento de chips de memória. Grove *abriu o foco* e colocou uma questão hipotética para Moore: "Se fôssemos substituídos hoje e uma nova administração assumisse, o que eles fariam?".[20]

Moore refletiu por um momento e respondeu: "Pulariam fora do DRAMS".

"Pois então", disse Grove, "vamos sair por aquela porta giratória, entrar de novo e fechar o segmento de memória. Façamos isso nós mesmos!"

E foi exatamente o que fizeram; a partir daquele momento, passaram a dedicar total atenção ao segmento de microprocessadores.

Foi uma mudança muito grande para a Intel, mas, ao mesmo tempo, a empresa manteve intactos praticamente todos os outros ingredientes de sua receita. Veja no quadro "Receita EMC da Intel" o que não mudou a partir do momento em que a empresa saiu do segmento de chips de memória. Se permanecesse cegamente agarrada aos chips, talvez não chegasse a se tornar uma empresa 10X. No entanto, é igualmente verdade que, se tivesse modificado a maior parte de sua receita – se tivesse ignorado a Lei de Moore e começasse a cortar em pesquisa e desenvolvimento, se tivesse abandonado seu modelo de preços e destruído sua prática de confronto construtivo –, talvez não chegasse a se tornar uma empresa 10X. As *duas* partes da história são importantes: a saída sensacional do segmento de chips de memória *e* o fato de não ter alterado outros ingredientes de sua receita EMC.

RECEITA EMC DA INTEL[21]

Ingredientes	O que mudou em 1985?
1. Concentrar-se em eletrônicos integrados, que oferecem ao consumidor todas as funções como unidades que não podem ser reduzidas. Foco nos chips de memória DRAMS.	Saiu do segmento de chips de memória e reorientou o foco para os microprocessadores.
2. Reafirmar a Lei de Moore: duplicar a complexidade de componentes por circuito integrado com custo mínimo em cada período de 18 meses a dois anos.	Não mudou.
3. Atingir a Lei de Moore (a) aumentando a capacidade do chip e reduzindo defeitos aleatórios, (b) desenvolvendo inovações no circuito que permitam maior densidade funcional e (c) tornando as unidades do circuito menores.	Não mudou.
4. Desenvolver continuamente a próxima geração de chips, de modo a criar uma zona sem concorrência. Desenvolver chips que os consumidores precisam ter, porque a Intel dispõe de um produto melhor do que a geração anterior e/ou porque a Intel estabeleceu um padrão no setor. Maximizar os benefícios da zona sem concorrência por meio de um ciclo de quatro etapas: (a) aplicar preço alto no início do ciclo; (b) ganhar volume e levar o custo unitário para baixo; (c) reduzir o preço quando a concorrência entrar e continuar a baixar o custo unitário; (d) concentrar os investimentos na próxima geração de chips, para criar a próxima zona sem concorrência.	Não mudou.
5. Padronizar a fabricação nos menores detalhes, ou seja, "McIntel" (veja o capítulo 4). Encarar a produção de circuitos integrados como se fosse uma linha de produção de balas de goma high-tech.	Não mudou.
6. Manter nossa reputação afinada com o slogan "Intel delivers". Ampliar a base de consumidores pela conquista da confiança de que sempre cumpriremos nossos compromissos de produção e de preço. Esse é o segredo para conquistar e manter um padrão referencial no setor.	Não mudou.
7. Não atacar uma montanha fortificada; evitar os mercados em que há concorrência forte e encarniçada.	Não mudou.

VENCEDORAS POR OPÇÃO

8. Praticar o confronto construtivo. Discutir e debater, independentemente de cargos, e, quando uma decisão for tomada, comprometer-se com ela – discordar e comprometer-se.	Não mudou.
9. Mensurar tudo e dar visibilidade aos resultados.	Não mudou.
10. Não cortar os investimentos em pesquisa e desenvolvimento durante as recessões; ao contrário, usar esses períodos para avançar com nossa tecnologia e ganhar dianteira em relação à concorrência.	Não mudou.

> O case da Intel ilustra o poder da "genialidade do 'e'". De um lado, uma grande empresa muda apenas uma pequena fração de sua receita EMC, em qualquer dado momento, e mantém o resto intacto. De outro, isso não é apenas mudança "incremental"; qualquer mudança em uma receita EMC é, quase por definição, amplamente significativa. Ao perceber esse ponto, uma empresa 10X pode realizar mudanças significativas *e*, ao mesmo tempo, atingir uma extraordinária continuidade.

A AMD, o comparativo direto da Intel, apresenta um flagrante contraste: monta uma receita, depois a descarta para montar outra, depois substitui esta por uma nova e depois volta à primeira. No início de sua história, a AMD desenvolveu uma receita focada principalmente em ser um segundo fornecedor e em fabricar chips para atender a especificações militares. Então, no início da década de 1980, Jerry Sanders concebeu uma nova receita, dessa vez para... aspargos! Os aspargos exigem maior investimento inicial e demoram mais para crescer do que outras culturas, mas alcançam preços mais altos. Ao estender essa analogia aos microeletrônicos, Sanders e companhia mudaram o foco para a produção de chips proprietários, que exigiam maior investimento inicial e mais tempo de desenvolvimento, porém alcançariam preços mais altos. Exatamente como os aspargos! A AMD pendurou uma bandeira com um aspargo na frente de sua sede e fez uma campanha publicitária com o mote: "Estamos prontos para o negócio dos aspargos". Poucos anos mais tarde, voltou à estratégia do segundo fornecedor, mas manteve alguns aspargos. Depois mudou completamente para o que chamou de "estratégia 3P" (plataformas, processo e produção). Então, em mais uma guinada, passou a perseguir a chamada "inovação centrada no consumidor". Ainda que nenhuma dessas ideias fosse ruim isoladamente, com essa abordagem de pular de receita em receita e infligir mudanças radicais frequentes à empresa, a AMD nunca conquistou momentum no longo prazo.[22]

Mas como uma empresa 10X sabe quando é hora de ajustar sua receita, partindo do pressuposto de que é realmente boa? Com uma receita concreta nas mãos, a companhia tem condições de avaliar os ingredientes no contexto específico das mudanças em seu ambiente. Pode examinar as evidências empíricas. Quais são os fatos brutais? Não as opiniões, e sim os *fatos*. Quais as balas de revólver que a organização disparou e que alvos elas atingiram? O case da Intel demonstra como o fato de atirar algumas balas de revólver pode lhe dar uma vantagem competitiva diante de um futuro incerto, de modo que você tenha um ajuste pronto para ser implementado quando o mundo mudar. A Intel não reagiu à ruptura com o segmento de chips de memória inventando o microprocessador; ela já vinha dando seus tiros há mais de uma década, ao testar seu desempenho naquele novo segmento.[23]

> Existem duas abordagens saudáveis em relação à prática de ajustar a receita EMC: (1) exercer a criatividade empírica, que é mais um movimento interno, e (2) exercer a paranoia produtiva, cujo foco é mais externo. O primeiro item envolve disparar algumas balas de revólver para descobrir e testar uma nova prática, antes de torná-la parte da receita. O segundo emprega a disciplina para abrir o foco, de modo a captar e avaliar qualquer mudança nas condições, e depois fechar o foco, para implementar os ajustes, conforme necessário.

As empresas 10X adotam as duas abordagens, embora a ênfase em uma ou em outra possa variar de acordo com a situação. No caso da

Intel, a criatividade empírica veio primeiro (atirar balas de revólver em direção ao microprocessador); em seguida, a paranoia produtiva se instalou, quando se tornou insustentável manter o segmento dos chips de memória. O movimento da Microsoft ao abraçar a internet, na década de 1990, ilustra bem a maneira como a paranoia produtiva pode acender a fagulha inicial para um ajuste na receita.

Antes de 1994, a Microsoft criou sua receita em torno do computador pessoal independente como o centro do universo. Contudo, em janeiro de 1994, um engenheiro da empresa de 25 anos chamado James J. Allard fez soar um alarme: chamou a atenção para o fato de que, a cada minuto que passava, dois sistemas eram acrescentados à internet e que, a cada 40 minutos, uma nova rede era conectada. Um mês depois, um dos técnicos-gerais da Microsoft visitou a Cornell University e, ao ver em primeira mão como todos os alunos estavam conectados à internet, mandou um e-mail para Bill Gates dizendo: "Cornell está CONECTADA!". Sentindo a mudança de condições, Gates abriu o foco, exatamente como David Breashears tinha feito no alto do Everest. Passou a reservar uma semana inteira por ano para se afastar de tudo e mergulhar inteiramente em leituras e reflexões, sua "Semana Pensante"; dedicou a primeira, em 1994, à internet. Também estimulou sua equipe a abrir o foco, promovendo um "retiro" do núcleo pensante da Microsoft, para que todos analisassem a fundo a ameaça: "Quais são os fatos?", "Isso vai demandar uma grande mudança?", "Trata-se de um fato real ou há exagero?", "Estamos ameaçados?". As discussões, debates e acaloradas contendas persistiram durante vários meses. Finalmente, a Microsoft chegou à conclusão de que a internet de fato representava uma mudança fundamental em seu ambiente e também uma séria ameaça; a empresa precisava abraçar totalmente a ideia de um mundo conectado.[24]

Em seguida, a Microsoft fechou o foco. Gates escreveu um memorando de oito páginas em espaço simples, intitulado "A onda gigante da internet", no qual descreveu a própria evolução, afirmando ter passado por vários estágios até ampliar sua visão sobre a importância da internet. A partir daí, redirecionou a empresa para a internet; instigou suas equipes a "extrapolar nas funcionalidades da internet" e alocou mais de 500 programadores em uma marcha acelerada para desenvolver um navegador, que mais tarde seria conhecido como Internet Explorer.[25] O memorando tomou o caráter de lenda: a história de como um fundador visionário revolucionou sua empresa e deu uma guinada de 180 graus em seu campo de batalha, da noite para o dia. Sem dúvida, é uma leitura fascinante.

No entanto, ao mesmo tempo que a Intel operacionalizava sua transição para os microprocessadores, a Microsoft mantinha intacta a maior parte da receita que fez dela uma empresa de sucesso antes do advento da internet. A Microsoft não abandonou o foco no software, nem sua crença em padrões. Tampouco abandonou sua abordagem de lançar produtos imperfeitos e depois aperfeiçoá-los. Não abandonou também sua estratégia de preço por volume, nem seu compromisso com sistemas abertos. Não abandonou a prática de promover acalorados debates internos e, assim, criar o espaço para permitir que as melhores ideias vencessem. Não abandonou o Windows, nem os aplicativos. Abraçar a internet foi uma imensa mudança para a Microsoft; no entanto, sua receita permaneceu praticamente intacta. A empresa fez uma grande mudança em sua receita? Sim. Apesar disso, a receita ficou praticamente intacta? Sim. Mais uma vez, os líderes 10X rejeitam a ideia de ter de escolher entre consistência e mudança, pois praticam as duas ao mesmo tempo.

CONSISTÊNCIA E MUDANÇA: A GRANDE TENSÃO HUMANA

Quando os idealizadores da Constituição dos Estados Unidos da América se reuniram na Filadélfia, em 1787, debatiam-se com uma questão bastante profunda: como criar uma estrutura prática que pudesse ser, ao mesmo tempo, flexível e duradoura. Bastaria avançar demais em uma direção ou incluir muitas restrições específicas para que a Constituição se tornasse uma camisa de força ou um documento irrelevante.

VENCEDORAS POR OPÇÃO

Os idealizadores não podiam de modo algum prever as mudanças que ocorreriam no mundo; não tinham a mais remota capacidade de sequer imaginar o automóvel, o avião, a radiotransmissão, o envio de notícias por cabo, a internet, o Movimento pelos Direitos Civis, armas nucleares, a pílula anticoncepcional, a ascensão da União Soviética, a queda da União Soviética, o jazz, atletas multimilionários em greve, a dependência de petróleo estrangeiro dos Estados Unidos ou o 11 de setembro. De outro lado, se avançassem demais em outra direção e criassem apenas orientações muito abertas e gerais, a Constituição não teria força e fracassaria em sua missão de estabelecer os princípios práticos que transformariam um grupo diversificado de pessoas e de estados individuais em uma verdadeira união. Era necessária uma estrutura coerente, consistente e permanente para manter o empreendimento coeso e evitar que se desintegrasse em um grupamento discordante de pequenos países independentes.

Foi então que trouxeram à luz uma invenção engenhosa: o mecanismo das emendas constitucionais, um dos primeiros dessa natureza na história da humanidade. O mecanismo permitiria que a Constituição evoluísse de maneira orgânica e abriria espaço para que as futuras gerações acrescentassem emendas quando surgissem situações que os fundadores não tinham possibilidade de prever. Igualmente importante foi o fato de o mecanismo ter sido concebido de modo a garantir estabilidade e impor critérios muito rígidos para eventuais mudanças. Depois das primeiras 10 emendas – a Carta de Direitos, de 1791 –, houve *apenas* 17 nos 220 anos seguintes. Os idealizadores restringiram as emendas logo na concepção: para introduzir qualquer modificação, é necessário haver maioria de dois terços na Câmara dos Representantes, maioria de dois terços no Senado e ratificação por maioria de três quartos em cada um dos estados. Pense em tudo o que aconteceu entre 1791 e 2011; no entanto, a Constituição dos Estados Unidos recebeu apenas 17 emendas. Os autores da Carta Magna entendiam claramente que as mudanças precisam ser possíveis, mas também que uma grande nação precisa dispor de uma estrutura consistente para funcionar, *sobretudo* em um mundo assaltado por mudanças radicais e absolutamente imprevisível.[26]

Qualquer empreendimento – uma empresa, uma sociedade, uma nação, uma igreja, uma instituição social, uma escola, um hospital, uma unidade militar, uma orquestra, uma equipe ou qualquer outra organização humana – enfrenta uma luta constante para encontrar o equilíbrio entre continuidade e mudança. Nenhum empreendimento humano pode ter sucesso em alto nível sem consistência; se seus esforços não tiverem um conceito unificador coerente e uma metodologia disciplinada, você será derrotado pelas mudanças em seu ambiente e ficará à mercê de forças absolutamente fora de seu controle. Entretanto, também é verdade que nenhum empreendimento humano pode ter sucesso em alto nível sem uma evolução produtiva.

Acabamos de ver como os empreendimentos 10X conseguiram conciliar essa grande tensão humana de maneira semelhante à dos idealizadores da Constituição dos Estados Unidos e do mecanismo das emendas. É preciso ter regras concretas para orientar decisões, de modo a garantir uma estrutura coerente e consistente ao longo do tempo. É preciso reservar tempo para estabelecer essas regras e defini-las com base em um entendimento perspicaz acerca do que realmente funciona. Em 1787, a jovem nação enviou algumas de suas melhores cabeças pensantes para a Filadélfia por quatro meses, para que se debruçassem sobre os detalhes da Constituição. A Declaração de Independência garantia o idealismo ("Consideramos estas verdades como evidentes por si mesmas"), mas a Constituição tinha necessariamente de levar em conta, de maneira realista: o modo como as pessoas e o poder funcionam; a força dos interesses individuais, que nunca deixa de existir; a necessidade de verificações e de balanços; os perigos das massas reacionárias; o valor da conciliação. E precisava de um mecanismo que garantisse a possibilidade de mudança.[27]

> Mudanças em uma receita EMC sólida e comprovadamente eficaz são como as emendas à Constituição dos Estados Unidos: se você

> tem a receita certa, baseada em insights práticos e em evidência empírica, ela deve ser capaz de atender a suas necessidades por um período muito longo. No entanto, a possibilidade de fazer mudanças fundamentais é igualmente importante. Questione e desafie continuamente sua receita, mas as mudanças devem ser muito raras.

A grandeza acontece àqueles que se mantêm em movimento; que descobrem o que realmente funciona; que levam em conta a Lei de Moore; que propagam o modelo da Southwest Airlines por todo o país; que quebram o código da EPO; que seguem em frente incansavelmente, para transformar o Windows em um padrão; que fabricam os computadores e os aparelhos de MP3 que todos nós gostaríamos de ter. Aqueles que consomem grande parte de sua energia "reagindo às mudanças" vão fazer apenas isso: consumir grande parte de sua energia reagindo às mudanças. Em uma grande e irônica guinada, aqueles que provocam as mudanças mais significativas no mundo e que causam os maiores impactos na economia e na sociedade adotam abordagens de enorme consistência. Não são dogmáticos, nem rígidos; são disciplinados, criativos, paranoicos. Eles são EMC!

RESUMO DO CAPÍTULO 6

RECEITA EMC

PONTOS PRINCIPAIS

▶ EMC é a sigla de específico, metódico e consistente. Quanto mais incerto, implacável e rapidamente mutante for seu ambiente, mais EMC você precisa ser.

▶ Uma receita EMC é um conjunto de práticas operacionais duradouras que gera uma fórmula de sucesso replicável e consistente: é clara e concreta; permite que a organização inteira unifique e organize seus esforços; dá orientações claras sobre o que fazer e o que não fazer. Uma receita EMC reflete evidência empírica e insight com relação ao que funciona e ao que não funciona. Os dez pontos de Howard Putnam para a Southwest Airlines ilustram perfeitamente a ideia.

▶ Desenvolver uma receita EMC, aderir a ela e fazer emendas (raramente) quando as condições assim o exigem é uma estratégia que tem estreita correlação com o sucesso 10X. Isso requer os três comportamentos da liderança 10X: criatividade empírica (para desenvolver e fazer evoluir a receita), disciplina fanática (para se manter dentro da receita) e paranoia produtiva (para perceber qualquer necessidade de mudança).

▶ Todas as empresas do grupo comparativo, com exceção de uma, também tinham sólidas receitas em sua melhor fase, porém não tiveram a disciplina necessária para implementá-las com consistência criativa e deram, com frequência, grandes guinadas reativas em resposta a situações de turbulência.

RESUMO DO CAPÍTULO 6

▶ Uma receita EMC pode sofrer emendas em um ou outro elemento ou ingrediente, mas a maior parte dela deve permanecer intacta. Da mesma forma que são feitas emendas a uma Constituição duradoura, essa abordagem permite tornar mais fáceis as mudanças drásticas e manter uma extraordinária consistência. Administrar a tensão entre consistência e mudança é um dos grandes desafios de qualquer empreendimento humano.

▶ Existem duas abordagens saudáveis para fazer emendas em uma receita EMC: (1) exercer a criatividade empírica, que é mais um movimento interno (primeiro balas de revólver, depois balas de canhão), e (2) exercer a paranoia produtiva (abrir o foco e depois fechá-lo), cujo foco é mais externo.

DESCOBERTAS INESPERADAS

▶ É possível desenvolver práticas específicas e concretas que podem durar décadas: são as práticas EMC.

▶ Depois de conceberem suas receitas EMC, as empresas 10X só fizeram 15% de mudanças, em média, durante os respectivos períodos de análise (em comparação com uma média de 60% de mudanças pelas empresas do grupo comparativo). Mesmo assim, cada elemento de uma receita 10X permaneceu em vigor por mais de duas décadas, em média. Essa descoberta foi surpreendente, tendo em vista que todas as empresas que fizeram parte de nosso estudo tiveram de enfrentar rápidas mudanças e implacável incerteza.

▶ Muito mais difícil do que implementar qualquer mudança é descobrir o que funciona, entender por que funciona, saber quando é hora de mudar e quando não é.

RESUMO DO CAPÍTULO 6

PERGUNTA-CHAVE
▶ Qual é sua receita EMC e de que emendas ela precisa?

7

O RETORNO SOBRE A SORTE

> "Olhe, se você tivesse uma chance, uma oportunidade
> Para ter tudo o que quisesse em um momento,
> Você pegaria? Ou deixaria escapar?"
> Marshall Bruce Mathers III (Eminem), "Lose yourself"[1]

Em maio de 1999, Malcolm Daly e Jim Donini estavam a cerca de 900 metros de altitude em uma face ainda não escalada do monte Thunder, no Alasca, apenas algumas centenas de metros abaixo do cume. Daly se ofereceu para deixar Donini ir na frente dele na corda, para experimentar a alegria de chegar primeiro ao topo, mas Donini disse: "Não, vá você, pois é você que merece esse presente".[2]

Menos de uma hora depois, Daly balançava na ponta da corda, com as pernas dilaceradas, e apenas começava uma épica luta pela vida – vida que seria transformada para sempre pela perda de um dos pés.

Daly subiu em direção ao pico manejando a picareta como uma garra gigante, cravando no gelo os dentes afiados das armações (chamadas crampons) fixadas a suas botas e movimentando-se metodicamente sobre a parede quase vertical. Arrastava atrás de si a corda de segurança atada ao arreio que tinha em volta da cintura, enquanto Donini permanecia ancorado à parede, soltando a corda por meio de um sistema de fricção que travaria imediatamente caso a corda fizesse um movimento brusco, como o cinto de segurança de um carro se agarra ao corpo de quem o usa no caso de uma batida. O plano era o seguinte: Daly escalaria até a crista do pico e fixaria pontos de proteção ao longo do caminho (basicamente "parafusos de gelo" rosqueados em camadas de gelo bem congeladas); depois ele se prenderia no pico da montanha e seguraria a corda de segurança para que Donini subisse a seu encontro.

Quando faltava escalar mais ou menos 4,5 metros de uma subida íngreme, Daly atingiu uma seção da rocha onde não era possível fixar pontos de proteção. Sem problemas, pois os últimos metros da escalada pareciam fáceis. Daly colocou a mão esquerda em uma grande saliência da rocha e tateou com a direita em busca de outro ponto de apoio, enquanto pensava com seus botões: "Puxa, o próximo movimento é o final e não há mais movimentos previstos na rocha. Em tese, estamos no topo".

Mas alguma coisa cedeu.

E ele caiu.

Três metros.

Seis metros.

Os parafusos de gelo se romperam.

Doze metros.

Trinta metros.

E continuava a cair!

A corda chicoteou e a engrenagem soltou um tinido, enquanto Daly quicava e voava.

Colidiu violentamente com seu parceiro e os dentes afiados de seus crampons perfuraram a coxa direita de Donini.

Passou violentamente por ele.

E continuou caindo.

Despencou mais 18 metros.

Alguma coisa afiada esgarçou a corda e rompeu 10 de seus 12 principais filamentos. Se acontecesse o mesmo com os outros dois...

Daly desabou sobre a lateral da montanha. Os dois fios restantes da corda, com espessura de menos de 2 milímetros, retesaram-se, mas não se romperam. Daly parou, como uma massa amarrotada.

"Malcolm, Malcolm, você está bem? Está vivo?", gritou Donini, pensando que o amigo pudesse estar morto.

Daly não respondeu.

Donini continuou a gritar. Nenhuma resposta.

Por fim, Daly recobrou a consciência. O sangue pingava de seu couro cabeludo. Olhou para a parte inferior das pernas e para os pés, estilhaçados por numerosas fraturas, balançando soltos, inúteis. Daly sentia as extremidades dos ossos quebrados se tocarem.

Donini desceu até Daly e eles tentaram engendrar um autorresgate, mas logo perceberam que qualquer movimento poderia piorar as múltiplas fraturas e Daly talvez sangrasse até a morte. Daly disse a Donini: "Você vai ter de ir atrás de um resgate". Donini ancorou Daly na parede e, então, enfrentou uma descida de uns 900 metros.

Alguns minutos depois de ter chegado ao acampamento da base, no pé da montanha, ouviu um ruído inesperado: seu amigo Paul Roderick, da Talkeetna Air Taxi (serviço de táxi aéreo que dava suporte às expedições), por acaso estava sobrevoando justamente aquele vale, naquele exato momento. Donini fez sinal para que descesse. Roderick o levou à estação da patrulha e o plano para resgatar Daly começou imediatamente, muitas horas antes do que ocorreria se Donini tivesse de caminhar até a estação. Essas horas economizadas foram fundamentais. Quando terminaram de organizar o resgate, tempestades iminentes ameaçaram abortar a tentativa. Lutando contra o tempo, um helicóptero voou até o poleiro onde estava Daly, e um piloto de resgate, preso a um cabo abaixo do helicóptero, lançou-se em direção à parede e arrancou Daly da montanha. Quatro horas mais tarde, uma tempestade gigantesca engolfou a montanha e espalhou destruição por 12 dias consecutivos.

SORTE OU DESTREZA?

Vamos pensar: qual foi o papel da sorte nessa história? Podemos considerar má sorte o fato de a posição aparentemente sólida em que Daly estava ter cedido, precipitando-o no abismo. Em paralelo, há vários exemplos concretos de boa sorte. A corda, mesmo danificada, não se rompeu totalmente. Daly não morreu na queda e não matou Donini quando caiu em cima dele. Donini chegou ao acampamento da base na mesma hora em que um avião sobrevoava o local. Se tudo tivesse demorado umas cinco horas a mais, Daly não teria sobrevivido.

Agora, acrescentemos alguns novos detalhes à história.

Malcolm Daly tinha se preparado para a escalada com muita antecedência. Dispunha de tremendas reservas físicas e vasta experiência em territórios inóspitos; havia adquirido muita força e boa condição física em milhares de horas de treinamento rigoroso – ciclismo, escalada, corrida, esqui e montanhismo. Tinha se preparado também mentalmente, devorando grande quantidade de literatura de sobrevivência, "para o caso" de se ver, de repente, diante de uma luta desesperada pela própria vida. Na verdade, poucos dias antes da escalada, esteve lendo sobre Ernest Shackleton e sua missão de resgate de si mesmo e de seus homens da Ilha do Elefante, na Antártida, em 1916. Em sua preparação, Daly aprendeu que mergulhar no próprio infortúnio aumenta o risco. "Eu amava meus pés", refletiu mais tarde. "[Mas] nada que eu fizesse poderia alterar a situação deles, além de me preocupar demais e aumentar o nível de estresse, o que talvez arruinasse minhas chances de sobrevivência. Então acomodei aqueles pensamentos em uma prateleira interna."

Daly montou mentalmente um plano para viver, atitude que mais tarde descreveria como uma *decisão* de viver. Tinha de se manter aquecido, para não entrar em hipotermia. Então criou um esquema de exercícios: girava 100 vezes um dos braços, em movimentos completos de 360 graus; girava o outro, também 100 vezes; contraía 100 vezes o abdome; depois repetia tudo sem parar, com a mente focada, contando com precisão. Não eram "mais ou menos" 100 giros, e sim *exatamente* 100. Estava cansado, mas não saiu do ritmo. Diminuiu as sessões para 50 e então para 20, porém manteve rigorosamente o esquema. O fato de Daly ter energia e tenacidade para fazer isso durante *44 horas* seguidas certamente não é sorte.

Jim Donini era o parceiro certo para Daly, que sempre escolheu suas equipes com muito cuidado, por saber que a defesa mais importante contra o perigo e a incerteza é a pessoa que está na montanha com você. Donini passara milhares de dias nas montanhas, desde a Patagônia até o Himalaia. Tinha conquistado algumas das primeiras subidas mais disputadas na história do alpinismo e era habilitado, como pouquíssimas pessoas do mundo, para fazer uma descida de 900 metros *sozinho*, sem dar um único passo errado, apesar de ter uma coxa perfurada.[3]

Quando o resgate começou, Daly se preparou para entrar no helicóptero: cortou o "embrulho" em que havia enfiado seus pés quebrados para que eles pudessem se soltar com facilidade, raspou o sangue congelado que cobria suas pernas e quebrou qualquer pedaço de gelo residual que porventura tivesse congelado alguma coisa na parede. Ele conhecia esses procedimentos porque havia estudado resgates de helicóptero. E estava pronto.

Isso nos traz ao elemento que talvez tenha sido o mais significativo para a sobrevivência de Daly: ele tinha desenvolvido relacionamentos com pessoas que o amavam e que arriscariam a vida por ele. Billy Shot, o líder do resgate, que se lançou do helicóptero preso a um cabo, era um amigo de longa data. Quando se balançou na direção da montanha de neve, o sistema de radiocomunicação falhou; isso, em condições normais, seria suficiente para abortar automaticamente a operação. Shot, porém, sabia que *tinha* de tirar seu amigo – seu amigo! – da montanha antes da tempestade. Então mudou a forma de comunicação para os sinais manuais. Agarrou-se à neve com ferramentas de gelo, esgueirou-se e se precipitou até onde estava Daly, prendeu-o muito bem ao cabo e fez sinal para que o helicóptero os afastasse rapidamente da montanha. Shot envolveu Daly em um enorme abraço de urso e, enquanto oscilavam no ar pendurados em um cabo, a centenas de metros de altitude, abriu um largo sorriso e perguntou: "Você sabe quem eu sou?". Daly sacudiu negativamente a cabeça, não conseguindo identificar quem o resgatara. Então Shot levantou o rosto. "É Billy Shot!", exclamou Daly. Seu amigo tinha vindo salvar sua vida e reconduzi-lo à segurança. A sorte de fato teve um papel na sobrevivência de Daly, mas não o salvou no final. Ele foi salvo pelas pessoas.

O QUE TEM A SORTE A VER COM TUDO ISSO?

A própria natureza deste estudo – prosperar em meio à incerteza, liderar em meio ao caos, lidar com um mundo repleto de forças turbulentas que não é possível prever ou controlar – nos conduziu a uma pergunta fascinante: afinal, qual é o papel da sorte? E como a sorte deve ser levada em conta, se é que deve, na hora de desenvolvermos nossas estratégias de sobrevivência e de sucesso? Talvez todos os temas que estudamos e sobre os quais escrevemos – sobre o que os líderes e as pessoas *fazem* – demonstrem apenas a diferença entre os sucessos 1X e 2X, e a sorte represente a diferença entre os sucessos 2X e 10X. Talvez as empresas 10X tenham tido apenas mais sorte do que seus comparativos diretos. Ou... talvez não seja bem assim.

Decidimos conduzir uma análise do fator sorte apoiados em três perguntas básicas:

1. A sorte é um elemento comum ou raro nas histórias das empresas 10X e de seus comparativos diretos?
2. Que papel tem o fator sorte, se é que tem, no sentido de explicar as trajetórias completamente diferentes das empresas 10X e de seus comparativos diretos?
3. O que os líderes podem *fazer* para que a sorte os ajude a construir grandes empresas em uma jornada 10X?

Antes, porém, tivemos de desenvolver um método rigoroso e internamente consistente para analisar o tópico, a começar por uma definição clara do que seria um episódio de sorte. Demo-nos conta de que as pessoas percebem a sorte de maneiras imprecisas; é fácil depreender isso pelas expressões comumente usadas, como: "A sorte está onde o preparo encontra a oportunidade", ou "A sorte é o resíduo do desejo", ou mesmo "Quanto mais arduamente eu trabalho, mais sorte tenho". Nenhuma dessas frases que as pessoas vivem repetindo é precisa o bastante para efetivamente analisar o papel da sorte. Por isso, construímos uma definição que nos permitisse um envolvimento mais direto com o tema e que nos ajudasse a identificar episódios de sorte específicos.

> Definimos um episódio de sorte como aquele que passa em três testes: (1) algum aspecto relevante do episódio acontece, em grande parte ou na totalidade, independentemente das ações dos principais atores do empreendimento; (2) o episódio tem uma consequência (boa ou má) potencialmente significativa; e (3) o episódio possui algum elemento de imprevisibilidade.

Todas as três partes dessa definição são importantes. Algum aspecto relevante do episódio deve acontecer, *em grande parte ou na totalidade, independentemente das ações dos principais atores*. Por exemplo: Daly e Donini não podiam fazer com que Paul Roderick passasse por ali em seu avião no momento exato; esse foi um grande episódio de sorte, sobretudo pela premência de tempo para resgatar Daly da montanha antes da tormenta que se avizinhava. O episódio de sorte deve ter *uma consequência (boa ou má) potencialmente significativa*; isso vale para os dois filamentos da corda que não se romperam, impedindo que Daly caísse. O episódio deve possuir algum elemento de *imprevisibilidade*; Daly não previu que o ponto de apoio que escolheu, aparentemente sólido, fosse ceder e arremessá-lo em uma queda de pelo menos 60 metros.

No entanto, vale observar que outros detalhes da história de Daly e Donini *não* se qualificam como sorte. A maratona de Daly de 44 horas de abdominais e giros de braço foi um ato de pura vontade e de incrível capacidade física. A bem-sucedida descida solitária de Donini pela face da montanha, de 900 metros, foi uma questão de perícia e de experiência. Os amigos de Daly arriscariam a própria vida para salvar a dele, e não por causa da sorte, mas porque sabiam que ele faria a mesma coisa por qualquer um deles.

Nossa definição de sorte não engloba todas as possíveis explicações para a causa essencial do episódio. Para efeito de nossa análise, não importa se os resultados dos episódios de sorte ocorreram aleatoriamente, por acidente, pela complexidade, por obra da Providência ou de qualquer outra força. O fato de os dois filamentos da corda de Daly não terem se rompido pode ser encarado como pura sorte ou como milagre. Desde que um episódio atenda às três dimensões de nossa definição, ele se qualifica como um episódio de sorte, seja qual for a causa.

O método que desenvolvemos levou em conta a relevância de cada episódio de sorte, para demonstrar o fato de que alguns episódios têm mais impacto do que outros. Procuramos ser consistentes em nossa análise em cada par de empresas. Para ilustrar isso, relacionamos, no quadro "Exemplo qualificado como sorte: Amgen versus Genentech", sete episódios de sorte representativos para cada empresa, de um total combinado de 46 episódios identificados para esse par.

> Analisar a sorte é difícil e talvez seja novidade. Ao aplicar uma *metodologia consistente às duas empresas de cada par*, foi possível utilizar análises baseadas em evidências para esclarecer esse tópico ardiloso, com foco na seguinte pergunta: "As empresas '10X' tiveram mais episódios de boa sorte, ou menos episódios de má sorte, do que seus comparativos diretos?".

EXEMPLO QUALIFICADO COMO SORTE: AMGEN VERSUS GENENTECH

Os 14 episódios de sorte aqui descritos compõem uma amostra representativa dos 46 episódios de sorte analisados para esse par combinado de empresas.

VENCEDORAS POR OPÇÃO

Amgen

Episódio de sorte	Avaliação
1981: Um cientista de Taiwan chamado Fu-Kuen Lin por acaso leu (e respondeu) um pequeno anúncio que a Amgen publicou nos classificados de um jornal, em busca de um profissional.[4] A Amgen não tinha o mínimo controle sobre quem veria o anúncio, nem poderia prever que um dos interessados seria um gênio com a ferocidade necessária para persistir, contra tudo e contra todos, incluindo os céticos, e liderar a descoberta pioneira do gene da EPO. A decisão da Amgen de colocar um anúncio nos classificados não é sorte; o fato de Fu-Kuen Lin ter lido o anúncio justamente no momento em que procurava uma oportunidade profissional é.[5]	Boa sorte Grande importância
1982: O setor de biotecnologia passou por um período de baixa, o que impactou negativamente o sentimento dos investidores e as opções de financiamento para a empresa iniciante. Isso foi potencialmente significativo para a Amgen, visto que tinha planejado abrir seu capital pouco depois disso.[6]	Má sorte Média importância
1983-1989: a Amgen isolou o gene da EPO, um feito comparável a "encontrar um cubo de açúcar em um lago com 2 km de largura, 2 km de comprimento e 2 km de profundidade". A EPO passou então aos testes clínicos e, em seguida, à aprovação da FDA. Criar um produto de sucesso em biotecnologia sempre envolve algum elemento de sorte, apesar de toda a competência da equipe de pesquisa e desenvolvimento; sempre existe uma chance de que não vingue, no árduo trajeto desde a concepção até os testes clínicos e a aprovação pela FDA.[7]	Boa sorte Grande importância
1987: Uma empresa rival, o Genetics Institute, depositou uma patente que criou um entrave à propriedade da Amgen sobre a tecnologia para produzir a EPO. A Amgen tinha conseguido quebrar o código para produzir EPO por meio de bioengenharia; e o Genetics Institute tinha conseguido a patente da chamada EPO "natural", feita da urina humana. Um artigo da revista *Nature* resumiu assim a questão: "O Genetics Institute reivindica o destino final e a Amgen reivindica o único caminho para chegar até lá".[8] Esse episódio inesperado pôs em risco a capacidade da Amgen de capitalizar inteiramente sua descoberta.	Má sorte Grande importância

1991: A Corte de Apelação do Circuito Federal dos Estados Unidos reverteu algumas decisões judiciais relativas à causa que a Amgen havia perdido anteriormente, em sua disputa com o Genetics Institute; a Suprema Corte recusou uma nova apelação daquele instituto, o que deu à Amgen uma vitória completa. A Amgen ter montado uma defesa inteligente e combativa não foi sorte; a sorte, aqui, reside no fato de que uma empresa não pode determinar como um tribunal vai proceder, nem se a Suprema Corte vai acatar ou não uma apelação. O resultado foi uma grande surpresa para muitos observadores, que acreditavam que a Amgen não tinha chance de ganhar aquela causa e que deveria buscar um acordo.[9]	Boa sorte Grande importância
1995: O gene antiobesidade, a leptina, não conseguiu passar por todos os testes e se transformar em um produto de sucesso. O mercado potencial era gigantesco; se o produto funcionasse, as pessoas poderiam tomar uma pílula para cortar o apetite e, assim, reduzir o peso. A iniciativa da Amgen não teve impacto suficiente sobre os pacientes para justificar seu desenvolvimento. A empresa, então, interrompeu os testes clínicos com a substância.[10]	Má sorte Média importância
1998: O MGDF (fator de crescimento e desenvolvimento do megacariócito), que reduzia a perda de plaquetas durante a quimioterapia e era visto como um potencial produto vencedor, não passou pelos testes. Poderia ter se tornado um produto de US$ 250 milhões de dólares por volta de 2000, mas os testes clínicos demonstraram que alguns pacientes desenvolveram anticorpos que neutralizaram seus efeitos.[11]	Má sorte Média importância

Genentech

Episódio de sorte	Avaliação
1975: Quando se encontraram pela primeira vez, o financista Robert Swanson e o biólogo molecular Herbert Boyer estavam, por acaso, no lugar certo (na área da baía de São Francisco) e no momento certo (justamente na época em que os avanços científicos viabilizaram a divisão de genes). Logo desenvolveram um bom relacionamento, ficaram amigos e se deram conta de que uma confluência de forças (a ascensão do capital de risco e o avanço da tecnologia de divisão de genes) tornava possível a criação da primeira empresa de biotecnologia da história.[12] O fato de terem fundado a empresa não foi sorte; sorte foi estarem no lugar certo e na hora certa para serem os primeiros.	Boa sorte Grande importância

1980: A revista *Time* dedicou uma página inteira à iminente oferta pública de ações da Genentech.[13] A oferta excedeu muito as expectativas e tornou-se uma das primeiras ofertas públicas de uma "supernova" na história moderna dos negócios – uma espécie de Netscape ou Google de seu tempo; o preço das ações subiu mais de 150% (de US$ 35 para US$ 89) em menos de um dia.[14] O fato de a Genentech ter tido sucesso em sua primeira oferta pública não foi sorte, mas a valorização das ações ter sido superior a 150% em um só dia foi uma sorte inesperada, incontrolável e significativa.	Boa sorte Média importância
1982: A Genentech tornou-se a primeira empresa a ter sucesso em aplicar a divisão de genes na criação de uma droga comercialmente viável à base de DNA recombinante (a insulina humana) aprovada pela FDA.[15] Não foi sorte o fato de a Genentech ter descoberto como dividir os genes; sorte foi o fato de ninguém ter feito isso antes dela. Não foi sorte a Genentech ter desenvolvido um produto; sorte foi passar por todas as etapas, desde os testes clínicos, e conseguir a aprovação da FDA.	Boa sorte Grande importância
1982: O setor de biotecnologia passou por um período de baixa, que impactou negativamente o sentimento dos investidores. As ações caíram para menos de US$ 35 em relação ao pico de US$ 89 alcançado na oferta pública, aumentando o custo do capital. Os mercados são sempre incontroláveis e imprevisíveis. O período de baixa foi potencialmente significativo, pois a Genentech teve menos de US$ 1 milhão em lucros e passou a depender do acesso ao capital acionário para custear pesquisa e desenvolvimento de ponta.[16]	Má sorte Média importância
1987: A descoberta do t-PA pela Genentech, com o nome comercial de Activase, passou pelos testes clínicos para conquistar a aprovação da FDA. O mercado potencial era imenso, pois a droga poderia ser usada para inibir ataques cardíacos em seu estágio inicial.[17] O presidente do conselho de medicina da Harvard Medical School declarou: "O t-PA vai fazer pelos ataques cardíacos o que a penicilina fez pelo tratamento das infecções".[18] Visto como o primeiro grande sucesso da biotecnologia, o Activase foi aclamado como "a nova droga de maior sucesso já lançada" e considerado um sério candidato a elevar a Genentech à condição de primeira empresa de biotecnologia a faturar US$ 1 bilhão – ou seja, "a primeira superestrela da biotecnologia".[19]	Boa sorte Grande importância

1989: O *New England Journal of Medicine* publicou um artigo que desafiava a eficácia do t-PA em relação a estratégias mais conservadoras e a tratamentos alternativos.[20] Outros estudos também desafiaram o t-PA.[21] A Genentech não tinha como controlar estudos feitos fora de seus muros; o prestígio do *New England Journal of Medicine* amplificou a importância desse episódio.	Má sorte Grande importância
1993: Um estudo chamado GUSTO descobriu que o t-PA da Genentech, ao contrário do que afirmavam os estudos anteriores, efetivamente havia salvado mais vidas do que os tratamentos alternativos. O t-PA reconquistou então o apoio do mercado e conseguiu elevar sua participação de mercado a 70%.[22] Não foi sorte o fato de a Genentech ter patrocinado o estudo GUSTO, mas o fato de o estudo ter validado o t-PA teve um elemento de sorte, já que sempre existe a possibilidade de um estudo como esse não produzir os resultados esperados.	Boa sorte Grande importância

Ficamos cada vez mais entusiasmados com essa análise e curiosos para ver o que exatamente os dados nos mostrariam. Afinal de contas, até onde sabíamos, ninguém havia abordado o fator sorte desse modo, e nós não tínhamos ideia do que as evidências renderiam. Com base na definição que criamos, identificamos e codificamos, de maneira sistemática, 230 episódios significativos de sorte, tanto para as empresas 10X como para seus comparativos diretos. Todas as empresas tiveram boa sorte e má sorte, pois a sorte se manifesta muitas vezes. Mas será que a sorte tem um papel diferenciador, explanatório ou definitivo na criação do sucesso 10X?

Para chegar ao fundo dessa questão, olhamos o tema com múltiplas lentes (veja "As bases da pesquisa: análise do fator sorte"). Para começar, avaliamos se os cases 10X tiveram substancialmente mais *boa* sorte do que seus comparativos diretos. Como regra geral, a resposta foi "não". A média das empresas 10X foi de sete episódios significativos de boa sorte, enquanto seus comparativos diretos registraram a média de oito episódios significativos de boa sorte ao longo do período analisado. Não houve, portanto, qualquer evidência de que os cases 10X tiveram um número substancialmente maior de episódios de boa sorte do que seus comparativos diretos.

VENCEDORAS POR OPÇÃO

Par combinado de empresas	Número de episódios significativos de boa sorte	
	Empresa 10X	Comparativo direto
Amgen e Genentech	10	18
Biomet e Kirschner	4	4
Intel e AMD	7	8
Microsoft e Apple	15	14
Progressive e Safeco	3	1
Southwest Airlines e PSA	8	6
Stryker e USSC	2	5
Média	7	8
Total	49	56

Isso nos conduziu à seguinte pergunta: as empresas do grupo comparativo tiveram maior incidência de episódios de *má* sorte do que as 10X? Como regra geral, a resposta também foi "não". A análise mostrou um nível similar de episódios de má sorte; cada um dos dois grupos registrou a média de aproximadamente nove ocorrências.

Par combinado de empresas	Número de episódios significativos de má sorte	
	Empresas 10X	Comparativo direto
Amgen e Genentech	9	9
Biomet e Kirschner	7	4
Intel e AMD	14	11
Microsoft e Apple	9	7
Progressive e Safeco	8	10
Southwest Airlines e PSA	13	13
Stryker e USSC	5	6
Média	9,3	8,6
Total	65	60

Em seguida quisemos saber se um único episódio de sorte – um grande "pico de sorte" – bastaria para explicar praticamente todo o sucesso de uma empresa 10X, em relação à trajetória de seu comparativo direto. No entanto, somente em um dos pares, Intel versus AMD, identificamos um imenso pico de sorte de um dos lados da dupla (o fato de a IBM ter escolhido o microprocessador da Intel para integrar seu computador pessoal), *sem* que ocorresse um pico de sorte comparável do outro lado. Mesmo assim, esse episódio de sorte não explica, sozinho, as três *décadas* de sucesso sustentável que a Intel apresentou, até porque a reputação que a empresa conquistou – traduzida no slogan "Intel delivers" – permaneceu firme e sólida desde o início da década de 1970.[23] De modo geral, cada uma das empresas 10X, assim como cada um de seus comparativos diretos, teve grandes episódios de boa sorte e grandes episódios de má sorte. As evidências não corroboram a hipótese de que as 10X teriam vencido por obra e graça de um gigantesco pico de sorte que tivesse ofuscado todos os outros fatores.

Por fim, analisamos a distribuição do fator sorte ao longo do tempo, para saber se as empresas 10X teriam recebido sua cota de boa sorte muito cedo e se os comparativos diretos teriam tido sua má sorte também muito cedo, antes de terem a chance de se estabelecer completamente. Pensamos que talvez o fato de terem recebido uma generosa dose de boa sorte no início pudesse ter colocado os cases 10X em um patamar superior de modo permanente. No entanto, também nesse aspecto não encontramos uma diferença significativa entre os dois grupos. As empresas 10X não tiveram sistematicamente mais boa sorte no início, assim como seus comparativos diretos não tiveram mais má sorte no início. As 10X não venceram porque tiveram melhores vantagens iniciais ou muita sorte no início. De modo geral, não tiveram nem uma coisa nem outra.

Ao longo de nossa análise, tivemos o máximo cuidado em diferenciar "sorte" de "resultados". Um empreendimento pode ter má sorte e ainda assim gerar bons resultados; da mesma forma, uma empresa pode esbanjar boa sorte e acabar tendo maus resultados. A verdadeira diferença entre as empresas 10X e seus comparativos diretos não foi a sorte em si, e sim o que elas *fizeram* com a sorte que tiveram.

> Somadas todas as evidências, concluímos que os cases 10X *não* tiveram, em geral, mais sorte do que seus comparativos diretos. Ambos os grupos tiveram sorte – boa e má – em quantidades comparáveis. As evidências nos levam a concluir que não é a sorte que faz o sucesso 10X: as pessoas é que o fazem. A questão crucial não é "Você tem sorte?", e sim "Você obtém um elevado *retorno sobre sua sorte?*".

QUEM É SUA MELHOR SORTE?

Em 1998, Gordon Binder, então presidente do conselho da Amgen, deu uma palestra na Newcomen Society, na qual identificou "o momento que provavelmente definiu a história da Amgen". E qual foi o momento que ele escolheu? O financiamento inicial com capital de risco? A primeira oferta pública de ações da empresa? A aprovação da FDA ao grande sucesso EPO? Algum outro produto importante? Nada disso. Para ele, o "momento definidor" foi o cientista taiwanês Fu-Kuen Lin ter visto por acaso (e respondido) o anúncio classificado por meio do qual a Amgen buscava um profissional com seu perfil.[24]

Quando George Rathmann entrou com seu carro no estacionamento da empresa antes do alvorecer, em uma manhã de 1982, viu luzes acesas em um dos prédios de laboratórios. "Alguém deve ter esquecido as luzes acesas por engano", pensou consigo mesmo. Quando entrou no local para apagar as luzes, encontrou Lin trabalhando; tinha estado ali a noite toda. Despretensioso, de uma paciência feroz e incansável em seu trabalho, Lin atacou o problema da clonagem do gene da EPO emendando 16 horas diárias por quase dois anos ininterruptos. O problema se apresentava tão difícil que as pessoas evitavam a busca aparentemente quixotesca de Lin. "Meu assistente ouvia coisas assim de outros pesquisadores: 'Que maluco você é de trabalhar com esse cara em um projeto que não vai a lugar algum!'", contou Lin. E se Lin nunca tivesse visto aquele anúncio? E se tivesse arrumado emprego em outro lugar? Será que a Amgen teria criado o primeiro grande sucesso de US$ 1 bilhão da área da biotecnologia?[25]

Temos a tendência de ver a sorte como uma variável do tipo "o quê" – o avião sobrevoa a área no momento certo, a oferta pública de ações faz mais sucesso do que o esperado etc. No entanto, uma das formas de sorte mais significativas não tem um perfil "o quê"; assume, na verdade, a forma de um "quem". Nas empresas familiares, por exemplo, existe uma significativa quantidade de sorte embutida na possibilidade ou não de um filho ou de uma filha ter as características necessárias para levar a organização à grandeza. No começo, a Progressive era um pequeno negócio familiar de Cleveland, no estado de Ohio, mas seus donos tiveram um filho admiravelmente 10X, Peter Lewis, que assumiu o comando da empresa em 1965.[26]

Esse projeto de pesquisa começou com a premissa de que vivemos em um ambiente de caos e incerteza. O ambiente, porém, não determina a razão pela qual algumas empresas prosperam mesmo no caos e outras não. O fato é que são as *pessoas* que prosperam. Só pessoas podem ser fanaticamente disciplinadas, empíricas, criativas e produtivamente paranoicas. Só pessoas lideram, montam equipes, constroem organizações. Só pessoas erguem culturas. Só pessoas exemplificam valores, perseguem um propósito e atingem grandes metas ousadas. De todo tipo de sorte que possamos ter, a sorte com as pessoas – a sorte de encontrar o mentor, parceiro, colega de equipe, líder ou amigo certo – é uma das mais importantes.

VENCEDORAS POR OPÇÃO

ALTO ÍNDICE DE ROL*:
O RETORNO SOBRE A SORTE

Por que Bill Gates se tornou um líder 10X, que construiu uma empresa de software realmente grande no auge da revolução do computador pessoal? Se olharmos através de determinada lente, poderemos enxergar Bill Gates como uma pessoa incrivelmente sortuda. Ele nasceu por acaso em uma família de classe média alta norte-americana, que tinha recursos para mandar o filho para uma escola particular. Sua família o matriculou na Lakeside School, em Seattle, que tinha obtido uma conexão por teletipo com um computador, no qual Gates pôde aprender a programar. Isso de fato era pouco comum nas escolas, no final dos anos 1960 e no início da década de 1970. Bill Gates nasceu por acaso na época certa e entrou na idade adulta justamente quando os avanços da microeletrônica acabaram por tornar o computador pessoal inevitável; se nascesse dez ou mesmo cinco anos depois, teria perdido o momento. Seu amigo Paul Allen, também por acaso, leu uma matéria de capa na edição de janeiro de 1975 da revista *Popular Electronics* cujo título era: "O primeiro kit de microcomputador do mundo rivaliza com os modelos comerciais". A matéria era sobre o Altair, microcomputador criado por uma pequena empresa em Albuquerque. Gates e Allen tiveram a ideia de transformar a linguagem de programação Basic em um produto que pudesse ser usado no Altair, o que faria deles os primeiros a comercializar um produto daquele tipo para um computador pessoal. Gates foi para a Harvard University, que também por acaso possuía um computador PDP-10, no qual ele podia desenvolver e testar suas ideias.[27] Nossa, quanta sorte teve Bill Gates, não?

Sim, Gates teve sorte, mas não foi a sorte que o fez tornar-se um líder 10X.

Reflita sobre as seguintes perguntas:

Gates foi a *única* pessoa de sua época que nasceu em uma família norte-americana de classe média alta?

Gates foi a *única* pessoa nascida na metade dos anos 1950 que frequentou uma escola secundária com acesso a computador?

---
* Sigla em inglês de return on luck. [N. da T.]

Gates foi a *única* pessoa que estudou em uma universidade com recursos de computação em meados da década de 1970?

Gates foi a *única* pessoa que leu o artigo publicado na *Popular Electronics*?

Gates era a *única* pessoa que sabia como programar em Basic?

Não, não, não, não e não.

Lakeside pode ter sido uma das primeiras escolas dos Estados Unidos a ter um computador que os alunos podiam acessar já naquela época, mas não era a única.[28] Gates pode ter sido um geniozinho da matemática e da computação que estudava em uma das universidades mais importantes do país com computadores em 1975, mas não era o único geniozinho da matemática e da computação em Harvard, Stanford, Princeton, Yale, MIT, Caltech, Carnegie Mellon, Berkeley, UCLA, Chicago, Georgia Tech, Cornell, Dartmouth, USC, Columbia, Northwestern, Penn, Michigan ou qualquer uma das principais universidades norte-americanas, todas com recursos de computação comparáveis ou até melhores. Gates tampouco era a única pessoa que sabia programar em Basic; a linguagem tinha sido desenvolvida por professores de Dartmouth uma década antes e era amplamente conhecida em 1975, tanto na academia como na indústria.[29] E o que dizer de todos os alunos de mestrado e Ph.D. em engenharia elétrica e ciência da computação, que tinham até mais expertise em computadores do que Gates naquele dia em que apareceu o artigo da *Popular Electronics*? Qualquer um deles poderia ter decidido abandonar os estudos e começar uma empresa de software para computadores pessoais – coisa que qualquer um dos especialistas em computadores que já trabalhavam na indústria ou no meio acadêmico poderia ter feito também.

Mas quantos deles mudariam radicalmente seus planos de vida (e passariam a ter suas horas de sono reduzidas a praticamente zero e a engolir a comida o mais depressa possível, para não deixar que a alimentação interferisse no trabalho) para se atirar à empreitada de reescrever o Basic para o Altair? Quantos desafiariam seus pais, abandonariam a faculdade e mudariam para Albuquerque (Albuquerque, veja bem! No Novo México!) para trabalhar com o Altair? Quantos estariam com o Basic reescrito para o Altair, com todos os problemas corrigidos e pronto para ser despachado para qualquer lugar, antes de qualquer concorrente?[30] Milhares de pessoas *poderiam* ter feito a mesma coisa que Gates fez, no mesmo momento. Só que *não fizeram*.

> A diferença entre Bill Gates e outras pessoas com vantagens semelhantes não é a sorte. Sim, Gates teve sorte de nascer na época certa, mas muitos outros tiveram a mesma sorte. E, sim, Gates teve sorte de ter a chance de aprender programação por volta de 1975, mas muitos outros tiveram essa sorte. Gates *usou* melhor sua sorte: pegou uma confluência de circunstâncias favoráveis e gerou um enorme *retorno* sobre sua sorte. Essa é a diferença importante.

Logo que começamos a trabalhar na análise do fator sorte, vários de nossos colegas e associados disseram: "Se você não pode causar a sorte – ou seja, se a sorte é algo que, por definição, está fora de seu controle –, por que perder tempo pensando nela e estudando-a?". É verdade, a sorte, boa ou má, acontece a qualquer pessoa, gostemos disso ou não. Mas, quando observamos os líderes 10X, vemos pessoas como Gates, que reconhecem a sorte e a agarram, líderes que se apoderam dos episódios de sorte e fazem deles muito mais do que qualquer outro faria. O que os diferencia é a habilidade 10X de obter um elevado retorno sobre a sorte em momentos críticos. Esses líderes *abrem o foco* para reconhecer quando um episódio de sorte ocorre e para pensar se devem ou não deixar que esse episódio mude seus planos. Imagine se Bill Gates tivesse dito a Paul Allen, depois de ver o artigo da *Popular Electronics:* "Olhe, Paul, estou focado em meus estudos aqui em Harvard neste momento. Vamos esperar alguns anos e então estarei pronto para começar".

Veja o gráfico "Não confunda sorte com retorno sobre a sorte", cuja estrutura vamos usar para organizar o ponto central deste capítulo. Todo mundo tem sorte, boa e má, mas os líderes 10X fazem o máximo que podem com a sorte que têm. A história de Bill Gates ilustra o quadrante superior direito, gerando um excelente retorno sobre a boa sorte.

	Má Sorte	Boa Sorte
Retorno sobre a sorte — Excelente	Momentos que definem uma jornada 10X	Habilidades essenciais para resultados 10X
Retorno sobre a sorte — Baixo	Possibilidade de levar à linha da morte	Um caminho certo para a mediocridade

Não confunda sorte com retorno sobre a sorte (ROL)

Encontramos, em nossa pesquisa, duas visões extremas sobre o fator sorte. A primeira delas vê a sorte como a explicação dominante para qualquer sucesso fora do comum, sustentando que os grandes vencedores são meramente os felizes beneficiários de uma série de jogadas bem-sucedidas de cara ou coroa. Afinal de contas, se reunirmos em uma sala 1 milhão de macacos, todos eles jogando cara ou coroa, algum deles vai acabar obtendo uma sequência de 50 caras ao acaso. De acordo com essa visão, pessoas como Bill Gates são as que têm a sorte de conseguir tirar 50 caras seguidas ao acaso. A segunda visão extrema afirma que a sorte não tem qualquer papel no processo; assim, nosso sucesso e nossa sobrevivência adviriam inteiramente de habilidades, preparação, trabalho árduo e tenacidade. Aqueles que abraçam essa visão descartam o inegável fato de que a sorte existe. Dizem, por exemplo: "A sorte não tem nada a ver com meu sucesso. Eu é que sou mesmo bom". Segundo essa linha de pensamento, Bill Gates poderia ter se tornado *Bill Gates* mesmo que tivesse crescido como um camponês na China comunista, durante a Revolução Cultural.

Nosso estudo não corrobora nenhum dos dois extremos. De um lado, não podemos negar que a sorte existe, nem que algumas pessoas de fato começam de uma posição mais privilegiada na vida. De outro, a sorte em si não explica por que algumas pessoas constroem grandes empresas e outras não. Nossa unidade de análise não é um episódio isolado ou um instante no tempo; analisamos grandes empresas que sustentaram um desempenho excelente por 15 anos no mínimo e os líderes que as construíram. Ao longo de toda a pesquisa que fizemos, não apenas para este livro, mas também para os anteriores, sobre o que faz as empresas se tornarem grandes (e que envolveu a investigação da história das 75 principais empresas norte-americanas), jamais deparamos com um único caso de desempenho sustentado por obra e graça da sorte. É verdade, também, que nunca estudamos uma única grande empresa que não tivesse tido episódios de sorte em sua jornada. Nenhuma das duas visões extremas – "tudo é sorte" ou "sorte não tem nada a ver" – contabiliza evidências que a legitimem. No entanto, um conceito-síntese se encaixa muito melhor nos dados coletados: o do *retorno sobre a sorte*.

Obter um elevado retorno sobre a sorte implica atirar-se sobre o episódio de sorte com intensidade feroz, mesmo que isso altere muito sua vida, e não largá-lo de jeito algum. Bill Gates não recebeu apenas um bafejo da sorte e dinheiro em troca de seus chips. Continuou a se esforçar, a agir e a trabalhar. Manteve-se em sua marcha das 20 milhas; disparou balas de revólver, depois balas de canhão bem calibradas; exerceu sua paranoia produtiva para evitar a linha da morte para seu negócio; desenvolveu e fez emendas em sua receita EMC; contratou excelentes profissionais; construiu uma cultura de disciplina; jamais se desviou de seu foco monomaníaco – e sustentou esses esforços por mais de duas décadas. Isso não é sorte; é o retorno sobre a sorte.

DESPERDÍCIO DA SORTE: BOA SORTE COM RETORNO BAIXO

Quando nos voltamos para as organizações do grupo comparativo, encontramos um número substancial de episódios de boa sorte na história de cada uma delas; no entanto, o retorno sobre toda essa sorte foi, em geral, muito baixo. Algumas empresas tiveram sequências espetaculares de episódios de boa sorte, mas demonstraram uma habilidade extraordinária para desperdiçá-los.

Em meados da década de 1990, a eterna "concorrente menos competitiva" AMD vivenciou uma série de episódios de boa sorte. Primeiro episódio: um júri federal inocentou a companhia da acusação de ter basicamente clonado microprocessadores da Intel. Foi uma vitória gigantesca nos tribunais, que deu à AMD uma chance de aproveitar uma crescente maré de desagrado dos consumidores em relação ao poder da Intel. Irritadas com o fato de ter de depender da poderosa Intel, as fabricantes de computadores precisavam desesperadamente de um fornecedor de microprocessadores alternativo. A AMD tinha desenvolvido seu chip K5, que competia em igualdade de condições com o Pentium, da Intel, e os consumidores começaram a se comprometer com a empresa. Então, com a ascensão crescente da AMD, que batia recordes de venda a cada volta do relógio, e com o poder da Intel em queda, veio um enorme pico de boa sorte: a IBM interrompeu as entregas de computadores que usavam o Pentium em razão de um defeito, amplamente divulgado, que causava um erro de arredondamento em certos cálculos raros. A Intel acabou anunciando uma perda de US$ 475 milhões para repor os chips Pentium de seus clientes. E tudo isso aconteceu ao mesmo tempo que a explosão da tecnologia alimentava um crescimento absurdo da demanda por chips.[31]

E o que fez a AMD com toda essa sorte?

VENCEDORAS POR OPÇÃO

"A AMD fez um rasgo em sua vela mestra e, portanto, não conseguiu aproveitar o vento", escreveu Sanders no relatório anual de 1995 da empresa. "O rasgo na vela mestra foi a demora em colocar no mercado a quinta geração do microprocessador AMD-K5." O cronograma do projeto K5 atrasou vários meses; com isso, os clientes começaram a migrar de volta para a Intel e as vendas do microprocessador da AMD caíram 60%. Quando enfim a empresa conseguiu solucionar os problemas do K5, a Intel já tinha avançado para a próxima geração de microprocessadores.[32] Mais uma vez, a AMD parecia ter ficado fora do páreo.

Então, contra todos os prognósticos minimamente razoáveis, a AMD teve *dois* novos golpes de sorte. Uma pequena empresa chamada NexGen tinha desenvolvido um clone funcional do microprocessador de última geração da Intel; para sorte da AMD, ficou sem caixa e foi forçada a buscar um comprador amigável. A AMD adquiriu então a NexGen e, com um único passo, entrou no jogo de novo. Na verdade, o resultado dessa estratégia, o AMD-K6, parecia ser mais rápido para rodar o Windows e mais barato do que o Pentium Pro, da Intel. Logo a seguir, todo o setor deu uma guinada que favoreceu a AMD: o mercado de computadores pessoais com preço inferior a US$ 1 mil foi o que registrou maior crescimento, e os chips K6 da AMD eram perfeitos para acompanhar essa mudança. Mais uma vez, a AMD tinha o cenário perfeito: os consumidores queriam diminuir o poder da Intel. A mudança do mercado na direção dos computadores mais baratos deu à AMD uma vantagem competitiva, e o K6 era o produto ideal, pois surgiu no momento certo, em meio a uma das maiores explosões na área de tecnologia da história.[33]

Mesmo depois disso tudo, a AMD fracassou redondamente na execução, pois revelou-se incapaz de produzir chips em quantidade suficiente para atender à demanda. Os consumidores simpatizavam com a AMD e *queriam* muito ter uma alternativa viável à Intel, mas não contavam com uma entrega confiável do K6, pois a AMD tinha problemas na produção. Em vista disso, começaram a voltar para a Intel. Apesar de uma extraordinária sucessão de episódios de boa sorte no melhor momento possível, as ações da AMD caíram mais de 70% em relação à média do mercado de ações do início de 1995 até o final de 2002.[34]

> A história da AMD ilustra um padrão comum que observamos entre as organizações do grupo comparativo, durante os respectivos períodos de análise: o desperdício da boa sorte. Quando chegou a hora de faturar com os episódios de boa sorte, a maioria delas se atrapalhou. Essas empresas não fracassaram por falta de boa sorte; fracassaram porque não apresentaram um desempenho à altura.

Em 1980, a IBM procurava um sistema operacional para seu computador pessoal, então em desenvolvimento. Sabemos agora que isso levou a um momento decisivo na história da Microsoft, mas, quando a IBM iniciou sua busca, o resultado poderia ter sido muito diferente. A Microsoft não possuía um sistema operacional nem tinha planos para entrar nesse negócio. O primeiro fornecedor da lista – a empresa que tinha tudo para estabelecer um padrão dominante no segmento – era a Digital Research, que ficava em Pacific Grove, na Califórnia. Aliás, a Digital Research seria uma das candidatas ao grupo comparativo de nossa pesquisa, mas foi excluída por ser uma companhia de capital fechado; ainda assim, vale compartilhar sua história para dar destaque à seguinte pergunta: "Quando chega a hora, você agarra a oportunidade ou simplesmente a deixa escapar?".

A Digital Research tinha desenvolvido o CP/M, o principal sistema operacional não Apple para computadores pessoais. Um grupo de executivos da IBM viajou então até o escritório da empresa, para discutir a possibilidade de trabalharem juntas. Gary Kildall, CEO da Digital Research, tinha um encontro de negócios previamente agendado na região da baía de São Francisco, para onde seguiu pilotando seu avião particular, e deixou a primeira parte da reunião com a IBM a cargo de seus colegas de diretoria. Quando finalmente retornou, no início da noite, a conversa tinha desandado. Os executivos da IBM se despediram bem mais tarde, decepcionados, e Kildall tirou uns dias de férias.

Os relatos variam com relação ao real motivo que mudou o rumo das negociações, mas o fato é que a IBM, frustrada, procurou a Microsoft.[35] A jovem empresa soube reconhecer a importância do momento e se comprometeu com um cronograma brutal para aprontar um sistema operacional a tempo do lançamento do PC da IBM.[36] A Digital Research teve a incrível sorte de estar no lugar certo e na hora certa quando a IBM bateu à porta, mas não soube extrair o devido retorno sobre essa sorte. A Microsoft soube.

OS LÍDERES 10X BRILHAM:
EXCELENTE RETORNO SOBRE A MÁ SORTE

Em 8 de novembro de 1988, Peter Lewis recebeu uma notícia que chocou e deixou atônito o setor de seguros. Parlamentares da Califórnia aprovaram a Proposta 103, um ataque de caráter punitivo às seguradoras de veículos, que as obrigava a reduzir preços em 20% e a fazer reembolsos. A Proposta 103 semeou o caos no maior mercado de seguros de automóveis do mundo. A Progressive Insurance passou por um período difícil, com quase um quarto de seu volume total de negócios do estado da Califórnia bastante prejudicado por uma maioria de 51% dos votos em um único dia.[37]

Lewis abriu o foco e perguntou: "Mas o que, diabos, está acontecendo?". Ligou então para Ralph Nader, ex-colega de Princeton. Nader era um ativista dos direitos do consumidor de longa data; naquele momento, liderava uma espécie de "força especial", apelidada "Os Invasores de Nader", e defendia a Proposta 103. A mensagem ouvida por Lewis: "As pessoas odeiam vocês". As pessoas simplesmente odiavam ter de lidar com as seguradoras e demonstraram toda sua revolta votando a favor da proposta. "As pessoas estavam dizendo: 'Nós odiamos vocês, vamos liquidá-los e não estamos nem aí'", disse Lewis. Impressionado com o que ouvira, Lewis reuniu sua equipe e, depois de afirmar: "Nossos clientes de fato nos odeiam", desafiou todos a criar uma empresa melhor.[38]

Lewis passou a ver a Proposta 103 como um presente, que usou para aprofundar o negócio principal da companhia, além de reduzir o custo financeiro e os traumas causados por acidentes de automóvel. Foi nesse processo que a Progressive criou o "Resposta Imediata", serviço de atendimento a emergências que funcionava 24 horas por dia, sete dias por semana, 365 dias por ano. Ou seja, independentemente da hora em que acontecesse o acidente, a Progressive estaria a postos para ajudar. Os responsáveis pelo atendimento trabalhavam com uma frota de vans e utilitários, enviados à casa dos segurados ou mesmo ao local do acidente. Em 1995, em 80% dos casos, o atendente da Progressive já chegava ao cliente pronto para emitir um cheque dentro das primeiras 24 horas após o acidente. Em 1987, ano anterior à aprovação da Proposta 103, a Progressive era a 13ª empresa no ranking do mercado de seguros de veículos de passageiros privados dos Estados Unidos; em 2002, já era a quarta. Anos mais tarde, Peter Lewis avaliou a Proposta 103 como "a melhor coisa que aconteceu a esta organização".[39]

> A Progressive e Peter Lewis ilustram o brilhantismo dos líderes 10X: mesmo abatidos por reveses e infortúnios, eles conseguem transformar a má sorte em bons resultados. Os líderes 10X usam as dificuldades como elementos catalisadores para aprofundar seu propósito essencial, renovar seu compromisso com valores, aumentar a disciplina, responder com criatividade e intensificar a paranoia produtiva. A resiliência, e não a sorte, é a marca da grandeza.

Enquanto trabalhávamos nesta pesquisa, lemos um material a respeito de uma análise que tinha sido feita sobre jogadores de hóquei canadenses. Pesquisadores acadêmicos tinham identificado uma correlação entre a data de nascimento do jogador e seu sucesso no hóquei. Segundo eles, os jogadores nascidos na segunda metade do ano tinham menos sucesso do que os nascidos na primeira metade. Por exemplo, ter 10,75 anos, em vez de 10, poderia fazer diferença em termos de tamanho e de velocidade. Assim, na análise de um corte por idade fixado em 1º de janeiro, as crianças nascidas no começo do ano teriam uma vantagem física em relação às nascidas no final do ano; essa vantagem se ampliaria à medida que elas começassem a ter sucesso mais cedo e a atrair mais a atenção dos treinadores. O autor Malcolm Gladwell popularizou tais descobertas ao afirmar que esse padrão teria chegado à Liga Nacional de Hóquei, onde a distribuição das datas de nascimento dos jogadores tenderia para a primeira metade do ano, na proporção de 70% para 30%.[40]

Um olhar mais atento aos dados, porém, nos leva a uma conclusão muito diferente em relação aos jogadores de hóquei realmente grandes, os 10X, aqueles poucos que chegam ao Panteão da Fama do Hóquei. (Os jogadores que são elevados ao Panteão da Fama fazem parte de uma elite muito mais qualificada do que os que participam apenas da Liga Nacional. O Panteão da Fama admite, atualmente, quatro jogadores por ano, no máximo. A admissão se baseia no conjunto da carreira do jogador.) Na verdade, 50% dos canadenses que chegaram ao Panteão da Fama nasceram na *segunda* metade do ano (veja "As bases da pesquisa: análise do Panteão da Fama do Hóquei"). Consideremos agora o seguinte: se, de fato, um percentual substancialmente baixo dos jogadores de hóquei canadenses da Liga Nacional nasceu na segunda metade do ano, e não na primeira, e metade dos jogadores canadenses admitidos no Panteão da Fama nasceu na segunda metade, essas informações nos levam a uma inversão muito interessante: os jogadores canadenses da Liga Nacional de Hóquei que tiveram a "má sorte" de nascer na segunda metade do ano têm probabilidade muito maior de chegar ao Panteão da Fama do que aqueles que tiveram a "boa sorte" de nascer na primeira metade do ano![41]

Analisemos o exemplo de Ray Bourque, nascido em dezembro. Ele veio de uma família pobre, cresceu em um bairro operário, viveu em um apartamento "com crianças empilhadas do chão ao teto em beliches" e ficava encantado com a simples possibilidade de vir a ter um par de patins de gelo. Bourque vivia para o hóquei, dormia com seus patins, criou um rinque improvisado no porão do prédio onde morava e praticava milhares de tacadas, explodindo o disco contra um gol pregado na parede com tanta força que acabou rachando o cimento. A água vazou e seu pai consertou a parede combalida, preenchendo as rachaduras com massa. Bourque desenvolveu uma esmagadora ética de trabalho que se manteve sempre. Durante a maior parte de sua carreira na Liga Nacional de Hóquei, a caminho do Panteão da Fama, jogou mais de 30 minutos por jogo, às vezes o dobro do tempo de seus colegas de equipe, o que refletia seu prodigioso regime de treinamento autoimposto. Participou de 19 jogos consecutivos do time de astros da Liga Nacional e se aposentou como um dos mais competentes defensores de toda a história daquela associação. Bourque era bem-dotado fisicamente e parecia ter habilidades superiores mesmo na adolescência. Mas a maioria dos jogadores que chegam à Liga Nacional possui excelentes dotes físicos e é provável que muitos deles tenham tido grande habilidade quando adolescentes. No entanto, são muito poucos os que provaram ser 10X ao longo de toda a carreira, como foi o caso de Ray Bourque.[42] "Os gols vivem do outro lado dos obstáculos e dos desafios", disse ele. "Não arrume desculpas pelo caminho e não ponha a culpa em ninguém."[43] Bourque teve sorte, boa e má, em sua jornada, mas não foi a sorte que o transformou em um dos maiores jogadores de hóquei de todos os tempos.

Bem, você pode pensar: "Bourque é uma exceção".

É isso mesmo. O que interessa, na verdade, *é* tornar-se excepcional.

Já dizia Nietzsche sabiamente: "Aquilo que não me mata me fortalece".[44] Todos nós passamos por episódios de má sorte. A questão é saber como usar a má sorte para nos fortalecer, transformá-la em um dos melhores acontecimentos de nossa vida e não deixar que ela se torne uma prisão psicológica. E é precisamente isso o que os líderes 10X fazem muito bem.

VENCEDORAS POR OPÇÃO

MÁ SORTE E RETORNO BAIXO: A POSIÇÃO EM QUE VOCÊ NÃO QUER ESTAR DE JEITO ALGUM

Durante a pesquisa, deparamos com um momento memorável bem no início das atividades da Southwest Airlines, que foi assim descrito por Lamar Muse, o primeiro CEO da empresa, em seu livro *Southwest passage*: "No primeiríssimo domingo de operação da Southwest Airlines, escapamos por pouco de um desastre. [...] Durante a decolagem, o reversor disparou. Somente a reação instantânea do capitão lhe permitiu recuperar o controle e fazer um retorno rápido para um pouso de emergência, com apenas um motor funcionando".[45] E se, apesar de seu heroísmo, o piloto não tivesse conseguido evitar que o avião rodopiasse e caísse? E se o 737 tivesse desabado no chão na primeira semana de exposição da marca? Será que a Southwest Airlines estaria no mercado até hoje?

Existe apenas uma forma de sorte realmente definitiva: a sorte que encerra o jogo. Se a Southwest perdesse a oportunidade de operar em uma nova cidade ou de conseguir um conjunto de portões em um novo aeroporto, ainda assim poderia ter se transformado em uma grande empresa. Mas, se tivesse sido arrancada do negócio por uma queda de avião em sua primeira semana de operação, é muito provável que perdesse para sempre a chance de se tornar uma grande empresa. Vale lembrar, aqui, a primeira parte da citação de Nietzsche: "Aquilo que não me mata...".

> Há uma assimetria interessante entre boa sorte e má sorte. Um único pico de boa sorte, independentemente da magnitude, não pode criar sozinho uma grande organização. No entanto, um único golpe de extrema má sorte, que atira uma empresa na linha da morte, ou uma longa série de episódios de má sorte que geram um resultado catastrófico, pode encerrar de vez uma operação.

No final da década de 1970 e início da de 1980, tanto a PSA como a Southwest lutavam contra uma sequência similar de episódios de má sorte. *Ambas* as empresas foram atingidas por um choque de petróleo que elevou à estratosfera o preço do combustível para jatos; *ambas* vivenciaram uma greve de controladores de tráfego aéreo; *ambas* enfrentaram recessão severa e inflação galopante (o que foi particularmente difícil para as companhias aéreas); *ambas* sofreram com os aumentos estratosféricos das taxas de juros, o que elevou o custo do leasing dos jatos; *ambas* tiveram uma mudança inesperada de CEO. Como observou Paul Barkley, presidente da PSA, em 1982: "Tudo aconteceu em menos de dois anos... no entanto, parece que se passaram pelo menos dez".[46] Entre 1979 e 1984, a PSA mergulhou em um ciclo autodestrutivo: em vez de reduzir os custos, subiu os preços; arruinou sua cultura com demissões maciças e disputas trabalhistas amargas; desestabilizou seu balanço com dívidas crescentes; e deu posse a um CEO que abandonou a receita EMC da empresa e obteve ganhos erráticos. A PSA teve um retorno precário sobre sua má sorte e, a partir daí, ficou permanentemente atrás da Southwest Airlines.[47]

Se todos nós passamos por alguma combinação de viradas de sorte positivas e negativas, e se a proporção entre as viradas negativas e positivas tende a se nivelar com o tempo, precisamos ser hábeis, fortes e resilientes para segurar a onda da má sorte pelo tempo que for necessário até alcançar a boa sorte no final. Malcolm Daly teve muita sorte para sobreviver à queda, mas também foi hábil, forte e resiliente diante das 44 horas cruciais em que ficou em perigo, depois de sua queda de 60 metros. O piloto da Southwest teve de se preparar antes que o reversor disparasse, e o espírito da Southwest Airlines precisava ser forte e resiliente diante da onda de má sorte que a atingiu no início da década de 1980.

> Como discutimos no capítulo 5, os líderes 10X exercem sua paranoia produtiva, combinada com criatividade empírica e disciplina fanática, para criar gigantescas margens de segurança. Quando você permanece no jogo por um bom tempo, a boa sorte tende a voltar, porém, se for expulso, é provável que nunca mais tenha a chance de ter sorte novamente. A sorte favorece os persistentes, mas você só conseguirá persistir se sobreviver.

VENCEDORAS POR OPÇÃO

Dane Miller captou bem essa ideia nos primeiros tempos do case 10X Biomet, quando desafiou seus extremos para criar proteções contra qualquer obstáculo que a empresa pudesse vir a encontrar em seus anos iniciais (1977-1982). Miller e três colegas largaram os respectivos empregos e apostaram todas as economias pessoais na Biomet. Trabalhavam de 12 a 16 horas por dia, inclusive nos fins de semana, em um espaço caindo aos pedaços – na verdade, um estábulo adaptado com um buraco na parede, onde eles engataram um trailer para guardar o estoque. No verão, só ligavam o ar-condicionado em último caso, para poupar energia; as pessoas trabalhavam em mesas de jogo dobráveis, com fios de suor escorrendo pela ponta do nariz. Para economizar em uma viagem em busca de financiamento, Miller e um de seus colegas passaram a noite na *motor home* de uma igreja presbiteriana e tiveram de tomar banho gelado. Até que um dia Miller percebeu que havia uma área vazia atrás do QG da empresa e teve uma ideia: "Por que não criar umas vacas e deixá-las pastar naquela grama que ninguém usa?". Se a companhia ficasse sem caixa, poderiam comer as vacas para sair do aperto. Então passaram a criar três vacas naquele espaço, o que fez da Biomet o primeiro player do setor de equipamentos médicos a ter gado como garantia.

A Biomet teve de suportar mais de cinco duros anos até obter o primeiro financiamento externo significativo. Fez experiências com uma variada gama de produtos, transformou as vacas em dinheiro e levou muitos banhos de água fria pelo caminho. Sobreviveu quando foi recusada pelos capitalistas de risco. Sobreviveu quando fornecedores subcontratados deixaram de entregar partes que necessitava para sua produção. Sobreviveu quando foi recusada pelos distribuidores estabelecidos. Enfim, sobreviveu o tempo necessário para que seus produtos para implante finalmente ganhassem impulso e lançassem a empresa em uma trilha que superaria em mais de 11 vezes o retorno médio de seu setor.[48]

A SORTE NÃO É UMA ESTRATÉGIA

A vida não oferece garantias, mas nos apresenta estratégias para administrar as dificuldades – até mesmo para administrar a sorte. A essência de "administrar a sorte" envolve quatro aspectos: (1) cultivar a habilidade de abrir o foco para reconhecer a sorte quando ela chega; (2) desenvolver a sabedoria para enxergar quando se deve e quando não se deve deixar que a sorte interrompa os próprios planos; (3) estar suficientemente bem preparado para suportar qualquer inevitável golpe de má sorte; e (4) criar um retorno positivo sobre a sorte – tanto boa como má – quando ela vier. A sorte não é uma estratégia, mas obter sobre ela um retorno positivo é.

E como se pode obter o maior retorno possível sobre a sorte? Saiba que você está lendo sobre isso desde que abriu este livro. Tenha em mente a premissa original do estudo: a vida é incerta e cheia de forças enormes e significativas, que ninguém pode prever ou controlar. A sorte é incerta, incontrolável e tem consequências. Na verdade, poderíamos reestruturar nosso estudo inteiro em torno do fator sorte e de como obter um excelente retorno sobre a sorte.

Vamos rever agora o caminho que trilhamos até aqui:

O comportamento dos líderes 10X. Líderes com disciplina fanática, criatividade empírica, paranoia produtiva e ambição de nível 5 nunca relaxam quando são abençoados com a boa sorte, assim como nunca se desesperam quando deparam com a má sorte. Continuam a lutar e a concentrar seus esforços em sua meta e causa global.

Marcha das 20 milhas. Quando os líderes 10X são bafejados pela boa sorte, agarram-na e a multiplicam – não apenas por alguns dias ou semanas, mas por vários anos ou décadas. Um líder 10X constrói uma cultura que leva a bons resultados tanto diante da boa sorte como da má sorte. Incorpora a profunda confiança de que o sucesso, no final das contas, não depende da sorte.

Primeiro balas de revólver, depois balas de canhão. Embora não "causem" sua sorte, os líderes 10X sabem aumentar as chances de esbarrar em algo que realmente funcione, porque disparam muitas balas de revólver. Pelo casamento da criatividade com a evidência empírica, conseguem atirar grandes balas de canhão bem calibradas, que não dependem da sorte para conquistar o máximo sucesso. As balas de canhão mal calibradas precisam da sorte para que as coisas deem certo; as bem calibradas não.

Liderar acima da linha da morte. Como armazenam enorme quantidade de cilindros de oxigênio extras – ou seja, produzem grandes amortecedores e margens de segurança –, os líderes 10X criam, para si mesmos, mais opções para responder à sorte. Como administram três tipos de risco – risco na linha da morte, risco assimétrico e risco não controlável –, diminuem a possibilidade de uma catástrofe diante de um episódio de má sorte. A capacidade de abrir o foco e depois fechá-lo os ajuda a reconhecer a sorte e a decidir se vale a pena mudar os planos.

EMC. O comportamento EMC minimiza erros que podem amplificar o efeito dos episódios de má sorte e aumenta a chance de ter um desempenho brilhante quando a boa sorte chega. Contar com uma receita EMC bem clara é fundamental para ajudar a decidir se e como permitir que um episódio de sorte altere os planos.

Todos os conceitos expressos neste livro contribuem para a obtenção de um excelente retorno sobre a sorte. Os líderes 10X reconhecem que todos nós nadamos em um mar de sorte; entendem também que não podemos provocar, controlar ou prever a sorte. No entanto, ao se comportar e liderar de maneira 10X, eles conseguem extrair o máximo da sorte que têm. Existe um adágio que diz: "É melhor ter sorte do que ser bom". Talvez isso seja verdade para aqueles que querem apenas ser *bons* – não muito melhores que a média nem propensos a criar algo excepcional. Nossa pesquisa, porém, nos conduz a uma conclusão totalmente oposta quando se fala daqueles que têm aspirações maiores: é infinitamente *melhor ser grande do que ter sorte*.

Os melhores líderes que estudamos mantêm com a sorte uma relação paradoxal. De um lado, reconhecem, *em retrospecto*, que a boa sorte teve um papel em suas realizações, a despeito do inegável fato de que outras pessoas tiveram tanta sorte quanto eles. De outro, não culpam a má sorte por seus fracassos; responsabilizam a si mesmos quando deixam de transformar sua sorte em grandes resultados. Os líderes 10X entendem que, se culparem a má sorte pelo fracasso, vão se render ao destino. Da mesma forma, percebem que, se deixarem de reconhecer o momento em que a boa sorte vem em seu auxílio, poderão superestimar as próprias habilidades e ficar expostos quando a boa sorte faltar. Sempre pode haver novos episódios de boa sorte em seu caminho, mas os líderes 10X nunca contam com isso.

RESUMO DO CAPÍTULO 7

O RETORNO SOBRE A SORTE

PONTOS PRINCIPAIS

▶ Definimos um episódio de sorte como aquele que passa em três testes: (1) algum aspecto relevante do episódio acontece, em grande parte ou na totalidade, independentemente das ações dos principais atores do empreendimento; (2) o episódio tem uma consequência (boa ou má) potencialmente significativa; e (3) o episódio possui algum elemento de imprevisibilidade.

▶ Episódios de sorte, tanto boa como má, acontecem com grande frequência. Todas as empresas de nosso estudo vivenciaram episódios significativos de sorte ao longo do período analisado. De modo geral, os cases 10X *não* tiveram mais sorte do que os do grupo comparativo.

▶ As empresas 10X, de modo geral, não tiveram mais boa sorte do que as do grupo comparativo.

▶ As empresas 10X, de modo geral, não tiveram menos má sorte do que as do grupo comparativo.

▶ Os episódios de boa sorte das 10X não aconteceram mais cedo do que os das empresas do grupo comparativo.

▶ As empresas 10X não podem ser explicadas por um único e gigantesco pico de sorte.

▶ Identificamos duas visões extremas sobre o fator sorte. Uma delas sustenta que a sorte é a causa primária do sucesso 10X; a outra argu-

RESUMO DO CAPÍTULO 7

menta que a sorte não tem papel algum no sucesso 10X. Nenhuma das duas visões foi corroborada pelas evidências de nossa pesquisa. A questão crucial não é "Você tem sorte?", e sim "Você obtém um elevado retorno sobre sua sorte?".

▶ Existem quatro cenários possíveis para o retorno sobre a sorte:
- Excelente retorno sobre a boa sorte.
- Baixo retorno sobre a boa sorte.
- Excelente retorno sobre a má sorte.
- Baixo retorno sobre a má sorte.

▶ Verificamos que há uma assimetria entre boa sorte e má sorte. Um único bafejo de boa sorte, independentemente da magnitude, não pode criar sozinho uma grande organização. No entanto, um único golpe de extrema má sorte, ou uma longa sequência de episódios de má sorte que geram um resultado catastrófico, pode acabar com uma empresa. Existe apenas uma forma de sorte realmente definitiva: a sorte que encerra o jogo. Os líderes 10X presumem sempre que terão um golpe de má sorte e se preparam para ele com muita antecedência.

▶ Todos os conceitos de liderança desenvolvidos neste livro – *disciplina fanática; criatividade empírica; paranoia produtiva; ambição de nível 5; marcha das 20 milhas; primeiro balas de revólver, depois balas de canhão; liderar acima da linha da morte; EMC* – contribuem diretamente para a conquista de um excelente retorno sobre a sorte.

▶ Os líderes 10X reconhecem que a boa sorte contribui para seu sucesso, apesar do inegável fato de que outras pessoas também têm manifestações de boa sorte; da mesma forma, nunca responsabilizam a má sorte por seus reveses ou fracassos.

RESUMO DO CAPÍTULO 7

DESCOBERTAS INESPERADAS

▶ Algumas empresas do grupo comparativo tiveram uma sorte extraordinária, muito maior do que a das 10X, mas fracassaram porque desperdiçaram essa sorte.

▶ Os cases 10X tiveram um volume considerável de má sorte; no entanto, conseguiram obter um excelente retorno. É aí que os líderes 10X realmente brilham, o que ilustra o pensamento filosófico de Nietzsche: "Aquilo que não me mata me fortalece".

▶ O retorno sobre a sorte (ROL) pode ser um conceito muito mais importante do que os de retorno sobre ativos (return on assets, ROA), retorno sobre o patrimônio (return on equity, ROE), retorno sobre vendas (return on sales, ROS) e retorno sobre o investimento (return on investment, ROI).

▶ A "sorte quem" – a sorte de encontrar o mentor, parceiro, colega de equipe, líder, amigo certo – é um dos tipos mais importantes de sorte. A melhor maneira de achar uma forte corrente de boa sorte é trabalhar com pessoas fantásticas e construir relacionamentos profundos e duradouros com pessoas por quem você arriscaria a própria vida e que arriscariam a vida delas por você.

PERGUNTAS-CHAVE

▶ Quais os episódios significativos de sorte que você vivenciou na última década? Você obtete um elevado retorno sobre sua sorte? Se sua resposta for "sim", por quê? Caso contrário, por que não? O que você pode fazer para aumentar o retorno sobre sua sorte?

PERGUNTA-BÔNUS

▶ Quem é sua melhor sorte?

EPÍLOGO

VENCEDORAS POR OPÇÃO

"O ser humano deveria ser capaz de enxergar que não há esperança e,
ainda assim, determinar-se a mudar essa realidade."
F. Scott Fitzgerald[1]

Sentimos que há uma doença perigosa que vem infectando a cultura moderna e erodindo a esperança: uma visão cada vez mais dominante de que a condição de grandeza se deve mais às circunstâncias, até mesmo à sorte, do que ao trabalho e à disciplina – ou seja, o que nos acontece é mais importante do que aquilo que construímos. Em jogos de azar, como a loteria ou a roleta, essa visão nos parece plausível. No entanto, tomada como uma filosofia e aplicada indiscriminadamente ao empenho humano, é uma perspectiva de vida bastante debilitante, que não podemos nos imaginar transmitindo às novas gerações. Será que realmente acreditamos que nossas ações contam muito pouco e que aqueles que constroem algo efetivamente grande são apenas pessoas de sorte? Acreditamos mesmo que somos prisioneiros das circunstâncias? Queremos realmente construir uma sociedade e uma cultura que nos incitam a acreditar que não somos responsáveis por nossas escolhas e que não devemos ser responsabilizados por nosso desempenho?

As evidências que coletamos em nossa pesquisa colocam-se firmemente contra essa visão. Esse trabalho começou com a premissa de que parte substancial de tudo o que enfrentamos em nosso dia a dia está fora de nosso controle, que a vida é incerta, e o futuro, desconhecido, e que, como explicamos no capítulo 7, a sorte tem um papel na vida de todos nós, seja ela boa ou má. Mas, se uma empresa se torna grande e *mesmo em condições semelhantes e com sorte comparável* outra não consegue, a causa principal dessa diferença de desempenho não pode ser, simplesmente, uma questão de circunstância ou de sorte. Na verdade, se existe uma mensagem geral que pode ser extraída dos mais de 6 mil anos de história corporativa que nossas pesquisas abrangem – estudos que empregam um método de comparação entre grandes empresas e boas empresas em circunstâncias semelhantes –, essa mensagem é: *a grandeza não é, em essência, uma questão de circunstância; a grandeza é, acima de tudo, uma questão de escolha consciente e de disciplina.* Os fatores que determinam se uma empresa vai ou não se tornar realmente grande, mesmo em um mundo caótico e incerto, estão, em larga medida, nas mãos de seus profissionais. E não se trata do que acontece a esses profissionais: trata-se, sim, daquilo que criam, daquilo que fazem e da competência com que o fazem.

Este livro e os três que o precederam – *Feitas para durar*, *Empresas feitas para vencer* e *Como as gigantes caem* – são olhares em direção ao que é necessário para construir uma organização grande e duradora. Enquanto conduzíamos a pesquisa sobre as empresas 10X, testamos simultaneamente os conceitos-chave dos trabalhos anteriores, para verificar se algum deles teria deixado de ser aplicável em ambientes altamente incertos e caóticos. Os conceitos anteriores se mantiveram, e temos confiança de que os conceitos presentes em todos os quatro estudos, se postos em prática, aumentam as probabilidades de construir uma grande empresa.

Mas eles *garantem* o sucesso da empreitada? Não, não garantem. Boas pesquisas ampliam o entendimento, mas nunca oferecem respostas absolutas; temos sempre de aprender mais e mais. A vida não oferece garantias. É sempre possível que situações-limite e forças incontornáveis – como doenças, acidentes, danos cerebrais, terremotos, tsunamis, calamidades financeiras, guerras civis ou qualquer um entre mil acontecimentos possíveis – venham a subverter nossos mais sólidos e disciplinados esforços. Ainda assim, é preciso agir.

Quando chega o momento crucial e estamos com medo, exaustos ou somos postos à prova, que escolhas fazemos? Abandonamos nossos valores? Desistimos? Aceitamos um desempenho mediano porque é o que praticamente todo mundo aceita? Capitulamos diante da pressão do momento? Abrimos mão de nossos sonhos quando somos atingidos por fatos brutais? Os maiores líderes que estudamos ao longo de nossa pesquisa consideravam seus valores tão importantes quanto a vitória, o propósito tão importante quanto o lucro e ser útil tão importante quanto atingir o sucesso. Suas motivações e seus padrões eram essencialmente internos e brotavam de algum lugar bem profundo do ser.

Não somos prisioneiros das circunstâncias. Não somos reféns da sorte que temos ou da injustiça inerente à vida. Não somos prisioneiros de reveses destruidores, de erros autoinfligidos ou de nossos sucessos passados. Não somos prisioneiros do tempo em que vivemos, nem do número de horas do dia ou mesmo do número de horas que acumulamos em nossa curtíssima vida. No final, tudo o que conseguimos controlar é uma minúscula partícula de tudo aquilo que nos acontece. Ainda assim, somos livres para escolher – e somos livres para ser vencedores por opção.

PERGUNTAS FREQUENTES

Algum dos conceitos apresentados nos livros *Empresas feitas para vencer*, *Feitas para durar* ou *Como as gigantes caem* foi subvertido por esta pesquisa?
Não. Enquanto conduzíamos a pesquisa 10X, examinamos de maneira sistemática a relação entre os cases 10X, seus comparativos diretos e os conceitos dos trabalhos anteriores. As evidências demonstram que os cases 10X exemplificaram os conceitos anteriores em uma dimensão muito maior do que seus comparativos diretos.

Até que ponto os líderes de nível 5 de *Empresas feitas para vencer* exibiram comportamentos 10X?
Identificamos disciplina fanática, criatividade empírica e ambição de nível 5 nos líderes de nível 5 apresentados no livro *Empresas feitas para vencer* em intensidade comparável à observada nos líderes 10X; no entanto, os líderes estudados em *Empresas feitas para vencer* demonstraram ter menos paranoia produtiva do que os 10X. Acreditamos que isso possa ser atribuído ao fato de atuarem em ambientes menos severos. Vale lembrar a analogia que fizemos no capítulo 1: andar a esmo ao longo de campinas cálidas e ensolaradas em um radioso dia de primavera na companhia de um experiente líder montanhista. Em uma situação dessas, não daria para perceber, nessa pessoa, tudo o que a diferencia das outras. Os líderes de nível 5 retratados em *Empresas feitas para vencer* operavam em ambientes mais seguros do que os

percorridos pelos 10X. Da mesma forma, os líderes de *Empresas feitas para vencer*, de modo geral, assumiram empresas bem estabelecidas, algumas delas bem grandes, enquanto os 10X começaram como empreendedores ou como líderes de pequenos negócios, o que os deixava mais expostos e vulneráveis a seus ambientes. Se os líderes de nível 5 de *Empresas feitas para vencer* tivessem liderado pequenas empresas e enfrentassem o nível de incerteza e de caos que os 10X enfrentaram, temos tudo para acreditar que teriam demonstrado mais paranoia produtiva. Por fim, vale observar que *Empresas feitas para vencer* talvez tenha dado mais ênfase ao atributo da humildade na dualidade do líder de nível 5 (um líder de nível 5 exerce a liderança com uma combinação paradoxal de humildade pessoal e determinação profissional), enquanto este livro destaca mais o atributo da determinação. Para ser um verdadeiro líder de nível 5, porém, é fundamental exercer os dois atributos: humildade *e* determinação.

Que papel desempenha o princípio do "primeiro quem" no processo de liderar uma empresa em meio à incerteza e ao caos (o conceito de colocar as pessoas certas no barco, as pessoas erradas fora dele e as pessoas certas nas posições-chave antes de descobrir para onde conduzir a embarcação)?
Não escrevemos muito aqui sobre o princípio do "primeiro quem" porque o conceito foi amplamente detalhado em *Empresas feitas para vencer*. Mas não se engane: os líderes 10X são fanáticos quando se trata de colocar as pessoas certas no barco – e nas posições certas. Lembre-se de quanto David Breashears se empenhou para ter as pessoas certas em sua expedição ao Everest, inteiramente fiel ao adágio que diz que uma equipe de montanhismo é tão forte quanto seu membro mais fraco. A revista *Time* escreveu o seguinte sobre a Southwest Airlines em 2002: "A companhia aérea recebeu 200 mil currículos no ano passado, mas contratou somente 6 mil trabalhadores – o que faz dela uma organização mais seletiva que Harvard". A Progressive Insurance reconheceu que ter as pessoas certas era o pilar estratégico número um para alcançar

seus objetivos e derrotar a concorrência. Em 1990, anunciou orgulhosamente: "Dentre os profissionais que pedimos para deixar a empresa, 15 tornaram-se presidentes de outras seguradoras". John Brown, da Stryker, tinha o dom de escolher as pessoas certas e a disciplina ideal para tirar as pessoas de posições nas quais não estavam se saindo bem, de acordo com a filosofia da Stryker de que é melhor investir pesado nas pessoas certas do que injetar energia demais em pessoas que não vão chegar a lugar nenhum. George Rathmann disse sobre o início da história da Amgen: "A Amgen é uma daquelas empresas cujos ativos voltam para casa à noite de tênis". Robert Noyce, cofundador da Intel, reuniu os fundadores da empresa *antes* de decidir quais produtos fabricar; assumiu responsabilidade pessoal pelo recrutamento dos primeiros talentos da Intel e acreditava que as pessoas certas, trabalhando na cultura certa, levariam a companhia a ter grandes resultados. Como escreveu Tom Wolfe sobre Ted Hoff e sua invenção, o microprocessador: "Noyce transformou o triunfo de Hoff na prova de que, quando se cria o tipo certo de comunidade corporativa, o tipo certo de congregação autônoma, o gênio floresce". A Microsoft adotou padrões extremamente rigorosos para selecionar as pessoas certas para trabalhar nela, como resumiu Gates em 1992: "Basta eliminar nossos 20 melhores profissionais e eu digo que a Microsoft se transformará em uma empresa sem importância". A Biomet dedicou atenção minuciosa à empreitada de escolher a pessoa certa para cada posição, chegando a lançar mão de opções de compras de ações em todos os níveis para atrair e reter os melhores talentos.[1]

Todas as empresas 10X cultivaram culturas de devoção que deram às pessoas certas espaço para florescer e, na mesma medida, ofereceram às pessoas erradas os meios para se "autoejetar" rapidamente. O estudo 10X se baseia na premissa da incerteza sem data de término, o que torna maior a importância do "primeiro quem"; se não se pode prever o que vai acontecer, é preciso ter no barco pessoas que possam responder e se adaptar com sucesso a quaisquer situações imprevistas que venham a ocorrer.

Existe alguma relação entre a receita EMC e o conceito do porco-espinho, apresentado no livro *Empresas feitas para vencer*?
O conceito do porco-espinho é simples, cristalino e flui a partir de um entendimento profundo da interseção entre os três círculos que encerram os seguintes pontos:

1. A atividade que o apaixona profundamente.
2. A atividade na qual você pode ser o melhor do mundo.
3. O que move seu motor econômico.

Tão logo as empresas feitas para vencer tiveram clareza com relação a seus conceitos do porco-espinho, ganharam momentum para tomar uma série de decisões absolutamente consistentes com o conceito. O processo equivale a girar um gigantesco e pesado volante, volta após volta. Uma receita EMC é o código para traduzir um conceito do porco--espinho de alto nível em ações específicas e para manter o foco de uma organização em uma mesma direção – e, com isso, ganhar momentum ao volante (ver o esquema que mostra o conceito do porco-espinho, a receita EMC e o efeito do volante). A Southwest Airlines, por exemplo, tinha um conceito do porco-espinho de alto nível: ser a melhor companhia aérea de alto-astral e de baixo custo, com lucro crescente por fuselagem e com grande orgulho de ser uma "renegada" de seu setor. E transformou esse conceito de alto nível nos dez pontos de Howard Putnam, que discutimos no capítulo 6. Ao aderir a essa receita de maneira consistente, a Southwest gerou momentum acumulado em seu volante – voo a voo, cidade a cidade, portão de embarque a portão de embarque, ano a ano – até que, de uma pequena empresa iniciante do Texas, acabou por se transformar na empresa aérea de maior sucesso dos Estados Unidos.

Conceito do porco-espinho

- A atividade que o apaixona profundamente
- A atividade na qual você pode ser o melhor do mundo
- O que move seu motor econômico

Receita EMC

- DISCIPLINA fanática
- AMBIÇÃO de nível 5
- PARANOIA produtiva
- CRIATIVIDADE empírica

1.
2.
3.
4.
5.
6.
7.
8.
9.
10.

Efeito do volante

Próximos passos, coerentes com o conceito do porco-espinho

O volante acumula momentum

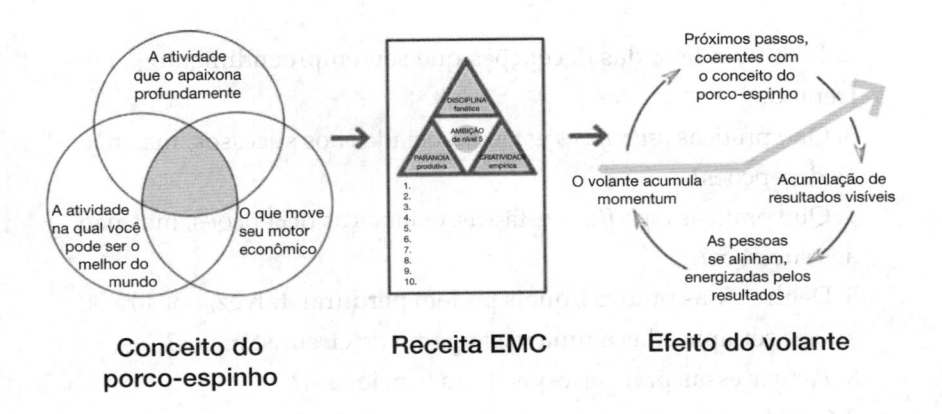

Acumulação de resultados visíveis

As pessoas se alinham, energizadas pelos resultados

Vocês têm alguma orientação sobre como elaborar uma receita EMC? A chave para elaborar uma receita EMC é ir diretamente para o aspecto prático, para o empírico e, sempre que possível, para o específico e para o concreto. Você pode ter a vaga ambição de "aumentar a taxa de utilização dos aviões" ou, como a Southwest Airlines, especificar "retornos de 10 minutos diante do portão de embarque" ou "voar somente com aviões 737". Você pode almejar, de modo impreciso, a "tecnologia avançada" ou, como a Intel, concentrar-se em uma tarefa mais concreta: "duplicar a complexidade de componentes por circuito integrado em cada 18 meses a dois anos". Você pode buscar "ser eficiente com a câmera" ou então ser bem específico: "Estar sempre preparado para montar a câmera, posicioná-la no tripé, carregar e enrolar o filme, mirar e filmar em cinco minutos cronometrados".

A receita EMC deve refletir insight, com base em evidência empírica, sobre o que funciona e por que funciona. Deve ajudar a deixar bem claro o que fazer e o que não fazer. Deve ser duradoura, de modo a demandar apenas emendas, e não uma revolução total, em resposta a eventuais mudanças no panorama. Na hora de formular uma receita EMC, pergunte-se: "Que práticas duradouras e específicas melhor turbinam nossos resultados?". Em sessões de laboratório com executivos, costumamos empregar a seguinte metodologia:

1. Faça uma lista dos sucessos que seu empreendimento já conquistou.

2. Faça uma lista das decepções que seu empreendimento já enfrentou.

3. Que práticas *específicas* estão associadas aos sucessos, mas não às decepções?

4. Que práticas *específicas* estão associadas às decepções, mas não aos sucessos?

5. Dentre essas práticas, quais podem perdurar, talvez, por 10 a 30 anos e ser aplicadas a uma vasta gama de circunstâncias?

6. *Por que* essas práticas específicas funcionam?

7. Com base em suas respostas aos itens anteriores, responda: que tipo de receita EMC, composta de 8 a 12 tópicos que se fortalecem mutuamente em um sistema coerente, turbinaria melhor os resultados de seu empreendimento?

Se os conceitos 10X são universais, por que não ficaram absolutamente claros desde *Empresas feitas para vencer*?

Como colocamos no capítulo 1 deste livro, cada pesquisa é como fazer furos em uma caixa preta e acender uma luz dentro dela, para ver a arquitetura interna dos princípios que dão vida às grandes empresas. Cada furo oferece uma perspectiva diferente. O estudo que resultou no livro *Empresas feitas para vencer* teve foco em como dar um salto sobre a mediocridade opressiva e atingir grandes resultados. Selecionamos as empresas para aquele estudo com base em um padrão de 15 anos de desempenho medíocre, pontuado por um avanço na direção de 15 anos de desempenho excepcional (e não na turbulência do ambiente profissional). Este estudo, em contraste, olhou através de um furo totalmente distinto, feito na mesma caixa preta: selecionamos empresas pequenas ou iniciantes que se tornaram grandes em ambientes incertos, implacáveis e mesmo caóticos. Não existe inconsistência entre os estudos ou suas conclusões; apenas os ângulos de análise é que são muito diferentes. Os dois estudos não se repetem nem se contradizem; na verdade, são complementares.

Se eu não sou um líder 10X completo, posso compensar isso montando uma equipe 10X que tenha todas as características comportamentais?

Em vez de se preocupar em saber se determinada pessoa é ou não um líder 10X, é melhor se concentrar em fazer com que a empresa como um todo trabalhe em equipe para implementar as ideias fundamentais apresentadas nos capítulos 3 a 7. Defina uma marcha das 20 milhas e comprometa-se com ela. Dispare balas de revólver e depois balas de canhão bem calibradas. Ponha em prática todos os elementos da paranoia produtiva discutidos no capítulo 5, "Liderar acima da linha da morte". Adote uma receita EMC e seja bem seletivo quando for necessário fazer emendas. Torne-se um profissional altamente antenado com o fator sorte e, diante de qualquer episódio de sorte, boa ou má, formule a seguinte pergunta: "O que vamos fazer para obter um elevado retorno sobre essa sorte?". Se sua equipe e seu empreendimento tiverem sucesso em todas essas iniciativas, o fato de um indivíduo ser um líder 10X completo terá muito menos importância.

Liderar acima da linha da morte significa evitar metas audaciosas?
Não. Roald Amundsen, a caminho do polo sul, e David Breashears, ao subir o Everest com sua câmera IMAX, perseguiam suas metas audaciosas, assim como os líderes 10X das empresas cobertas por nosso estudo. A tarefa a realizar é perseguir metas audaciosas *e* manter-se acima da linha da morte.

Em que o conceito "primeiro balas de revólver, depois balas de canhão" difere do conceito "tentar várias coisas e aplicar o que der certo", apresentado no livro *Feitas para durar*?
As duas ideias se justapõem, porém o insight adicional mais importante que emergiu da pesquisa que resultou neste livro é que os líderes 10X complementam as balas de revólver bem-sucedidas com balas de canhão. Tentar várias coisas é, em essência, equivalente a atirar balas de revólver, mas aplicar o que dá certo não é a mesma coisa

que apostar alto para explorar inteiramente o que se aprendeu ao disparar uma bala de revólver. É para isso que servem as balas de canhão.

Quais sãos as implicações, para as economias movidas a inovação, da descoberta de que as empresas 10X nem sempre inovam mais do que seus comparativos diretos?
Nossa pesquisa sugere que tratar a inovação, *isoladamente*, como a grande ferramenta para conquistar vantagem competitiva seria uma atitude ingênua e pouco sábia. Concluímos que o sucesso 10X exige a capacidade de inovar em escala com grande consistência, combinando criatividade e disciplina, para criar organizações que transformem a inovação em desempenho sustentável de alto nível. Essa é a história da Intel, assim como da Southwest Airlines, da Microsoft, da Amgen, da Stryker, da Biomet, da Progressive Insurance, do renascimento da Genentech sob a gestão de Levinson e mesmo da Apple em seus melhores anos. Se um empreendimento – seja ele uma empresa ou uma nação – preserva sua criatividade, mas perde a disciplina, ou se aumenta o número de inovações pioneiras, mas esquece como multiplicá-las em escala (e com custo mínimo), nossa pesquisa sugere que esse empreendimento pode estar em risco.

Vocês mencionam a "genialidade do 'e'" algumas vezes no texto. O que é a "genialidade do 'e'" e como ela se aplica a este livro?
No estudo que resultou em *Feitas para durar*, descobrimos que os líderes das grandes empresas duradouras convivem confortavelmente com paradoxos e têm a habilidade de abraçar, na mente, duas ideias opostas ao mesmo tempo. Não se oprimem com aquilo que denominamos "tirania do 'ou'", que induz as pessoas a acreditar que as coisas têm de ser A *ou* B, mas não ambas as possibilidades. Em vez disso, os maiores líderes se liberam com a "genialidade do 'e'", ou seja, a capacidade de abraçar, ao mesmo tempo, os dois extremos de várias dimensões. Nas palavras de F. Scott Fitzgerald, "O teste de uma inteligência de alto nível é a capacidade de manter duas ideias opostas na mente ao mesmo tempo e ainda

assim conservar a capacidade de funcionar". No estudo 10X, encontramos muitas evidências da "genialidade do 'e'". Por exemplo:

Disciplina	E	Criatividade
Evidência empírica	E	Movimentos ousados
Prudência	E	Metas audaciosas
Paranoia	E	Coragem
Ambição feroz	E	Ausência de egocentrismo
Manter rigorosos padrões de desempenho, sem desculpas	E	Nunca ir longe demais; conseguir "segurar" a onda no momento certo
Implementar uma marcha das 20 milhas	E	Disparar primeiro balas de revólver, depois balas de canhão
Perseguir inovações de ponta	E	Ficar "um modismo atrás"
Não ser capaz de prever o futuro	E	Preparar-se para o imprevisível
Ir devagar quando possível	E	Acelerar quando necessário
Pensamento disciplinado	E	Ação decisiva
Abrir o foco	E	Fechar o foco
Aderir a uma receita EMC	E	Fazer emendas em uma receita EMC
Consistência	E	Mudança
Nunca contar com a sorte	E	Obter um elevado retorno sobre a sorte quando ela chega

Como vocês respondem às críticas feitas às conclusões de suas pesquisas que apontam fracassos de grandes empresas que vocês já estudaram e sobre as quais escreveram?
Como discutimos no capítulo 1, nosso método de pesquisa se baseia no estudo de períodos de desempenho específicos, comparável ao estudo dos períodos de maior sucesso de um time esportivo. O fato de alguns times deixarem de fazer sucesso mais tarde seria irrelevante para a análise geral dos elementos necessários para construir um período de grande sucesso esportivo.

JIM COLLINS E MORTEN T. HANSEN

Este livro pode ajudar as empresas a evitar os cinco estágios do declínio, esboçados em *Como as gigantes caem*?
Sim. Na verdade, os cases comparativos analisados neste estudo que fracassaram justamente na fase de potencial grandeza – a PSA, a Safeco, a USSC, a Genentech pré-Levinson e a Apple antes do retorno de Steve Jobs – apresentaram elementos dos estágios do declínio 1 a 4; alguns chegaram ao estágio 5 (veja o gráfico "Os cinco estágios do declínio"). Os conceitos 10X detalhados neste livro podem desempenhar papel significativo no sentido de afugentar os estágios do declínio. Empreender uma marcha das 20 milhas, evitar disparar balas de canhão mal calibradas e adotar uma receita EMC são atitudes que ajudam as empresas a ficar longe do estágio 2. Conceitos como "liderar acima da linha da morte" – acumular cilindros de oxigênio, limitar o risco, abrir o foco e depois fechá-lo – atuam diretamente para encurralar o estágio 3. Fazer emendas criteriosas em uma receita EMC, em vez de incitar uma revolução geral e reativa, permite que as empresas evitem o estágio 4. Quanto ao perigo do estágio 1 – a arrogância –, aqueles que praticam de verdade a paranoia produtiva nunca acham que são invencíveis; têm sempre medo de que a ruína esteja à espreita no dobrar de uma esquina.

Os cinco estágios do declínio, do livro *Como as gigantes caem*, de Jim Collins

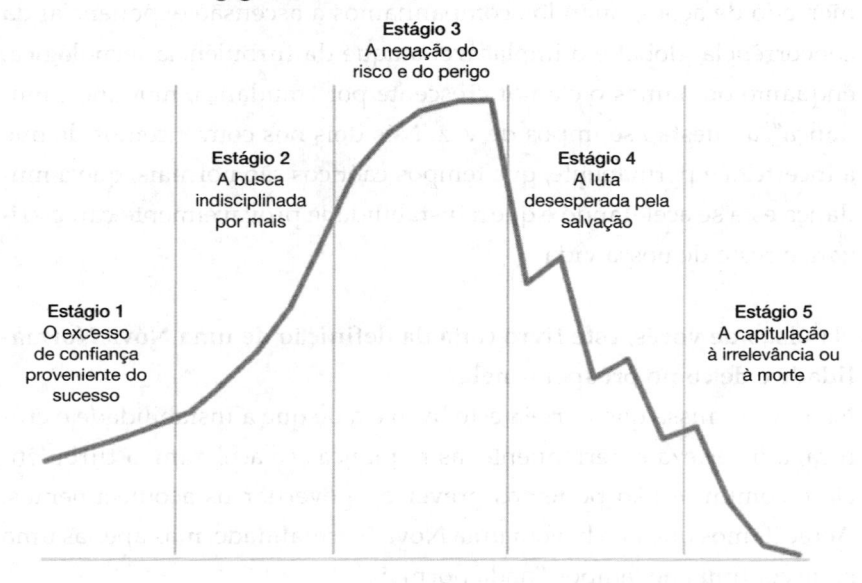

Estágio 1
O excesso de confiança proveniente do sucesso

Estágio 2
A busca indisciplinada por mais

Estágio 3
A negação do risco e do perigo

Estágio 4
A luta desesperada pela salvação

Estágio 5
A capitulação à irrelevância ou à morte

Como foi que vocês dois (Jim e Morten) começaram sua parceria de trabalho? Por que fizeram esta pesquisa em colaboração?

Nós nos conhecemos na Stanford Graduate School of Business, em 1991. Jim, que na época lecionava empreendedorismo e pequenos negócios, e o professor Jerry Porras, seu colega, acabavam de embarcar no projeto de pesquisa que resultou no livro *Feitas para durar*; Morten integrou a equipe de pesquisa, em sua trajetória para concluir o Ph.D. Mais tarde, como membro do corpo docente da Harvard Business School, Morten contribuiu com insumos críticos relativos aos métodos de pesquisa e ao design do estudo para o projeto *Empresas feitas para vencer*. Sempre falamos em trabalhar juntos em um projeto a partir do zero se encontrássemos um assunto que nos fascinasse mutuamente.

A questão por trás deste livro – "Por que algumas empresas prosperam na incerteza, até mesmo no caos, e outras não?" – estava em gestação em nossa mente havia anos, mas tinha sido empurrada "para baixo da pilha" enquanto trabalhávamos em outros projetos. Então, logo depois dos atentados de 11 de setembro e da bolha incandescente do mercado de ações, quando acompanhamos a ascensão exponencial da concorrência global e o implacável ataque da turbulência tecnológica, enquanto ouvíamos o clamor crescente por "mudança, mudança, mudança", a questão se impôs de vez. Nós dois nos convencemos de que a incerteza é permanente, que tempos caóticos são normais, que a mudança está se acelerando e que a instabilidade provavelmente caracterizará o resto de nossa vida.

Na visão de vocês, este livro trata da definição de uma Nova Normalidade e de como prosperar nela?
Não. A premissa que norteia este livro é a de que a instabilidade é crônica, a incerteza é permanente, as mudanças se aceleram, a turbulência é comum e não podemos prever ou governar os acontecimentos. Acreditamos que não haverá uma Nova Normalidade, mas apenas uma série contínua de tempos "nada normais".

O padrão dominante da história não é a instabilidade, e sim a instabilidade associada à turbulência. Aqueles que chegaram à idade adulta em meio à prosperidade estável das economias desenvolvidas na segunda metade do século 20 demonstrariam mais sabedoria se reconhecessem, de uma vez por todas, que cresceram em uma espécie de aberração histórica. Quantas vezes, ao longo da história, as pessoas operaram dentro de um casulo aparentemente seguro, durante uma época de relativa paz, a bordo de um dos booms econômicos mais sustentáveis de todos os tempos? Praticamente toda a experiência pessoal daqueles que, como nós, cresceram em um ambiente assim – particularmente os que cresceram nos Estados Unidos – está encerrada em uma parcela bastante complexa da história humana como um todo; é altamente improvável que tal situação se repita no século 21 e mesmo além dele.

Qual a dimensão da aplicabilidade da pergunta que norteia este estudo? Vocês a consideram universal?
Pare para pensar em sua situação ou organização e reflita sobre a seguinte

questão: avalie o contexto no qual você opera hoje em uma escala de 1 a 10. Nota 1 significa que você não enfrenta forças imensas fora de seu controle; nada se movimenta particularmente rápido; você consegue prever a maior parte do que está para acontecer; tudo parece estável e certo; não há nada lá fora que possa alterar significativamente sua trajetória, para melhor ou para pior. Nota 10 quer dizer que você enfrenta forças gigantescas, aceleradas e imprevisíveis, totalmente fora de seu controle, que suscitam sentimentos de incerteza e de instabilidade, e que podem ter enorme impacto, bom ou ruim, em sua trajetória. Que nota você daria a seu ambiente – estável ou instável, certo ou incerto, previsível ou imprevisível, controlado ou fora de controle? A nota seria mais para 3 ou mais para 8?

Não importa se estamos discutindo essa questão com gestores de pequenas empresas, generais de exército, educadores dos ensinos fundamental e médio, líderes de igreja, membros de associações, chefes de polícia, prefeitos, profissionais de saúde, filantropos, executivos de tecnologia da informação, diretores-financeiros, CEOs ou indivíduos preocupados com seu trabalho e com sua família. Quando fazemos essa pergunta, obtemos um padrão de respostas admiravelmente consistente. Depois de darmos às pessoas um tempo para refletir, apresentamos algumas alternativas e pedimos que levantem a mão quando concordarem com qualquer uma delas.

"Quantos de vocês dariam nota menor que 5?" Quase ninguém levanta a mão.

"Quantos dariam nota 5 ou 6?" Poucas pessoas levantam a mão.

"Quantos dariam nota 7 ou 8?" Mais da metade das pessoas levanta a mão.

"Quantos dariam nota 9 ou 10?" O resto das pessoas levanta a mão.

A questão que envolve o que é necessário para prosperar na incerteza e mesmo no caos se mostra relevante para todos os setores de atividade e sociais com os quais interagimos até agora.

Vocês acham que as causas do caos e da incerteza são primariamente econômicas?

Não inteiramente. É certo que há motivos econômicos, como a crescente concorrência global, a volatilidade dos mercados de capitais e a evolução rápida dos modelos econômicos. Mas fica claro que as fontes de instabilidade estão longe de ser econômicas: a ação de regulamentação (ou desregulamentação) de governos, gastos governamentais descontrolados, riscos políticos imprevisíveis, tecnologias disruptivas, novas mídias, o efeito amplificado do noticiário 24 horas no ar, desastres naturais, o terrorismo, choques de energia, mudanças climáticas, convulsões políticas em países emergentes e assim por diante. Sem falar que haverá turbulências inteiramente novas e forças caóticas não vislumbradas até agora.

Para vocês, este livro é sobre o passado ou sobre o futuro?
Estudamos o passado, mas consideramos que este livro pode ser muito relevante em termos de liderança para o futuro. Nossa estratégia foi examinar com rigor as empresas que alcançaram a grandeza nos setores mais incertos e caóticos e compilar os princípios gerais que as fizeram prosperar em ambientes assim, para que possam ser aplicados a qualquer empreendimento que lide com a incerteza e com situações de caos no século 21.

Meu mundo me parece razoavelmente estável neste momento; este livro se aplica a mim?
Vale relembrar uma das lições do capítulo 5: as atitudes que você toma *antes* de a tempestade começar são o melhor parâmetro para determinar como será seu desempenho *quando* ela efetivamente vier a desabar. Aqueles que deixam de planejar e de se preparar com antecedência para a instabilidade e o caos tendem a sofrer mais quando seus ambientes mudam da estabilidade para a turbulência.

Os conceitos 10X se aplicam aos setores sociais na mesma medida que as ideias desenvolvidas em *Empresas feitas para vencer*?
Enquanto conduzíamos a pesquisa para este livro, trabalhamos simul-

taneamente com líderes de uma variada gama de setores sociais: escolas de ensino fundamental, médio e superior, igrejas, hospitais sem fins lucrativos, exército, força policial, governo (cidade, condado, estado e país), museus, orquestras, redes de entidades de segurança social (incluem as voltadas para a mitigação da fome e as que trabalham com pessoas sem teto), programas para jovens e várias sociedades civis sem fins lucrativos. Assim como os líderes empresariais, esses setores enfrentam gigantescas forças fora de seu controle, elevado grau de incerteza, eventos que se movimentam muito rápido e ameaças perigosas, além de enormes oportunidades turbulentas. Estamos convencidos de que tais ideias têm relevância direta para esses setores, desde que devidamente customizadas caso a caso.

Para vocês, este trabalho trata primariamente de saber como navegar em tempos de austeridade e de crise?
Não. Este *não* é um livro sobre gerenciamento de crises nem sobre formas de prosperar em uma recessão ou mesmo em uma calamidade econômica. Crises e "tempos difíceis" são apenas cenários específicos dentro de uma condição mais generalizada de instabilidade implacável e incerteza crônica, tanto nos tempos bons como nos ruins. Na verdade, uma oportunidade turbulenta é tão perigosa quanto uma ameaça turbulenta. Os tempos de crescimento explosivo são no mínimo tão difíceis de atravessar quanto os tempos de austeridade econômica.

Tenha em mente alguns dos setores que estudamos: software, computadores, microeletrônica, biotecnologia, seguros e instrumentos médicos. Esses setores estavam repletos de oportunidades de crescimento espetaculares, apesar de serem também incertos e caóticos. Falemos dos softwares populares. Em 1983, a revista *Industry Week* publicou um artigo intitulado "Software sparks a gold rush" (Software provoca uma corrida do ouro), com uma lista das 16 principais fabricantes de computadores e de software. Todas as 16 estavam amarradas na ponta de um foguete pronto para decolar em um incipiente setor que venderia mais de 1 bilhão de computadores pessoais no mundo inteiro, até o início dos anos 2000. No entanto, no meio do caminho, quase todas essas empresas que lideraram o processo no início perderam sua independência, e algumas delas até desapareceram. Das 16 líderes citadas no artigo de 1983, apenas três permaneciam de pé, como organizações independentes, no momento em que escrevíamos este livro. A oportunidade era enorme, a quantidade de mudanças era enorme, e foi também enorme a "carnificina" que todo aquele processo provocou. Se estamos vivendo uma época assaltada por oportunidades bastante tumultuadas, chegarão mais longe ainda aqueles que possuírem as ferramentas e os conceitos certos, além da disciplina necessária para implementá-los. Quem não tiver essas ferramentas ficará para trás. Muitos – apesar da quantidade de boas oportunidades – cairão completamente para fora do jogo.[2]

Até que ponto o colapso financeiro de 2008 afetou o pensamento de vocês em relação a este estudo?
O colapso serviu apenas para reafirmar a relevância da pergunta que norteou o estudo. Muito poucas pessoas previram a crise financeira de 2008. A próxima Grande Turbulência virá, assim como outra depois dela, então a seguinte e assim sucessivamente. Não podemos saber com certeza de que tipo serão e quando virão, mas podemos saber com certeza que elas virão.

Depois de conduzir este estudo, vocês estão mais otimistas e esperançosos ou não?
Estamos *muito mais* otimistas e esperançosos. Mais do que qualquer de nossas pesquisas anteriores, este estudo mostra que vencer ou fracassar, resistir ou morrer são resultados que dependem muito mais daquilo que nós fazemos e não do que o mundo faz conosco. Em parte nos conforta o fato de que todos os líderes 10X cometeram erros, alguns bem grandes; no entanto, foram capazes de se autocorrigir, sobreviver e construir a grandeza.

AS BASES DA PESQUISA

Metodologia	251
Seleção das empresas 10X	264
Seleção das empresas do grupo comparativo	270
Análise da marcha das 20 milhas	274
Análise da inovação	277
Análise das balas de revólver e das balas de canhão	281
Análise de risco do caixa e do balanço das empresas	285
Análise das categorias de risco	288
Análise da velocidade	292
Análise das receitas EMC	298
Análise do fator sorte	302
Análise do Panteão da Fama do Hóquei	309

AS BASES DA PESQUISA: METODOLOGIA

Escolhemos o método do par combinado de cases por considerá-lo uma abordagem de pesquisa adequada. A essência desse método é selecionar pares de empresas comparáveis, de modo que cada empresa do par se diferencie em uma dimensão específica (em nosso caso, no desempenho de longo prazo). Para a formação de pares, identificamos sete empresas que tinham apresentado desempenho de longo prazo excepcional em setores altamente incertos e caóticos, às quais chamamos de empresas 10X. Em seguida, combinamos cada uma das 10X com uma empresa, usada como comparativo, que tivesse um ponto de partida similar (mesmo setor, tempo de existência e porte semelhantes), com desempenho apenas mediano. O conjunto de dados resultante é composto por um total de 14 empresas, organizadas em sete pares contrastantes. Com o emprego do histórico cronológico de cada uma delas, que criamos após exaustiva coleta de dados, analisamos as variáveis que poderiam explicar as diferenças no desempenho de longo prazo. Conheça agora as etapas que percorremos.

1. Identificação da pergunta de pesquisa e da unidade de análise. Nossa pergunta de pesquisa foi: "Por que algumas empresas prosperam na incerteza, até mesmo no caos, e outras não?". Classificamos como altamente incerto e caótico qualquer setor que tivesse passado por um número significativo de episódios que se enquadrassem em cinco critérios: (1) estavam fora do controle das companhias do setor;

(2) produziram impacto em um prazo muito curto (em geral, menor do que cinco anos); (3) o impacto produzido poderia prejudicar outras empresas do setor; (4) alguns de seus aspectos mais significativos eram imprevisíveis (por exemplo, o timing, o modo, a forma); e (5) os episódios de fato aconteceram (não foram apenas previstos). Os setores escolhidos passaram por eventos que provocaram grandes estragos, entre os quais desregulamentação, alterações tecnológicas radicais, guerras de preço, choques de combustível, mudanças regulatórias e legais, consolidações e recessões setoriais.

A unidade de análise em nosso estudo não era a empresa em estado perpétuo, e sim um período específico de sua vida, compreendido entre a data de sua fundação e junho de 2002, que foi nosso período de observação (o estudo completo compreendeu, aproximadamente, o período entre 1970 e 2002). Era importante delimitar um prazo, porque não poderíamos comentar sobre o que aconteceu com as organizações depois de nosso período de estudo. O período escolhido cobriu a fase inicial da empresa, sua transição para companhia de capital aberto, seus anos de crescimento e seus anos de maturidade como um grande empreendimento.

2. Seleção do método de pesquisa adequado: a metodologia do par combinado. Escolhemos uma metodologia que nos permitisse maximizar o potencial para a descoberta de novos insights que pudessem ser generalizados entre empresas e setores específicos: a *metodologia de pesquisa de casos múltiplos*, utilizada em pesquisas de comportamento organizacional. É uma pesquisa concebida a partir do método comparativo, que se fundamenta na coleta de dados qualitativos e em um método indutivo de análise. Essa abordagem leva em conta um pequeno número de casos que podem ser estudados a fundo para a identificação de padrões que formem a base de novas descobertas.

Nesse método, os pesquisadores selecionam os cases que apontam diferenças nas variáveis de interesse. A ideia é que um contraste entre os cases (empresas) ofereça a melhor possibilidade de chegar a novos conceitos. Tal abordagem segue uma tradição já consolidada em áreas como comportamento organizacional, finanças e pesquisa médica.[1] Em sua resenha dessa abordagem, publicada no *Academy of Management Journal* em 2007, Kathy Eisenhardt e Melissa Graebner observaram: "Um método de amostragem teórica particularmente importante é o de 'tipos polares', no qual um pesquisador extrai amostras de casos extremos (como desempenho muito bom e muito fraco) para identificar com mais facilidade padrões contrastantes nos dados".[2] Por exemplo, em outro estudo publicado no *Academy of Management Journal* em 2010, Jeffrey Martin e Kathy Eisenhardt selecionaram equipes colaborativas de software com desempenho bom e fraco e analisaram os fatores que poderiam explicar essas diferenças de desempenho.[3]

Um benefício fundamental da utilização do método do par combinado é evitar a "amostragem no sucesso". Se os pesquisadores estudarem apenas as organizações bem-sucedidas, torna-se difícil saber se suas conclusões tiveram algo a ver com uma tentativa de explicar esse sucesso. Talvez empresas perdedoras tenham seguido os mesmos princípios de gestão utilizados pelas vencedoras. Para evitar esse problema, selecionamos organizações mais *e* menos bem-sucedidas e estudamos o contraste.[4]

3. Escolha da população do estudo: empresas que abriram o capital nos Estados Unidos. Escolhemos uma população de estudo composta por organizações que pudessem sentir o impacto de eventos incertos e caóticos a sua volta e que não ficassem isoladas desses eventos em razão de seu tamanho ou tempo de existência. Selecionamos as empresas a partir de uma população que se encaixasse no seguinte requisito: aquelas que abriram seu capital (tiveram sua oferta pública inicial de ações) nos Estados Unidos entre 1971 e 1990. Eram, em sua maioria, companhias jovens e/ou de pequeno porte quando abriram o capital e, por isso, estavam razoavelmente vulneráveis a eventos que viessem a ocorrer em seus ambientes.

4. Identificação de empresas com desempenho excepcional. Para comparar empresas por área de atividade, decidimos adotar uma medida de desempenho que se aplica igualmente a todos os setores: o retorno das ações. (Veja "As bases da pesquisa: seleção das empresas 10X" para conhecer melhor a métrica.) Essa métrica exclui diferentes medidas de desempenho que são importantes para outros grupos de stakeholders, como funcionários e comunidades. No entanto, talvez seja a métrica mais importante para avaliar as empresas de capital aberto. Ela exclui também outros resultados intermediários, como inovação e crescimento das vendas. Consideramos essas medidas, porém, como variáveis que, ao serem introduzidas, talvez pudessem explicar o desempenho posterior das ações da empresa no mercado.

Ao utilizar métricas de desempenho acionário, passamos por um processo de verificação sistemática e identificamos sete empresas com desempenho excepcional – as 10X – em sete setores altamente incertos e caóticos, selecionados a partir de nossa população de estudo inicial.

5. Seleção das empresas para o grupo comparativo. Utilizamos dois princípios gerais para selecionar uma empresa que funcionasse como comparativo direto para cada uma das sete empresas 10X: (1) na época em que se tornou uma empresa de capital aberto, o comparativo precisaria ser similar à 10X com a qual seria comparado: mesmo setor, tempo de existência e porte semelhantes; e (2) deveria ter registrado um desempenho médio no mercado acionário (para que fosse possível estabelecer um contraste de desempenho entre cada empresa 10X e seu comparativo). Para mais detalhes, veja "As bases da pesquisa: seleção das empresas do grupo comparativo".

6. Coleta de dados: cronologia histórica. De maneira sistemática, voltamos no tempo e reunimos um histórico documental sobre cada empresa. No caso da Intel, por exemplo, coletamos o histórico documental de todos os anos, desde sua fundação, em 1968 – relatórios da companhia e artigos publicados na imprensa em 1968, 1969, 1970, 1971 e assim por diante. Empregamos um vasto leque de fontes de dados de arquivo, para garantir que obtivéssemos um conjunto abrangente de fatos, pontos de vista e percepções sobre as empresas, a saber:

- Todos os principais artigos publicados sobre cada empresa ao longo de todo o período de observação (da data de fundação até 2002) provenientes de um grande número de fontes: revistas e jornais como *Business Week, The Economist, Forbes, Fortune, Harvard Business Review, The New York Times, Wall Street Journal* e *Wall Street Transcript*, e de fontes específicas dos setores ou por tema.
- Estudos de caso de escolas de administração e análises setoriais.
- Livros escritos sobre cada empresa e/ou sobre seus líderes.
- Relatórios anuais e outros documentos, além de prospectos da oferta pública de ações de cada empresa
- Os principais relatórios de analistas sobre cada empresa.
- Materiais de referência sobre negócios e setores, como o *Biographical dictionary of American business leaders* (Dicionário biográfico de líderes empresariais norte-americanos) e o *International directory of company histories* (Guia internacional de histórias de empresas).
- Material obtido diretamente de cada empresa (solicitamos por escrito informações como história da organização, discursos dos principais executivos, material de relacionamento com investidores e artigos publicados sobre a companhia).
- Dados financeiros da empresa: informações sobre rendimento e balanço (obtidos na base de dados Compustat).

Em conformidade com métodos de pesquisa qualitativa, examinamos uma série de fatores que poderiam potencialmente explicar a diferença entre os resultados das empresas 10X e os de seus comparativos diretos. Foi um esforço sistemático que tinha por objetivo ser aberto a possíveis novas explicações; esse foi o verdadeiro propósito de utilizarmos o método indutivo de pesquisa de casos. Para tal fim, coletamos informações sobre uma série de fatores ao longo do tempo, entre os quais:

▶ Liderança: principais executivos, mandato e sucessão de CEOs, estilos de liderança e comportamentos.
▶ Raízes: grupo fundador e circunstâncias da fundação.
▶ Estratégia: estratégias de produto e de mercado, modelos de negócio, fusões e aquisições fundamentais, mudança estratégica.
▶ Inovações: novos produtos, serviços, tecnologias, práticas.
▶ Estrutura organizacional, inclusive reorganizações significativas.
▶ Cultura organizacional: valores e normas.
▶ Práticas operacionais.
▶ Gestão de recursos humanos: políticas e práticas relacionadas a contratação, demissão, promoções, sistemas de recompensa.
▶ Uso de tecnologia, inclusive tecnologia da informação.
▶ Vendas e tendências de lucro da empresa, indicadores financeiros.
▶ Eventos setoriais relevantes: recessões, expansões, choques, alterações tecnológicas, movimentações de mercado, mudanças regulatórias, ações da concorrência, guerras de preço, mudanças em modelos de negócio, consolidações.
▶ Principais episódios de sorte (boa e má).
▶ Situações de risco significativas.
▶ Velocidade: tempo para detectar ameaças e oportunidades, tempo consumido na tomada de decisões, tempo de comercialização (ser o primeiro no mercado ou seguidor).

Construímos, então, uma cronologia histórica; agrupamos todas as informações sobre cada empresa por ano, começando pelo primeiro ano de existência e avançando até 2002, o último ano de nosso período de observação.

Na construção dessa cronologia histórica, buscamos também mais de uma fonte para conferir cada informação. Essa *triangulação de dados* reduziu o risco de nossas informações resultarem imprecisas, incompletas ou tendenciosas. Por exemplo, um livro sobre a PSA afirmou que uma equipe da Southwest Airlines visitou a PSA na Califórnia em 1969 e foi autorizada a copiar seus manuais de operação. Triangulamos a informação e ela foi confirmada em outro livro pelo CEO da Southwest Airlines, Lamar Muse, que participou da visita.[5]

Em resumo, nossa abordagem se baseou na coleta de *dados de alta qualidade*. Seguimos rigorosos princípios acadêmicos para garantir a integridade dos dados; coletamos informações históricas que remontavam à época da fundação das empresas e incluímos uma vasta gama de fontes de dados, ao triangular fontes e reunir dados sobre uma série de fatores, para evitar qualquer possível estreitamento da pesquisa.

7. Condução da análise. *Análise intrapar.* Quando a cronologia histórica estava construída para um par de empresas, cada um de nós – Jim e Morten – leu separadamente documento por documento e escreveu um detalhado relatório de caso sobre cada empresa e uma análise do par. Esses documentos tinham, em média, 76 páginas (27.600 palavras) cada um; no total, chegamos a 1.064 páginas (386.400 palavras) de relatórios de casos.

Para cada par, um leu o relatório do outro. Após uma série de discussões, elaboramos uma lista das principais *possíveis* explicações para a diferença de desempenho em cada par. Uma possível explicação precisava atender aos seguintes critérios:

▶ Uma diferença clara entre a empresa 10X e seu comparativo direto, corroborada por provas irrefutáveis.

▶ Uma explicação para o motivo de a diferença ter afetado o resultado, conhecida em pesquisa acadêmica como *mecanismo causal* (a existência de uma diferença não é suficiente; é preciso haver também uma explicação plausível para o modo como a variável em questão explica a diferença de desempenho).

Análise por cruzamento de pares. Procuramos fatores que estivessem claramente presentes na maioria das sete empresas 10X e não estivessem nas do grupo comparativo.

Geração de conceito. Ao utilizarmos as análises intrapar e por cruzamento de pares, identificamos os principais conceitos que pareciam explicar as diferenças entre os resultados. Fizemos inferências a partir de um conjunto de fatores individuais e os agrupamos, para desenvolver conceitos mais unificadores.

Análise financeira. Obtivemos dados da Compustat e construímos demonstrações anuais detalhadas sobre rendimento, balanço e fluxo de caixa desde a época da fundação da empresa (ou do primeiro ano em que os dados foram disponibilizados) até 2002; assim, criamos uma planilha com um total de 300 anos-empresa de demonstrações financeiras anuais.

Análise do histórico de eventos. Com a utilização do método de análise do histórico de eventos, adotado por especialistas que estudam a evolução das empresas, analisamos os seguintes eventos na vida de uma empresa: eventos "marcha das 20 milhas", eventos de inovação, eventos "bala de canhão", eventos de risco, eventos sensíveis ao tempo e eventos de mudança na "receita EMC".[6] Definimos o termo para cada um e o codificamos para qualquer ocorrência por ano, de modo a apresentar um histórico de eventos para cada empresa (veja os próximos tópicos de "As bases da pesquisa").

8. Limitações e problemas. Todo método de pesquisa tem seus pontos fortes e fracos. O nosso não é exceção. Apresentamos aqui as perguntas mais comuns levantadas acerca do método e nossas respostas.

Um estudo de 14 empresas não é uma amostra pequena demais?
Não, porque nosso objetivo não era testar hipóteses existentes em uma grande amostragem de empresas, e sim gerar novas descobertas. *O teste*

para saber se possuíamos um grupo de estudo adequado era a medida de nossa confiança de que tínhamos pares suficientes para identificar um padrão comum a todos; assim, se acrescentássemos mais um par, provavelmente não aprenderíamos nada de novo.[7] Isso é conhecido em métodos de pesquisa como *redundância* ou *saturação teórica*: em algum ponto na análise de caso qualitativa (em geral depois de 8 a 12 casos), o pesquisador atinge a saturação e, a partir desse ponto, nenhum conhecimento novo é adquirido apenas com o acréscimo de casos.[8] Em nosso estudo, o par final que adicionamos não agregou informação suplementar. Uma razão para termos atingido a saturação foi que nossa deliberada metodologia do par combinado gerou "tipos polares" que nos permitiram detectar diferenças com mais facilidade.

Essa amostragem é baseada no sucesso?
Não, não é, como explicamos anteriormente. Não nos limitamos a selecionar empresas bem-sucedidas. Selecionamos pares contrastantes de empresas em determinado setor: uma apresentou desempenho muito bom e a outra, seu comparativo direto, não teve bom desempenho.

Nossas conclusões podem ser generalizadas?
Sim, podem, mas com algumas observações:

> ▶ **Em muitos setores e empresas.** Não sabemos se nossas conclusões se aplicariam a *todas* as empresas. Acreditamos, no entanto, que provavelmente se aplicam a muitas empresas e setores, porque nossas conclusões se baseiam em um conjunto variado de dados que abrangem sete setores (e não apenas um ou dois). Outro aspecto deve ser levado em conta: como estudamos apenas empresas norte-americanas, é preciso ter cuidado ao expandir as conclusões para outros países e culturas.
> ▶ *Ao longo do tempo.* Embora tenhamos estudado empresas durante o período entre 1970 e 2002, estamos convencidos de que nossas conclusões são de extrema relevância para este ano e para os subsequentes. A razão é que selecionamos, de maneira inten-

cional, setores altamente incertos e caóticos. Na medida em que o mundo continua mergulhado na incerteza, é provável que a experiência desses setores em termos de turbulência se torne a regra daqui para frente, o que dará grande relevância às conclusões de nossa pesquisa no futuro.

O fato de a pesquisa ser baseada na recuperação de dados não influencia os resultados?
Isso pode ser um problema, porém nossa abordagem ameniza a questão. Fizemos o possível para reunir registros históricos, em vez de documentos atuais que interpretam retrospectivamente a história. Por exemplo, um artigo de 2000 sobre a Intel com um olhar retrospectivo em relação aos anos de formação da empresa, na década de 1970, tem uma abordagem baseada em *interpretação* histórica, e a narrativa pode ser colorida pelo sucesso da Intel em 2000. Tal abordagem está sujeita a problemas conhecidos como *erros de atribuição*.[9] Por isso, voltamos a mergulhar nos *registros históricos* e coletamos informações sobre fatos envolvendo a Intel *como aconteceram* na década de 1970. Naquela época, a empresa ainda não tinha conquistado o gigantesco sucesso, de modo que ninguém poderia cometer esses erros de atribuição.

Podemos alegar causalidade?
Grande parte das pesquisas em ciências sociais, inclusive a maioria das pesquisas sobre gestão, assim como a nossa também, não pode alegar causalidade no sentido determinista do termo: "certa mudança no elemento x seguramente produz uma mudança no elemento y". Seguindo uma longa tradição em pesquisa sobre gestão corporativa e estratégica, procuramos, ao contrário, isolar explicações que *provavelmente* levariam a diferenças de desempenho entre as empresas. Escolhemos com muito cuidado nossa linguagem, de modo a refletir declarações como "É provável que haja uma associação entre x e desempenho" e "É de esperar que um aumento de x conduza a um aumento de y", que são afirmações probabilísticas, não deterministas.

Existe uma questão de "causalidade reversa"?
Causalidade reversa ocorre quando a explicação vai na direção oposta à de uma hipótese inicial. Por exemplo, talvez no início você pensasse que a inovação tinha levado ao sucesso de uma empresa, quando, na verdade, foi o sucesso da empresa que levou a uma inovação aprimorada (empresas mais bem-sucedidas têm mais dinheiro para investir em inovação). Evitamos de todos os modos esse problema potencial, porque nos baseamos em documentos históricos, nos quais conseguimos identificar *quando* certas práticas tiveram início; assim, soubemos quais fatores vieram primeiro.

Há outras empresas que seguiram esses princípios e não atingiram o mesmo nível de sucesso?
Como não estudamos todas as empresas dos Estados Unidos, não temos como verificar se é esse o caso. No entanto, as seguintes informações tornam a questão menos problemática:

▶ Nosso conjunto diversificado de dados (de sete setores diferentes) reduz a probabilidade de nossas conclusões serem apenas idiossincráticas para uma ou duas empresas e/ou setores.
▶ Como dissemos anteriormente, não adotamos uma cadeia causal determinista, nada do tipo "Se alguém seguir esses princípios, alcançará desempenho excepcional (garantido)". Estamos afirmando apenas que a prática desses princípios *aumenta a probabilidade de sucesso*.
▶ Nossas empresas 10X praticaram *todos* os princípios articulados neste livro; é provável que organizações que praticam um ou alguns deles não alcancem desempenho excepcional.

As características dos setores não explicam os resultados?
Nossa maneira de controlar o impacto das condições dos setores foi estudar duas empresas em cada setor (um par combinado). Embora enfrentassem situações muito semelhantes em seu setor, as duas empre-

sas de um par apresentaram variações significativas em suas práticas e em seus desempenhos. Como os fatores setoriais são considerados constantes para cada par, eles não podem explicar sozinhos essas diferenças.

As empresas 10X não tiveram apenas sorte?
Os críticos das pesquisas sobre gestão às vezes reclamam do fato de que o papel da sorte é excluído das análises com frequência. Em vez de ignorarmos o papel da sorte, definimos o conceito, coletamos dados sobre episódios de boa e de má sorte e examinamos o papel que esses episódios de sorte tiveram na explicação do desempenho. Dedicamos o capítulo 7 a nossas conclusões sobre a sorte.

E se algumas das empresas não tiverem bom desempenho após o período de nosso estudo?
Se isso acontecer, não significa que nossas conclusões são inválidas. Nossa pretensão é limitada; estudamos períodos da vida das empresas, não o desempenho delas em caráter perpétuo. O desempenho retratado pode não durar para sempre nessas empresas específicas pelos seguintes motivos:

▶ A empresa pode deixar de praticar os princípios que a levaram ao sucesso.[10]
▶ Alguns redirecionamentos ou novas práticas podem ser necessários depois de um longo tempo.
▶ A concorrência pode ter se recuperado e copiado as práticas de uma empresa, tornando a fórmula original de sucesso menos potente.
▶ O mercado de ações pode ter compreendido plenamente os fatores de sucesso da empresa e por isso tê-los levado em conta na determinação do preço de suas ações, tornando mais difícil alcançar extraordinários retornos das ações.

Qualquer uma dessas explicações pode fazer com que o desempenho de uma empresa se desgaste. O simples fato de um bom desempenho não se sustentar não invalida os fatores que ajudaram a gerar aquele bom desempenho.

AS BASES DA PESQUISA: SELEÇÃO DAS EMPRESAS 10X

Utilizamos três princípios gerais de seleção para identificar nosso conjunto de empresas com desempenho excepcional:

1. Empresas que alcançaram resultados espetaculares, óbvias campeãs tanto no mercado de ações como no respectivo setor durante nosso período de observação.
2. Empresas que atuavam em setores altamente incertos e caóticos.
3. Empresas que, desde o início, se mostraram vulneráveis (por se tratar de empresas jovens e/ou pequenas que abriram o capital em 1971 ou depois dessa data).

Começamos com um conjunto de informações extraídas do banco de dados do Center for Research in Security Prices (CRSP, Centro de Pesquisas de Preços de Ações), da University of Chicago; para refinar nossa seleção, percorremos os 11 passos de "filtragem" que se seguem.

PROCESSO DE TRIAGEM PARA IDENTIFICAR
EMPRESAS COM DESEMPENHO EXCEPCIONAL

Corte 1. O processo começou com as 20.400 empresas que apareceram pela primeira vez no CRSP em 1971 ou depois dessa data. Exclusão das que surgiram depois de 1995: *15.852 empresas restantes.*
Corte 2. Empresas que ainda existiam após junho de 2002: *3.642 empresas restantes.*

VENCEDORAS POR OPÇÃO

Corte 3. Empresas cujo desempenho TSR* foi pelo menos três vezes maior que a média do mercado em 2002**: *368 empresas restantes.*
Corte 4. Oferta pública inicial de ações de empresas efetivamente norte-americanas ocorrida entre 1971 e 1990: *187 empresas restantes.*
Corte 5. Exclusão de pequenas empresas a partir de 2001: *124 empresas restantes.*
Corte 6. Empresas que mantiveram o desempenho TSR pelo menos quatro vezes maior que a média do mercado durante 15 anos após a oferta pública inicial de ações: *50 empresas restantes.*
Corte 7. Eliminação das empresas com padrões de desempenho inconsistentes: *25 empresas restantes.*
Corte 8. Apenas empresas que operavam em setores incertos e caóticos: *12 empresas restantes.*
Corte 9. Teste da bandeira vermelha (preocupações): *9 empresas restantes.*
Corte 10. Exclusão das empresas muito grandes e antigas na época da oferta pública inicial de ações: *8 empresas restantes.*
Corte 11. Empresas que superaram o desempenho do setor: *7 empresas restantes.*

* Sigla em inglês de total shareholder return, retorno total ao acionista. [N. da T.]
** Índice de retorno acumulado da empresa em relação à média do mercado (veja "Definições-chave").

Corte 1: *Selecionar empresas cuja primeira aparição no CRSP ocorreu entre 1971 e 1995.* Consideramos que a primeira inserção de dados no CRSP seria uma boa indicação da época em que uma empresa abriu seu capital (veja corte 4).[11]

Corte 2: *Manter as empresas que estavam em operação após junho de 2002.* Quisemos incluir apenas empresas que estavam em funcionamento e independentes no final do período de observação, ou seja, em 2002.

Corte 3: *Atingir o patamar inicial de desempenho das ações.* Eliminamos todas as empresas cujo índice mensal de retorno acumulado em relação à média do mercado fosse inferior a 3,0, com base no período compreendido entre o final do mês da primeira inserção dos dados da empresa no CRSP e 28 de junho de 2002 (veja "Definições-chave").[12]

De maneira sistemática, coletamos informações sobre os vários setores e criamos documentos de codificação para cada um deles. Com o auxílio dessas análises, classificamos os setores como "estáveis", "moderadamente incertos" e "altamente incertos e caóticos". Escolhemos empresas cujos setores se encaixavam na última categoria.

Corte 4: *Confirmar que eram empresas efetivamente norte-americanas e que abriram seu capital entre 1971 e 1990.* Fizemos uma auditoria em todas as companhias restantes para verificar quando cada uma abriu seu capital e confirmar que eram de fato empresas norte-americanas. Eliminamos formas de oferta pública não tradicionais, como cisões, fusões reversas, fusões, LBOs (aquisição de controle acionário com pagamento financiado através de dívida) invertidas, REITs (fundos de investimento no mercado imobiliário) e sociedades em comandita. Eliminamos também todas as empresas estrangeiras.

Corte 5: *Eliminar empresas com receita inferior a US$ 500 milhões em 2001.* Embora quiséssemos analisar organizações jovens e/ou pequenas em seus primeiros anos, também precisávamos analisar aquelas que tivessem crescido e se transformado em empresas de grande porte até o final do período de observação.

Corte 6: *Atingir o patamar de desempenho de ações a partir da data da abertura do capital e mantê-lo durante os 15 anos seguintes.* Empregamos um critério de desempenho de ações mais preciso e rígido, com base em dados de retorno diário, para o período compreendido entre a data da abertura de capital de cada empresa e os 15 anos seguintes. Eliminamos todas as empresas cujo índice de retorno acumulado em relação ao mercado foi inferior a 4,0 no período considerado.

Corte 7: *Excluir empresas com padrões inconsistentes de desempenho de ações.* O objetivo desse corte foi eliminar empresas que apresentassem padrões inconsistentes no desempenho de suas ações (por exemplo, errático, tanto para cima como para baixo).

Corte 8: *Selecionar empresas que atuassem em setores altamente incertos e caóticos.* Classificamos um setor como altamente incerto e caótico se ele tivesse passado por um número significativo de eventos enquadrados em cinco critérios:

1. Os eventos estavam fora do controle das empresas do setor; elas não puderam evitar que ocorressem.
2. Os eventos produziram impactos muito rápidos. Para nossos propósitos, "muito rápido" queria dizer menos de cinco anos. (Em geral, eles aconteciam muito mais depressa do que isso.)
3. O impacto dos eventos podia prejudicar as companhias do setor; ainda que talvez não tivessem causado danos a todas as empresas (inclusive àquela em consideração), tinham potencial para tanto.
4. Alguns aspectos significativos desses eventos eram *imprevisíveis*. Os eventos em si podiam não ter sido inteiramente imprevisíveis, mas alguns de seus elementos importantes eram – o timing, o modo, a forma, o impacto etc. (Por exemplo, a desregulamentação do setor aéreo era previsível, porém a forma exata que essa desregulamentação assumiu e o modo como afetou a livre concorrência no setor, com a eliminação de muitas empresas, não eram inteiramente previsíveis.)
5. Os eventos de fato aconteceram, não foram apenas previstos.

Corte 9: *O teste da bandeira vermelha.* Realizamos uma análise da "bandeira vermelha" para identificar se a empresa havia sofrido alguma reformulação significativa de seus ganhos durante o período de observação e/ou se estava fundamentalmente fraca no momento da seleção final. Excluímos os casos que suscitavam preocupação.

Corte 10: *Manter somente empresas que eram jovens ou pequenas no momento da oferta pública inicial de ações.* Como queríamos apenas empresas que fossem jovens ou pequenas quando abriram seu capital, eliminamos as que eram ao mesmo tempo antigas e grandes na época de sua oferta pública inicial de ações.

Corte 11: *Índice de superação do desempenho do setor.* O objetivo do teste foi assegurar que o bom desempenho das empresas não ocorreu apenas porque seus setores tiveram bom desempenho. Criamos índices de desempenho de ações para o setor e excluímos a companhia cujo retorno acionário acumulado não superou o desempenho de seu setor em três vezes, no período entre a data da oferta pública inicial da empresa e os 15 anos seguintes.

DEFINIÇÕES-CHAVE

▶ **Retorno total mensal** – O retorno total aos acionistas em determinado mês; inclui os dividendos reinvestidos para cada ação individual. Também chamado de retorno total ao acionista (TSR).

▶ **Retorno acumulado das ações** – O valor combinado de \$Y investido em cada ação isoladamente, entre as datas t1 e t2, com aplicação da seguinte fórmula:
\$Y x (1 + retorno total mensal em m1) x (1 + retorno total mensal em m2) x... (1 + retorno total mensal em t2), em que:
m1 = fim do primeiro mês após t1;
m2 = fim do segundo mês após t1, e assim por diante.

▶ **Média do mercado geral de ações** (também chamado *mercado geral* ou apenas *mercado*) – Retorno do valor ponderado das bolsas Nyse, Amex e Nasdaq, que consiste no valor de mercado combinado de todas as empresas negociadas nesses mercados de ações (inclusive dividendos reinvestidos), ponderado pela capitalização da empresa dividida pela capitalização do mercado.

▶ **Índice de retorno acumulado em relação à média do mercado** – No final de qualquer determinado período, esse índice é calculado como o retorno acumulado de \$Y investido na empresa, dividido pelo retorno acumulado de \$Y investido no mercado geral de ações, de modo que \$Y é investido tanto na empresa como no mercado na mesma data.

VENCEDORAS POR OPÇÃO

Nota: usamos as mesmas fórmulas para o corte 6, com substituição dos dados de retorno mensal por dados de retorno diário.

AS BASES DA PESQUISA: SELEÇÃO DAS EMPRESAS DO GRUPO COMPARATIVO

Fizemos uma busca sistemática em documentos históricos para identificar empresas dos mesmos setores que as 10X, atribuímos uma pontuação a cada uma e escolhemos a melhor combinação para cada par. Selecionamos as candidatas a comparativos diretos com base nos seis critérios que detalhamos a seguir. Os critérios de 1 a 4 asseguram que o comparativo escolhido teve um ponto de partida semelhante ao da empresa 10X com a qual faz par; o critério 5 estabelece a defasagem de desempenho entre as duas companhias; e o critério 6 é uma verificação da validade de face. As empresas escolhidas como comparativos diretos foram avaliadas como excelentes ou muito boas segundo nossos critérios, com apenas uma exceção, a Kirschner, que foi considerada aceitável.

1. Adequação do negócio (anos iniciais). A empresa 10X e a candidata a comparativo atuavam em negócios semelhantes na época em que a 10X abriu seu capital (em termos práticos, utilizamos o ano em que os primeiros retornos foram disponibilizados na base de dados do CRSP, que a partir de agora chamaremos de "ano de correspondência").[13]

2. Adequação de tempo de existência. A candidata a comparativo foi fundada mais ou menos na mesma época em que a empresa 10X.

VENCEDORAS POR OPÇÃO

3. Adequação de porte da empresa (anos iniciais). As duas empresas eram de porte semelhante na época em que a 10X abriu seu capital.

4. Teste conservador (anos iniciais). Na época em que a empresa 10X abriu seu capital, a candidata a comparativo era *mais bem-sucedida* do que a 10X (é mais convincente ter uma comparação forte de início).

5. Defasagem de desempenho. O índice de retorno acumulado em relação à média do mercado (que chamaremos de "índice") da candidata a comparativo ficou próximo ou abaixo de 1,0 durante o período de observação (isto é, o retorno ao acionista da candidata a comparativo não foi melhor do que o da média do mercado geral de ações durante esse período).[14]

6. Validade de face (em 2002). A candidata a comparativo "faz sentido" quando se examinam as duas empresas no final do período de observação; elas continuaram em negócios similares.

RESUMO DAS OBSERVAÇÕES
PARA CADA PAR COMBINADO

Amgen. Número de empresas de biotecnologia consideradas: 12. Melhor combinação: *Genentech.* Ano de correspondência: 1983. Excelente correspondência em teste conservador, validade de face, adequação do negócio e defasagem de desempenho (índice 1983-2002 = 0,92). Correspondência mais fraca em adequação de tempo de existência e adequação de porte da empresa. Comentário: a Genentech foi uma das pioneiras no setor de biotecnologia (fundada em 1976), e a Amgen, uma das inúmeras empresas de biotecnologia criadas em 1980. Bem classificadas: Chiron e Genzyme.

Biomet. Número de fabricantes de dispositivos médicos ortopédicos considerados: 10. Melhor combinação: *Kirschner.* Ano de correspondência: 1986. Correspondência muito boa em adequação do negócio, adequação de porte da empresa e defasagem de desempenho (índice

1986-1994 = 0,76). Correspondência mais fraca em teste conservador, validade de face e adequação de tempo de existência. Comentário: a Kirschner e a Biomet se concentraram nos mercados de implantes ortopédicos e de dispositivos reconstrutivos. Bem classificadas: Advanced Neuromodulation Systems e Intermedics.

Intel. Número de empresas de circuitos integrados consideradas: 16. Melhor combinação: *Advanced Micro Devices (AMD).* Ano de correspondência: 1973. Excelente correspondência em adequação do negócio, adequação de tempo de existência, validade de face e defasagem de desempenho (índice 1973-2002 = 1,05). Correspondência mais fraca em teste conservador e adequação de porte da empresa. Comentário: a Intel e a AMD foram criadas por profissionais que saíram da Fairchild Semiconductor no final da década de 1960 e se dedicaram à fabricação de cartões de memória. Bem classificadas: Texas Instruments e National Semiconductor.

Microsoft. Número de empresas de informática consideradas: 10. Melhor combinação: *Apple.* Ano de correspondência: 1986. Excelente correspondência em adequação de tempo de existência, validade de face e defasagem de desempenho (índice 1986-2002 = 0,51). Correspondência mais fraca em adequação do negócio, teste conservador e adequação de porte da empresa. Comentário: durante nossos anos-chave de observação (do final da década de 1970 a meados da de 1990), a Microsoft e a Apple ofereciam duas plataformas alternativas para computador pessoal e eram concorrentes. Bem classificadas: Lotus e Novell.

Progressive. Número de seguradoras consideradas: 16. Melhor combinação: *Safeco.* Ano de correspondência: 1973. Excelente correspondência em adequação do negócio, teste conservador e defasagem de desempenho (índice 1973-2002 = 0,95). Correspondência mais fraca em validade de face, adequação de porte da empresa e adequação de tempo de existência. Comentário: como a Progressive, a Safeco foi durante muito tempo uma importante seguradora de veículos com disciplina de subscrição. Bem classificadas: Geico e Employers Casualty.

Southwest Airlines. Número de companhias aéreas consideradas: 25. Melhor combinação: *Pacific Southwest Airlines (PSA)*. Ano de correspondência: 1973. Excelente correspondência em adequação do negócio, teste conservador, validade de face e defasagem de desempenho (índice 1973-1987 = 0,99). Correspondência mais fraca em adequação de porte da empresa e adequação de tempo de existência. Comentário: a Southwest Airlines copiou seu modelo de negócio diretamente da PSA. Bem classificadas: Braniff e Continental/Texas.

Stryker. Número de empresas de dispositivos cirúrgicos consideradas: 15. Melhor combinação: United States Surgical Corporation (USSC). Ano de correspondência: 1979. Excelente correspondência em adequação do negócio, teste conservador, validade de face e defasagem de desempenho (índice 1979-1998 = 1,16). Correspondência mais fraca em adequação de tempo de existência e adequação de porte da empresa. Comentário: a partir da década de 1970, a USSC e a Stryker dedicaram-se a instrumentos e equipamentos cirúrgicos. Bem classificadas: Birtcher e American Hospital Supply.

AS BASES DA PESQUISA: ANÁLISE DA MARCHA DAS 20 MILHAS

Como explicamos no capítulo 3, codificamos e analisamos o comportamento da marcha das 20 milhas de cada empresa – ou seja, verificamos se cada marcha tinha marcos que definiam o limite inferior de desempenho e as restrições autoimpostas pela empresa para se manter controlada durante os períodos de bonança. Catalogamos os eventuais registros de que as organizações efetivamente articularam e implementaram tais práticas; analisamos também os efeitos da adesão ao princípio da marcha das 20 milhas sobre os resultados das empresas em 52 episódios de dificuldade nos respectivos setores.

Descoberta 1. *As empresas 10X praticaram o princípio da marcha das 20 milhas em um grau muito maior do que as do grupo comparativo (encontramos fortes evidências disso).* Essa descoberta teve grande suporte em seis dos sete pares de empresas e bom suporte em um (Amgen e Genentech). Duas companhias do grupo comparativo, a PSA e a Safeco, aderiram no início à abordagem da marcha das 20 milhas, mas acabaram por negligenciá-la com o tempo. Duas outras organizações do mesmo grupo, a Genentech e a Apple, adotaram a marcha das 20 milhas mais tarde. Nas outras empresas do grupo comparativo (USSC, Kirschner e AMD), encontramos poucas evidências de uma possível adoção da abordagem da marcha das 20 milhas (veja o quadro "Os contrastes nas marchas das 20 milhas ao longo de 2002", no capítulo 3).

Descoberta 2. *As empresas que praticaram o princípio da marcha das 20 milhas em dado período tiveram desempenho muito melhor, em momentos de* *baixa posteriores em seus setores, do que as que não o fizeram (encontramos fortes evidências disso).* Essa descoberta teve amplo suporte em todos os sete pares de empresas. Várias organizações do grupo comparativo que não aderiram à prática da marcha das 20 milhas tiveram desempenho sofrível em momentos de baixa em seus setores.

Como mostra a tabela a seguir, a marcha das 20 milhas trouxe grandes benefícios para as empresas diante de períodos difíceis em seus setores. A prática da marcha das 20 milhas, na maioria dos casos, esteve mais associada aos bons desempenhos subsequentes (29 episódios) do que aos fracos resultados em momentos difíceis (0). A não adoção da marcha das 20 milhas esteve mais associada a fracos resultados (20) do que a bons resultados (3).

Outro aspecto revelado pela tabela é que as empresas do grupo comparativo também se beneficiaram de suas marchas das 20 milhas nos poucos períodos (4) em que a adotaram. Da mesma forma, nos poucos períodos (2) em que as 10X deixaram de praticar suas marchas das 20 milhas, os resultados foram negativos. *As empresas 10X tiveram desempenho muito melhor nas épocas mais difíceis de seus setores porque haviam aderido antes à abordagem da marcha das 20 milhas, enquanto as do grupo comparativo apresentaram desempenho sofrível nos momentos de crise de seus setores porque, em sua maior parte, não aderiram à marcha das 20 milhas.*

A MARCHA DAS 20 MILHAS E OS RESULTADOS DAS EMPRESAS DURANTE PERÍODOS DE DIFICULDADE DOS SETORES

Tipo de combinação (Marcha das 20 milhas + resultados)	Número de episódios (percentual)		
	Grupo 10X	Grupo comparativo	Total
Episódios de dificuldades nos setores	27	25	52
Prática da marcha das 20 milhas	25 (100%)	4 (100%)	29 (100%)
Marcha das 20 milhas + bons resultados	25 (100%)	4 (100%)	29 (100%)

Marcha das 20 milhas + fracos resultados	0 (0%)	0 (0%)	0 (0%)
Não adoção da marcha das 20 milhas	2 (100%)	21 (100%)	23 (100%)
Sem marcha das 20 milhas + bons resultados	0 (0%)	3 (15%)	3 (13%)
Sem marcha das 20 milhas + fracos resultados	2 (100%)	18 (85%)	20 (87%)

N = 52 episódios de dificuldades
Nota: os números comparáveis dos anos considerados foram codificados para as empresas 10X e para as do grupo comparativo.

AS BASES DA PESQUISA: ANÁLISE DA INOVAÇÃO

Como discutido no capítulo 4, fizemos uma análise de 290 eventos de inovação para determinar os tipos e graus de inovação entre as empresas 10X e as do grupo comparativo.

O termo "inovação" é um conceito de múltiplas facetas. Em primeiro lugar, a inovação admite diferentes dimensões, como inovação de produto, inovação operacional e inovação no modelo de negócio, entre outras. O caráter crítico de uma inovação depende muito do setor ao qual se vincula.

Um segundo aspecto a levar em conta é que muito se tem escrito sobre os graus de inovação.[15] Uma inovação radical ou revolucionária costuma apresentar melhorias de desempenho ou características muito grandes em comparação com as ofertas existentes, e uma inovação incremental ou evolutiva, melhorias pequenas. Codificamos as inovações em três categorias: incrementais, médias e grandes. Definimos como *inovadora* uma empresa que contabilizasse muitas inovações *grandes* e *médias*.

Em terceiro lugar, diferentes pontos de referência podem ser usados para efeito de comparação entre as inovações: um deles é o que a empresa oferecia antes (ponto de referência interno); outro diz respeito ao que existia no mercado na época (ponto de referência externo). Decidimos adotar este último.

Uma quarta possibilidade é ter um produto muito inovador que, no entanto, não se revela um sucesso comercial. É importante não confundir inovação com o resultado financeiro no mercado.

Começamos pela identificação das áreas de inovação mais importantes em cada setor. Consideramos também o *patamar de inovação* de cada setor, ou seja, até que ponto a natureza do setor exige que uma empresa seja inovadora apenas para se manter no jogo. Alguns setores têm patamar elevado, como o de biotecnologia, e outros, patamar baixo, como o de aviação comercial.

Codificamos os eventos de inovação por meio do histórico de documentos das empresas e de material divulgado na imprensa, para identificar os anúncios oficiais de inovação.[16] Para codificar os graus de inovação, criamos as seguintes categorias:

▶ **Inovação grande.** A inovação oferecia claramente elevado grau de melhoria de desempenho ou características em comparação com os produtos/serviços existentes no mercado. Essa inovação é chamada de "pioneira", "revolucionária" ou "de ponta".

▶ **Inovação média.** A inovação oferecia um grau consistente de melhoria de desempenho ou características.

▶ **Inovação incremental.** A inovação oferecia algum nível de ampliação no desempenho ou nas características, mas não evidenciava progresso significativo.

Descoberta 1. *As empresas de nosso estudo desenvolveram bom número de inovações durante o período de observação (temos boas evidências disso).* No cômputo geral, contabilizamos 290 eventos de inovação no conjunto das empresas: 31 grandes, 45 médios e 214 incrementais (veja a tabela a seguir). Doze empresas efetivamente desenvolveram várias inovações durante o período do estudo; as exceções foram a Safeco e a Kirschner.

Descoberta 2. *Parece existir uma espécie de efeito "patamar de inovação": as empresas inovaram mais nos setores em que a inovação tinha papel mais importante (temos boas evidências disso).* Em nosso estudo, as empresas dos setores com patamar de inovação elevado (biotecnologia, semicondutores, computadores e softwares) produziram, em média, 7,5 inovações grandes e médias durante o período de observação. Esse número caiu para 5,0 no setor de patamar médio (instrumentos médicos) e para 2,8 nos de patamar baixo (aviação comercial e seguros de automóvel).

Descoberta 3. *As empresas 10X não foram mais inovadoras do que as do grupo comparativo (temos fortes evidências disso).* A tabela a seguir não demonstra um padrão claro entre os pares. Três das empresas 10X foram claramente mais inovadoras porque apresentaram maior número de inovações grandes e médias (a Intel mais do que a AMD, a Progressive mais do que a Safeco e a Biomet mais do que a Kirschner). Nos outros quatro pares, ainda segundo as evidências, parece ter ocorrido justamente o contrário: as empresas do grupo comparativo foram mais inovadoras do que as 10X (a PSA mais do que a Southwest Airlines, a Genentech mais do que a Amgen, a USSC mais do que a Stryker e a Apple mais do que a Microsoft).

(No setor de biotecnologia, as patentes podem ser usadas como indicadores do grau de inovação. Segundo dados fornecidos pelo Escritório de Marcas e Patentes dos Estados Unidos, a Genentech teve muito mais patentes concedidas [772] do que a Amgen [323] desde a fundação até 2002.[17] Além disso, de acordo com dados de patentes fornecidos por Jasjit Singh, especialista em informações sobre patentes e professor do Insead, as patentes da Genentech também foram mais citadas em outras patentes, o que constitui outra medida do grau de inovação: a média de citações por patente foi de 7,09 para a Genentech e de 4,23 para a Amgen.[18] Com base nessas mensurações de patentes, a Genentech foi mais inovadora, o que confirma nossa contagem de inovação.)

Descoberta 4. *As empresas 10X perseguiram mais inovações incrementais do que as do grupo comparativo (temos algumas evidências disso).* Em cinco dos sete pares, as empresas 10X registraram maior incidência de inovações incrementais do que seus comparativos diretos (veja a última coluna da tabela a seguir). Essa tendência se encaixa no conceito da marcha das 20 milhas: as empresas que aderem à prática de "fazer pequenos progressos todos os dias" são mais propensas a valorizar inovações menores, porém mais frequentes.

RESUMO DA CONTAGEM DE EVENTOS DE INOVAÇÃO

Pares combinados	Patamar de inovação do setor	Empresas 10X			Empresas do grupo comparativo			Empresas 10X	
		Número de inovações			Número de inovações			Mais inovadoras?*	Mais incrementais?
		grandes	médias	incrementais	grandes	médias	incrementais	10X x comparativos diretos	
Intel e AMD	Elevado	4	6	15	1	4	11	Sim: 10 x 5	Sim: 15 x 11
Amgen e Genentech	Elevado	2	2	8	6	2	4	Não: 4 x 8	Sim: 8 x 4
Microsoft e Apple	Elevado	2	6	23	6	4	14	Não: 8 x 10	Sim: 23 x 14
Biomet e Kirschner[1]	Médio	2	3	4	0	0	2	Sim: 5 x 0	Sim: 4 x 2
Stryker e USSC[2]	Médio	1	6	77	3	5	41	Não: 7 x 8	Sim: 77 x 41
Southwest Airlines e PSA	Baixo	1	2	3	2	3	7	Não: 3 x 5	Não: 3 x 7
Progressive e Safeco	Baixo	1	2	2	0	0	3	Sim: 3 x 0	Não: 2 x 3
Mediana		2	3	8	2	3	7		
Total		13	27	132	18	18	82	3 sim, 4 não	5 sim, 2 não

N = 290 eventos de inovação
Nota: números comparáveis dos anos codificados para as empresas 10X e para as do grupo comparativo.
* Mais inovadora: com maior número de inovações relevantes, definido pela soma das inovações grandes e médias.
1. Informação incompleta.
2. Informações das duas empresas relatadas apenas até 1997.

AS BASES DA PESQUISA: ANÁLISE DAS BALAS DE REVÓLVER E DAS BALAS DE CANHÃO

A discussão desenvolvida no capítulo 4 baseia-se em nossa análise da prevalência de uma abordagem que denominamos "primeiro balas de revólver, depois balas de canhão" e no resultado de 62 episódios de disparo de balas de canhão identificados entre as empresas 10X e as do grupo comparativo. Conduzimos uma análise do histórico desses episódios por meio da identificação, contagem e análise das balas de revólver e das balas de canhão.[19]

Descoberta 1. *As empresas 10X utilizaram mais a abordagem das balas de revólver do que as do grupo comparativo (temos boas evidências disso).* Em cinco dos sete pares, as 10X praticaram essa abordagem mais vezes do que seus comparativos diretos. Em dois pares (Southwest Airlines e PSA, Amgen e Genentech) a prática dessa abordagem pelas empresas ficou no mesmo nível.

Descoberta 2. *As empresas 10X não dispararam mais balas de canhão do que as do grupo comparativo (temos fortes evidências disso).* Como demonstra a coluna 1 da tabela a seguir, as empresas do grupo comparativo dispararam mais balas de canhão em cinco dos pares, enquanto o oposto ocorreu em dois (a Intel mais do que a AMD e a Progressive mais do que a Safeco).

CONTAGEM DAS BALAS DE CANHÃO DISPARADAS

Coluna	1	2	3	4
	Balas de canhão			
Empresa	Número total	Bem calibradas	Mal calibradas	% de balas bem calibradas*
Southwest Airlines	5	4	1	80%
PSA	8	0	8	0%
Intel	7	5	2	71%
AMD	6	3	3	50%
Biomet	1	0	1	0%
Kirschner	3	0	3	0%
Progressive	4	3	1	75%
Safeco	3	0	3	0%
Amgen	3	2	1	67%
Genentech	4	2	2	50%
Stryker	2	1	1	50%
USSC	5	1	4	20%
Microsoft	4	3	1	75%
Apple	7	2	5	29%
Média das empresas 10X	3,7 (Total = 26)	2,6 (Total = 18)	1,1 (Total = 8)	69%
Média do grupo comparativo	5,1 (Total = 36)	1,1 (Total = 8)	4,0 (Total = 28)	22%

N = 62 episódios de disparo de balas de canhão
Nota: números comparáveis dos anos codificados para as empresas 10X e para as do grupo comparativo.
* (número da coluna 2) / (número da coluna 1) x 100

Descoberta 3. *A proporção das balas de canhão bem calibradas que as empresas 10X dispararam foi maior do que a de seus comparativos diretos (temos fortes evidências disso).* Como demonstra a coluna 4 da tabela anterior, 69% das balas de canhão disparadas pelas empresas 10X eram bem calibradas, enquanto seus comparativos só fizeram isso em 22% dos casos. Vale lembrar que "uma bala bem calibrada" significa que a empresa conduziu testes empíricos antes de fazer o disparo, para validar a iniciativa.

Descoberta 4. *As balas de canhão bem calibradas renderam mais resultados positivos do que as mal calibradas (temos fortes evidências disso).* Dentre todas as balas de canhão bem calibradas que foram disparadas, 88% produziram resultados positivos (veja a tabela a seguir). Em um contraste gritante, apenas 23% das balas *mal calibradas* que foram disparadas produziram bons resultados. Importante: a calibração é uma atividade que ocorre *antes* de a empresa decidir fazer apostas altas; não há garantia, porém, de que a calibração vá levar ao sucesso da operação.

CALIBRAGEM DAS BALAS DE CANHÃO E RESULTADOS OBTIDOS
(TODAS AS EMPRESAS)

Tipo de resultado	Número de balas de canhão bem calibradas (percentual)	Número de balas de canhão mal calibradas (percentual)	Número total de balas de canhão
Número de resultados positivos	23 (88%)	7 (23%)	30
Número de resultados negativos	3 (12%)	23 (77%)	26
Total	26 (100%)	30 (100%)	56

N = 56 (exclui seis balas de canhão cujos resultados não ficaram claros)
Nota: números comparáveis dos anos codificados para as empresas 10X e para as do grupo comparativo.

Descoberta 5. *As empresas 10X tiveram mais sucesso com seus disparos de balas de canhão do que as do grupo comparativo, principalmente porque dispararam maior quantidade de balas bem calibradas (temos fortes evidências disso).* Como a próxima tabela revela, dentre as 26 balas de canhão disparadas pelas 10X, 18 foram bem calibradas, entre as quais 17 com sucesso. Em contraste, as companhias do grupo comparativo dispararam apenas oito balas de canhão bem calibradas (de um total de 36), das quais seis foram bem-sucedidas. *As empresas do grupo comparativo tiveram poucas chances de sucesso com suas balas de canhão porque grande quantidade delas foi mal calibrada.*

BALAS DE CANHÃO CALIBRADAS E SEUS RESULTADOS

Tipo de bala de canhão	Resultado	Empresas 10X	Grupo comparativo	Total
Bem calibrada	Bons resultados (%)	17 (94%)	6 (75%)	23 (88%)
	Resultados fracos (%)	1 (6%)	2 (25%)	3 (12%)
	Balas bem calibradas (%)	18 (100%)	8 (100%)	26 (100%)
Mal calibrada	Bons resultados (%)	3 (37%)	4 (18%)	7 (23%)
	Resultados fracos (%)	5 (63%)	18 (82%)	23 (77%)
	Balas mal calibradas (%)	8 (100%)	22 (100%)	30 (100%)

N = 56 (exclui seis observações com resultado pouco claro)
Nota: números comparáveis dos anos codificados para as empresas 10X e para as do grupo comparativo.

AS BASES DA PESQUISA: ANÁLISE DE RISCO DO CAIXA E DO BALANÇO DAS EMPRESAS

Como detalhamos no capítulo 5, procedemos a uma análise de 300 "anos-empresa" de demonstrações financeiras para determinar a extensão em que as empresas 10X e seus comparativos diretos criaram reservas de caixa e usaram o endividamento.

Tomando como base os dados da Compustat, analisamos os indicadores financeiros apresentados a seguir para cada par combinado de empresas, em bases anuais, e determinamos a frequência com que cada 10X obteve um quociente melhor do que seu comparativo direto. Para o caixa, um quociente mais elevado foi considerado mais adequado; para o endividamento, um quociente mais baixo.

▶ Liquidez corrente = (ativo circulante)/(passivo circulante)
▶ Quociente entre caixa e ativos totais = (caixa e equivalentes)/(ativos totais)
▶ Quociente entre caixa e passivo circulante = (caixa e equivalentes)/(passivo circulante)
▶ Quociente entre dívida total e patrimônio líquido = (dívida de longo prazo + passivo circulante)/(patrimônio líquido)
▶ Quociente entre dívida de longo prazo e patrimônio líquido = (dívida de longo prazo)/(patrimônio líquido)
▶ Quociente entre dívida de curto prazo e patrimônio líquido = (passivo circulante)/(patrimônio líquido)

Descoberta 1. *As empresas 10X, no cômputo geral, apresentaram balanços mais conservadores do que as do grupo comparativo durante o período de observação (temos fortes evidências disso).* Como demonstra a tabela a seguir, as empresas 10X registraram, de modo geral, maior número de anos com um quociente melhor entre caixa e endividamento do que as do grupo comparativo, durante o período de observação (coluna "Todos os anos"). Por causa dessas medidas, elas correram menos riscos.

Descoberta 2. *Em geral, as empresas 10X apresentaram, nos primeiros cinco anos após a abertura de seu capital, balanços mais conservadores do que as do grupo comparativo (temos fortes evidências disso).* A descoberta 1 poderia ter ocorrido apenas porque as empresas 10X apresentaram desempenho melhor (e por isso teriam balanços mais fortes). No entanto, como revela a tabela a seguir, elas contabilizaram quocientes financeiros melhores do que seus comparativos diretos em seus primeiros cinco anos como companhias de capital aberto (e nos primeiros dez também). Correram menos riscos no início por causa dessas medidas.

Descoberta 3. *De modo geral, as empresas 10X apresentaram, em seu primeiro ano como companhias de capital aberto, balanços mais conservadores do que seus comparativos (temos evidências muito boas disso).* Quando examinamos o primeiro ano dessas empresas depois de abrirem o capital (coluna "Ano da primeira oferta pública de ações", na tabela a seguir), constatamos que tinham um nível de caixa melhor do que seus comparativos e que tiveram melhor desempenho em dois quocientes de endividamento; o da dívida de longo prazo permaneceu igual entre os grupos (três empresas do grupo comparativo – a PSA, a Genentech e a Apple – tinham dívidas menores do que as 10X com as quais foram comparadas, nos anos em que abriram o capital).

VENCEDORAS POR OPÇÃO

COMPARAÇÃO DOS INDICADORES FINANCEIROS
(TODAS AS EMPRESAS)

Área	Indicador	Percentual de tempo em que as empresas 10X apresentaram quocientes melhores do que as do grupo comparativo				Quem teve o melhor desempenho?
		Todos os anos[1]	Cinco anos[2]	Dez anos[3]	Ano da primeira oferta pública de ações[4]	
Caixa	Liquidez corrente	72%	83%	72%	83%	Empresas 10X
	Caixa e ativos totais	80%	83%	80%	67%	Empresas 10X
	Caixa e passivo circulante	80%	90%	80%	83%	Empresas 10X
Endividamento	Dívida total e patrimônio líquido	64%	80%	80%	67%	Empresas 10X
	Dívida de longo prazo e patrimônio líquido	61%	61%	67%	50%	Misto
	Dívida de curto prazo e patrimônio líquido	64%	87%	78%	100%	Empresas 10X

1. Todos os anos: desde o primeiro ano em que as empresas 10X e as do grupo comparativo abriram o capital até 2002, quando os dados financeiros continuaram disponíveis até essa data (número comparável de anos para as empresas 10X e para seus comparativos diretos).
2. Cinco anos: do ano da primeira oferta pública de ações até cinco anos depois.
3. Dez anos: do ano da primeira oferta pública de ações até dez anos depois.
4. Ano da primeira oferta pública de ações: primeiro ano fiscal após a abertura do capital de cada empresa.

AS BASES DA PESQUISA: ANÁLISE DAS CATEGORIAS DE RISCO

A discussão das categorias de risco no capítulo 5 baseia-se na análise de 114 eventos decisivos, detalhada a seguir. Analisamos os seguintes tipos de risco:

▶ *Risco na linha da morte:* aquele que pode matar o empreendimento ou prejudicá-lo seriamente.
▶ *Risco assimétrico:* aquele em que as desvantagens potenciais são muito maiores do que as vantagens potenciais.
▶ *Risco não controlável:* aquele que expõe o empreendimento a forças e eventos que ele tem pouca capacidade de administrar ou controlar.

Descoberta 1. *As empresas 10X, de modo geral, tomaram menos decisões que envolviam risco na linha da morte do que os comparativos diretos (temos fortes evidências disso).* As empresas do grupo comparativo tomaram, em média, 2,9 decisões que envolviam risco na linha da morte (36% das decisões, ou quase quatro em cada dez), em comparação com apenas 0,9 decisão desse tipo (10%, ou uma em cada dez) tomada pelas 10X (veja a tabela a seguir).

Descoberta 2. *As empresas 10X, de modo geral, tomaram menos decisões que envolviam risco assimétrico do que os comparativos diretos (temos fortes evidências disso).* Enquanto 36% das decisões das empresas do grupo comparativo envolveram risco assimétrico, apenas 15% das decisões das 10X foram desse tipo.

Descoberta 3. *As empresas 10X, de modo geral, tomaram menos decisões que envolviam risco não controlável do que os comparativos diretos (temos fortes evidências disso).* O percentual de decisões que envolveram risco não controlável foi substancialmente menor entre as empresas 10X (42%) do que entre as do grupo comparativo (73%).

Descoberta 4. *As empresas 10X, de modo geral, tomaram menos decisões arriscadas (temos fortes evidências disso).* Como demonstra a tabela a seguir, 56% das decisões das empresas 10X foram de baixo risco, em comparação com apenas 22% das de seus comparativos diretos (uma decisão de baixo risco não envolve nenhum dos três tipos de risco apresentados). Em contraste, foram de alto risco 43% das decisões das empresas do grupo comparativo e somente 22% das tomadas pelas 10X.

TIPO E EXTENSÃO DO RISCO ENVOLVIDO EM DECISÕES IMPORTANTES

Tipo de decisão tomada	Empresas 10X	Empresas do grupo comparativo	Quem correu mais riscos?
Número médio de decisões analisadas por empresa	8,4	7,9	
Decisões que envolveram risco na linha da morte (percentual e número médio)	10% (0,9)	36% (2,9)	Empresas do grupo comparativo
Decisões que envolveram risco assimétrico (percentual e número médio)	15% (1,3)	36% (2,9)	Empresas do grupo comparativo
Decisões que envolveram risco não controlável (percentual e número médio)	42% (3,6)	73% (5,7)	Empresas do grupo comparativo

Decisões classificadas como de baixo risco[1] (percentual)	56%	22%	Empresas do grupo comparativo
Decisões classificadas como de médio risco[2] (percentual)	22%	35%	
Decisões classificadas como de alto risco[2] (percentual)	22%	43%	
Total	100%	100%	

N = 114 decisões
Nota: números comparáveis dos anos codificados para as empresas 10X e para as do grupo comparativo. Risco na linha da morte, risco assimétrico e risco não controlável não são categorias mutuamente excludentes; o percentual se refere à proporção entre todas as decisões analisadas. As categorias de baixo, médio e alto risco são mutuamente excludentes.
1. Baixo risco: nenhum risco na linha da morte, nenhum risco assimétrico, nenhum risco não controlável.
2. Médio risco: nenhum risco na linha da morte, mas risco assimétrico ou risco não controlável.
3. Alto risco: risco na linha da morte e/ou risco assimétrico e risco não controlável.

Descoberta 5. *As empresas 10X tiveram um índice de sucesso mais alto em todas as categorias de risco (temos boas evidências disso).* Como demonstram as duas tabelas a seguir, nas decisões de baixo risco, as empresas 10X tiveram sucesso em 85% do tempo, e seus comparativos diretos, 64%. Nas decisões de médio risco, o percentual de sucesso das 10X foi de 70%, e o das do grupo comparativo, 50%. Nas decisões de alto risco, as 10X tiveram sucesso em 45% do tempo, e seus comparativos diretos, apenas 5%. O contraste no alto risco é impressionante. A principal razão para isso é que essas decisões envolveram apostas muito altas – balas de canhão. Como vimos na análise da abordagem "primeiro balas de revólver, depois balas de canhão", as empresas 10X passaram mais tempo experimentando e validando suas apostas (disparando balas de revólver) antes de ir em frente, para aumentar suas chances de sucesso.

DECISÕES DE RISCO E RESULTADOS
(SOMENTE EMPRESAS 10X)

Resultado	Risco assumido		
	Baixo	Médio	Alto
Fraco	0%	15%	55%
Bom	15%	15%	0%
Sucesso	85%	70%	45%
Total	100%	100%	100%

N = 59 decisões

DECISÕES DE RISCO E RESULTADOS
(SOMENTE EMPRESAS DO GRUPO COMPARATIVO)

Resultado	Risco assumido		
	Baixo	Médio	Alto
Fraco	18%	28%	75%
Bom	18%	22%	20%
Sucesso	64%	50%	5%
Total	100%	100%	100%

N = 55 decisões

AS BASES DA PESQUISA: ANÁLISE DA VELOCIDADE

Como discutido no capítulo 5, analisamos 115 eventos sensíveis ao tempo para determinar a velocidade de reconhecimento, deliberação, tomada de decisão e execução das empresas 10X e de seus comparativos diretos.

Definimos "momentos desiguais" como eventos que dão sinais de que as condições mudaram e que o perfil do risco está mudando com o tempo.

CLASSIFICAÇÃO DE MOMENTOS DESIGUAIS
(TODAS AS EMPRESAS)

Faceta	Característica (%)	
Ritmo dos eventos	Lentos*: 30%	Velozes: 70%
Natureza do momento[1]	Ameaça: 79%	Oportunidade: 21%
Clareza de resposta[2]	Clara: 42%	Pouco clara: 58%
Resultado[3]	Bom: 68%	Fraco 32%

N = 115 momentos
* Lento: momento que se desenrola em um longo período (em geral, de um a três anos).
1. Não foram classificados 14 momentos.
2. Clareza: quando fica óbvio qual deveria ter sido a resposta da empresa (não há necessidade de muita deliberação).
3. Foram registrados 13 momentos com resultados entre "pouco claros" e "satisfatórios".

Descoberta 1. *O reconhecimento de um momento desigual em sua fase inicial foi associado a bons resultados (temos fortes evidências disso).* Como demonstra a tabela a seguir, nos casos com bons resultados, os momentos desiguais foram reconhecidos cedo em 71% do tempo (nos casos com resultados fracos, apenas 28%).

TEMPO DE RECONHECIMENTO DE UM MOMENTO DESIGUAL E RESULTADOS (TODAS AS EMPRESAS)

Tempo de reconhecimento	Bons resultados (%)	Resultados fracos (%)
Cedo*	71%	28%
Tarde	13%	66%

N = 101 momentos (excluídas observações com informação insuficiente)
Nota: categoria tempo médio de reconhecimento desprezada (100% = cedo + média + tarde).
* Cedo: a empresa reconheceu os primeiros sinais de que um momento desigual estava se formando.

Descoberta 2. *O benefício da tomada de decisão rápida depende do ritmo dos eventos (temos evidências razoavelmente boas disso).* De modo geral, a tomada de decisão rápida esteve associada a bons resultados (veja a tabela a seguir). Isso se acentuou mais no caso dos eventos que mudavam muito rapidamente. No entanto, quando os eventos mudavam lentamente, 61% das situações em que se verificaram bons resultados envolveram tomada de decisão com velocidade entre lenta e média. Em outras palavras, nas situações em que houve bons resultados, *nem sempre as decisões foram tomadas muito rapidamente*; um número razoável de decisões foram tomadas em ritmo lento, quando os eventos assim o permitiram. Essa constatação sugere uma abordagem do tipo "seja rápido quando deve e lento quando é possível".

VELOCIDADE DA DECISÃO E RESULTADO (TODAS AS EMPRESAS)

Velocidade dos eventos	Velocidade da decisão	Bons resultados
Todas as observações (N = 98)	Lenta/média (%)	35%
	Rápida* (%)	65%
Eventos de ritmo rápido (N = 69)	Lenta/média (%)	25%
	Rápida* (%)	75%
Eventos de ritmo lento (N = 29)	Lenta/média (%)	61%
	Rápida* (%)	39%

N = 98 (excluídas observações com informação insuficiente)
* Rápida: decisão tomada tão logo a necessidade de agir naquele momento foi reconhecida.

Descoberta 3. *As tomadas de decisão bem deliberadas foram associadas a bons resultados (temos fortes evidências disso).* Por "deliberadas", queremos dizer que houve evidências de que os líderes recuaram um pouco, abriram o foco e refletiram em um nível mais profundo, para perceber por que as coisas estavam acontecendo daquela maneira. Em contraste, quando usamos o termo "reativas", referimo-nos a tomadas de decisão que ocorreram sem uma deliberação mais rigorosa – situações em que os líderes seguiram o pensamento convencional ou tomaram decisões impulsivas. Como mostra a tabela a seguir, 63% dos casos de bons resultados foram associados a uma abordagem deliberada, enquanto 97% dos casos de resultados fracos foram associados a uma abordagem reativa.

ABORDAGENS DELIBERADAS VERSUS ABORDAGENS REATIVAS E RESULTADOS (TODAS AS EMPRESAS)

Tipo de decisão	Bons resultados (%)	Resultados fracos (%)
Deliberada	63%	3%
Reativa	37%	97%

N = 100 (excluídas observações com informação insuficiente)

Descoberta 4. *O benefício da execução rápida depende do ritmo dos eventos (temos boas evidências disso).* De modo geral, a execução rápida foi associada a bons resultados (veja a tabela a seguir). Esse atributo se acentuou no caso dos eventos que aconteceram em ritmo mais acelerado: 81% dos casos de bons resultados foram associados à execução rápida. Nos eventos mais lentos, o quadro é misto: tanto execuções rápidas como lentas ou médias foram associadas a bons resultados.

VELOCIDADE DA EXECUÇÃO E RESULTADOS
(TODAS AS EMPRESAS)

Velocidade dos eventos	Velocidade da execução	Bons resultados
Todas as observações (N = 65)	Lenta/média (%)	27%
	Rápida* (%)	73%
Eventos de ritmo rápido (N = 46)	Lenta/média (%)	19%
	Rápida* (%)	81%
Eventos de ritmo lento (N = 19)	Lenta/média (%)	50%
	Rápida* (%)	50%

N = 65 (há menos informações aqui porque muitas vezes as empresas não mudaram nada; nesses casos, portanto, não houve execução)
* Rápida: os líderes implementaram a decisão assim que a tomaram.

Descoberta 5. *As empresas 10X aderiram com mais frequência às descobertas 1 a 4 do que as do grupo comparativo (temos fortes evidências disso).*

▶ **Tempo de reconhecimento.** As empresas 10X reconheceram cedo o caráter emergencial dos momentos desiguais em uma proporção muito maior (em 68% dos casos) do que as do grupo comparativo (42%).
▶ **Velocidade da tomada de decisão.** De modo geral, as empresas 10X tomaram decisões rapidamente em uma proporção maior (em 57% dos casos) do que seus comparativos (45%). No entanto, tiveram desempenho muito melhor em *moderar* a velocidade da

tomada de decisão: seu percentual de tomadas de decisão rápidas subiu para 71% nos casos de eventos de ritmo rápido (o dos comparativos foi 52%). Nos casos de eventos mais lentos, esse percentual caiu para 25% (o dos comparativos foi 31%).
▶ **Decisão deliberada versus decisão reativa.** As empresas 10X tomaram mais decisões deliberadas (68%) do que seus comparativos diretos (14%).
▶ **Velocidade da execução.** De modo geral, o percentual de execuções menos rápidas das empresas 10X foi ligeiramente maior (66%) do que o de seus comparativos (63%). No entanto, seu desempenho na moderação da velocidade da execução foi bem melhor: a proporção de execuções rápidas subiu para 76% nos eventos de ritmo rápido (a dos comparativos foi 62%) e caiu para 40% nos eventos mais lentos (a dos comparativos foi 67%).

Em consequência, as empresas 10X registraram uma proporção maior de momentos desiguais com bons resultados (89%) do que as do grupo comparativo (40%).

COMPORTAMENTOS RELACIONADOS A DECISÕES ADOTADOS PELAS EMPRESAS 10X E POR SEUS COMPARATIVOS DIRETOS DURANTE MOMENTOS DESIGUAIS

Aspecto do momento desigual		Empresas 10X (N = 57)	Grupo comparativo (N = 45)
Tempo de reconhecimento	Reconhecimento precoce (%)	68%	42%

VENCEDORAS POR OPÇÃO

Velocidade da tomada de decisão	Tomada de decisão rápida (%)	57%	45%
	Tomada de decisão rápida no caso de eventos de ritmo rápido (%)	71%	52%
	Tomada de decisão rápida no caso de eventos de ritmo lento (%)	25%	31%
Decisão deliberada versus decisão reativa	Tomada de decisão deliberada (%)	68%	14%
Velocidade da execução	Execução rápida (%)	66%	63%
	Execução rápida no caso de eventos de ritmo rápido (%)	76%	62%
	Execução rápida no caso de eventos de ritmo lento (%)	40%	67%

N = 102 momentos (excluídas observações com informação insuficiente)
Nota: números comparáveis dos anos codificados para as empresas 10X e as do grupo comparativo. 100%: todas as observações naquela categoria para as empresas 10X (comparativos).

AS BASES DA PESQUISA: ANÁLISE DAS RECEITAS EMC

Como explicado no capítulo 6, analisamos cada empresa para identificar se, e até que ponto, possuía uma receita EMC; nos casos confirmados, compilamos os elementos da receita. Ao final da análise, coletamos 117 elementos de receitas EMC, com informações sobre a época em que se originaram, se passaram por mudanças e, em caso positivo, quando.

Descoberta 1. *As empresas 10X possuíam receitas EMC claramente compreendidas por todos (temos fortes evidências disso).* Todas as sete empresas 10X tinham uma receita EMC totalmente formulada quando eram jovens e/ou pequenas.

Descoberta 2. *As empresas do grupo comparativo também possuíam receitas EMC claramente compreendidas (temos evidências razoáveis disso).* Cinco empresas do grupo comparativo – PSA, Safeco, Apple, Genentech e USSC – possuíam receitas EMC em plena vigência desde a época em que eram jovens e/ou pequenas; uma – AMD – tinha uma receita vaga; e uma – Kirschner – nunca teve receita EMC.

Descoberta 3. *As empresas 10X alteraram muito raramente os elementos de suas receitas EMC (temos fortes evidências disso).* Como demonstra a tabela a seguir, as 10X só mudaram 15% dos elementos de suas receitas EMC, em média, durante nosso período de observação.

MUDANÇAS NOS ELEMENTOS DAS RECEITAS EMC (EMPRESAS 10X)

Empresa	Número de elementos	Número de elementos alterados (percentual)*	Número de anos decorridos até a mudança	Média do número de anos decorridos até a mudança	Número de anos decorridos até a primeira mudança ser feita
Amgen	10	1 (10%)	10	10	10
Biomet	12	1 (10%)	8	8	8
Intel	11	2 (20%)	23, 30	26	23
Microsoft	13	2 (15%)	21, 24	22	21
Progressive	9	2 (20%)	35, 40	37	35
Southwest Airlines	10	2 (20%)	23, 26	24	23
Stryker	9	1 (10%)	19	19	19
Média	10	15%	24		20

* Os percentuais foram arredondados porque o número de elementos das receitas EMC é aproximado.

Descoberta 4. *As empresas do grupo comparativo alteraram os elementos de suas receitas EMC com maior frequência do que as 10X (temos fortes evidências disso).* Como demonstra a tabela a seguir, as empresas do grupo comparativo mudaram, em média, 60% dos elementos de suas receitas EMC – percentual substancialmente maior do que o das 10X, que alteraram apenas 15%.

Descoberta 5. *Na média, tanto as empresas 10X como as do grupo comparativo levaram muito tempo até fazer a primeira mudança em suas receitas EMC (temos fortes evidências disso).* Como demonstram as duas tabelas, as empresas 10X levaram 24 anos, em média, para alterar um de seus elementos, e as do grupo comparativo, 19. As 10X só fizeram a primeira mudança em suas receitas EMC após 20 anos em média, e as do grupo comparativo, após 15.

VENCEDORAS POR OPÇÃO

MUDANÇAS NOS ELEMENTOS DAS RECEITAS EMC
(EMPRESAS DO GRUPO COMPARATIVO)

Empresa	Número de elementos	Número de elementos alterados (percentual)*	Número de anos decorridos até a mudança	Média do número de anos decorridos até a mudança	Número de anos decorridos até a primeira mudança ser feita
Genentech	8	5 (60%)	14, 19, 19, 19, 19	18	14
Kirschner	Nunca possuiu receita EMC				
AMD	6	4 (65%)	15, 15, 15, 29	18	15
Apple	8	5 (60%)	7, 8, 10, 15, 15	11	7
Safeco	7	5 (70%)	Sem informação		
PSA	7	5 (70%)	16, 20, 26, 26**	22	16
USSC	7	4 (55%)	23, 29, 29, 31	28	23
Média	7	(60%)	19		15

* Os percentuais foram arredondados porque o número de elementos das receitas EMC é aproximado.

AS BASES DA PESQUISA: ANÁLISE DO FATOR SORTE

As questões discutidas no capítulo 7 baseiam-se na análise de 230 episódios de sorte (boa e má) das empresas 10X e de seus comparativos diretos para avaliar se suas experiências diante de tais episódios foram diferentes em relação a tipo, magnitude e distribuição ao longo do tempo.[20]

DEFINIÇÃO OPERACIONAL DO FATOR SORTE. Definimos como um episódio de sorte: (1) aquele que apresenta algum aspecto relevante que independe, em grande parte ou totalmente, das ações dos principais atores do empreendimento; (2) o episódio tem uma consequência (boa ou má) potencialmente significativa para o empreendimento; e (3) o episódio possui algum elemento de imprevisibilidade.

A sorte pode ter duas gradações:

1. Sorte "total", quando o episódio independe totalmente das ações dos principais atores do empreendimento.
2. Sorte "parcial", quando o episódio independe em grande parte, não totalmente, das ações dos principais atores do empreendimento. Para se qualificar como de sorte parcial, é preciso que o episódio tenha algum aspecto significativo que não poderia ter sido alterado (evitado ou provocado) pelos principais atores, independentemente de suas competências.

Na codificação de cada episódio de sorte, foi importante destacar a exata porção de sorte nele presente. Para ilustrar isso, vamos considerar a Genentech em 1977. Naquele ano, a empresa foi a primeira a realizar com sucesso a divisão de genes. O feito, em si, foi provavelmente resultado da competência e não da sorte. No entanto, a companhia teve sorte por ninguém tê-lo conseguido antes (isso, sim, estava fora de seu controle, pois ela não podia afetar o que as concorrentes estavam fazendo). Codificamos o episódio "primeira empresa do mercado a realizar com sucesso a divisão de genes" como de sorte "parcial", ou seja, uma combinação de competência e de sorte.

No momento de classificar um episódio como "de boa sorte" ou "de má sorte", nossa principal preocupação foi traduzir a visão do evento da perspectiva de uma pessoa "razoável" *quando ele aconteceu*. Portanto, tomamos como base esse princípio, e não os resultados posteriores da companhia.

Examinamos de maneira sistemática os documentos que coletamos das empresas e aplicamos nossa definição para codificar os episódios de sorte de acordo com as seguintes categorias:

▶ Episódio de sorte (boa ou má) total.
▶ Episódio de sorte (boa ou má) parcial.
▶ Episódio de sorte de média importância (o episódio teve algum impacto, bom ou mau, no sucesso da empresa).
▶ Episódio de sorte de grande importância (o episódio teve um impacto importante, bom ou mau, no sucesso da empresa).

Depois que cada um de nós (Jim e Morten) analisou, *de forma independente*, um par de empresas, comparamos nossas anotações e discutimos eventuais discrepâncias entre nossas codificações dos episódios de sorte. Houve discrepâncias em 5% dos episódios, o que indica elevada confiabilidade entre as avaliações. Tais diferenças foram solucionadas em nossas reuniões de acompanhamento. Esse processo nos rendeu 230 episódios de sorte identificados em todas as empresas de nosso conjunto de dados (veja os exemplos da Amgen e da Genentech no capítulo 7).

Descoberta 1. *Tanto as empresas 10X como as do grupo comparativo registraram a ocorrência de eventos de boa sorte ao longo do período de observação (temos fortes evidências disso).* Como demonstra a tabela a seguir, as empresas 10X tiveram a média de sete eventos de boa sorte, e seus comparativos, oito.

EPISÓDIOS DE BOA SORTE

Par combinado	Anos codificados[1]		Episódios de boa sorte		Episódios de boa sorte por década[2]		As empresas 10X tiveram maior ou menor número de episódios de boa sorte?
	10X	Comparativos	10X	Comparativos	10X	Comparativos	
Amgen e Genentech	23	27	10	18	4,3	6,7	Menor
Biomet e Kirschner	26	9	4	4	1,5	4,4	Menor
Intel e AMD	35	34	7	8	2,0	2,4	Semelhante
Microsoft e Apple	28	27	15	14	5,4	5,2	Semelhante
Progressive e Safeco	32	32	3	1	0,9	0,3	Maior
Southwest Airlines e PSA	36	43	8	6	2,2	1,4	Maior
Stryker e USSC	26	31	2	5	0,8	1,6	Menor
Média	29,4	29,0	7,0	8,0	2,4	3,1	Semelhante/Menor
Total	206	203	49	56			

N = 105 episódios de boa sorte
1. Desde a fundação das empresas até 2002. A Progressive e a Safeco foram codificadas a partir de 1971, e a Stryker, a partir de 1977, por causa de informações incompletas.
2. Controles para diferenças no número de anos de observação dentro dos pares combinados de empresas (por exemplo, no caso da Amgen, os 10 episódios de boa sorte foram divididos por 2,3 décadas).

VENCEDORAS POR OPÇÃO

Descoberta 2. *As empresas 10X não registraram um número de episódios de boa sorte substancialmente maior do que seus comparativos diretos (temos fortes evidências disso).* Como se vê na última coluna da tabela anterior, não se configurou um padrão claro. As empresas 10X tiveram mais episódios de boa sorte do que seus comparativos em apenas dois pares, menos em três e número semelhante em dois.

Descoberta 3. *As empresas 10X não tiveram maior número de episódios de boa sorte de grande importância ou de sorte total do que as do grupo comparativo (temos fortes evidências disso).* A tabela a seguir mostra que não houve diferença substancial entre os dois grupos em relação a episódios dessas categorias: a proporção foi de 36 nas empresas 10X para 40 no grupo comparativo.

EPISÓDIOS DE BOA SORTE POR CATEGORIA

Categoria do episódio de boa sorte	10X	Comparativos	Razão entre 10X e comparativos	As empresas 10X tiveram maior ou menor número de episódios de boa sorte?
Episódios de boa sorte	49	56	0,9	
Sorte de grande importância	22	28	0,8	Menor
Sorte de média importância	27	28	1,0	
Sorte "total"	14	12	1,2	Um pouco maior
Sorte "parcial"	35	44	0,8	
Soma*	36	40	0,9	Um pouco menor

N = 105 episódios de boa sorte
* Número de episódios de boa sorte de grande importância *e* número de episódios de boa sorte total

Descoberta 4. *Em seus anos iniciais, as empresas 10X não tiveram um número de episódios de boa sorte substancialmente maior do que seus comparativos diretos (temos fortes evidências disso).* Fizemos essa análise para verificar se os dois grupos de empresas tiveram mais sorte no início; a tabela a seguir demonstra que não foi assim.

EPISÓDIOS DE BOA SORTE POR CATEGORIA DESDE A FUNDAÇÃO ATÉ CINCO E DEZ ANOS DEPOIS

	10X	Comparativos	As empresas 10X tiveram maior ou menor número de episódios de boa sorte?
Média de episódios de boa sorte desde a fundação até cinco anos depois	2,8	2,8	Igual
Média de episódios de boa sorte desde a fundação até dez anos depois	5,0	4,5	Um pouco maior
Média de episódios de boa sorte de grande importância desde a fundação até cinco anos depois	1,4	1,5	Um pouco menor
Média de episódios de boa sorte de grande importância desde a fundação até dez anos depois	2,8	2,3	Um pouco maior

Nota: duas empresas 10X (a Stryker e a Progressive) e uma do grupo comparativo (a Safeco) foram excluídas dessa análise por falta de dados relativos aos primeiros anos após sua fundação.

Descoberta 5. *As empresas do grupo comparativo não tiveram um número de episódios de má sorte substancialmente maior do que as 10X (temos fortes evidências disso).* A má sorte poderia explicar o fato de as empresas do grupo comparativo não terem ido tão bem quanto as 10X. No entanto,

VENCEDORAS POR OPÇÃO

como demonstra a tabela a seguir, as 10X e seus comparativos tiveram mais ou menos o mesmo percentual de eventos de má sorte – em média, 9,3% e 8,6%, respectivamente.

EPISÓDIOS DE MÁ SORTE

Par combinado	Anos codificados[1]		Episódios de má sorte		Episódios de má sorte por década[2]		As empresas do grupo comparativo tiveram maior ou menor número de episódios de má sorte?
	10X	Comparativos	10X	Comparativos	10X	Comparativos	
Amgen e Genentech	23	27	9	9	3,9	3,3	Menor
Biomet e Kirschner	26	9	7	4	2,7	4,4	Maior
Intel e AMD	35	34	14	11	4,0	3,2	Menor
Microsoft e Apple	28	27	9	7	3,2	2,6	Menor
Progressive e Safeco	32	32	8	10	2,5	3,1	Maior
Southwest Airlines e PSA	36	43	13	13	3,6	3,0	Menor
Stryker e USSC	26	31	5	6	1,9	1,9	Igual
Média	29,4	29,0	9,3	8,6	3,2	3,1	Semelhante
Total	206	203	65	60			

N = 125 episódios de má sorte
1. Desde a fundação das empresas até 2002. A Progressive e a Safeco foram codificadas a partir de 1971, e a Stryker, a partir de 1977, por causa de informações incompletas.
2. Controles para diferenças no número de anos de observação dentro dos pares combinados de empresas.

Descoberta 6. *Em seus anos iniciais, as empresas do grupo comparativo não tiveram um número de episódios de má sorte substancialmente maior do que as 10X (temos fortes evidências disso).* Poder-se-ia supor que o desempenho das empresas do grupo comparativo não tenha sido tão bom em consequência de um número de episódios de má sorte maior no início, mas esse não foi o caso, como demonstra a tabela a seguir.

EPISÓDIOS DE MÁ SORTE POR CATEGORIA
DESDE A FUNDAÇÃO ATÉ CINCO E DEZ ANOS DEPOIS

Média	10X	Comparativos	As empresas do grupo comparativo tiveram maior ou menor número de episódios de má sorte?
Média de episódios de má sorte desde a fundação até cinco anos depois	1,2	0,8	Um pouco menor
Média de episódios de má sorte desde a fundação até dez anos depois	3,0	1,7	Menor
Média de episódios de má sorte de grande importância desde a fundação até cinco anos depois	0,2	0	Semelhante
Média de episódios de má sorte de grande importância desde a fundação até dez anos depois	0,6	0,2	Um pouco menor

Nota: duas empresas 10X (a Stryker e a Progressive) e uma do grupo comparativo (a Safeco) foram excluídas dessa análise por falta de dados relativos aos primeiros anos após sua fundação.

VENCEDORAS POR OPÇÃO

AS BASES DA PESQUISA: ANÁLISE DO PANTEÃO DA FAMA DO HÓQUEI

Conforme explicamos no capítulo 7, comparamos a distribuição dos meses de nascimento da população geral do Canadá com a dos maiores jogadores de hóquei nascidos no país, aqueles admitidos no Panteão da Fama do Hóquei.

Fizemos, então, a análise descrita aqui, com a assistência da pesquisadora associada Lorilee Linfield. Primeiro pesquisamos os meses de nascimento dos jogadores admitidos no Panteão da Fama do Hóquei que haviam nascido entre 1950 e 1966 e jogado pelo menos uma temporada na Liga Nacional.[21] Concentramo-nos nos jogadores nascidos nesse período para assegurar a confiabilidade dos dados e para analisar a era mais recente do esporte. (Em uma análise de acompanhamento, retrocedemos até o ano 1873, usamos uma amostragem maior e chegamos à mesma conclusão.)[22]

Também pesquisamos os meses de nascimento da população do Canadá como um todo, considerando as pessoas nascidas entre 1951 e 1966, e, então, tabulamos os dados por mês, por trimestre e por semestre.[23]

Descoberta. *Não há um número desproporcional de jogadores admitidos no Panteão da Fama do Hóquei nascidos no Canadá entre os meses de janeiro e março (temos fortes evidências disso).* O máximo que conseguimos identificar foi uma ligeira desproporção no número de jogadores nascidos entre outubro e dezembro (1,9% a mais de ocorrências em relação à população como um todo), ainda que os números fossem pequenos demais para permitir qualquer conclusão, a não ser a de que *não existe diferença significativa entre os grupos com base no mês de nascimento*.

DISTRIBUIÇÃO POR MÊS DE NASCIMENTO
JOGADORES NASCIDOS NO CANADÁ QUE FORAM
ADMITIDOS NO PANTEÃO DA FAMA DO HÓQUEI E
JOGARAM NA LIGA NACIONAL
POPULAÇÃO CANADENSE COMO UM TODO

Período de nascimento	Jogadores admitidos no Panteão da Fama do Hóquei (%)*	População canadense (%)	Diferença entre o percentual do Panteão da Fama e o da população canadense (%)
janeiro-março	22,9%	24,4%	–1,5%
abril-junho	25,7%	26,1%	–0,4%
julho-setembro	25,7%	25,7%	0%
outubro-dezembro	25,7%	23,8%	1,9%
janeiro-junho	48,6%	50,5%	–1,9%
julho-dezembro	51,4%	49,5%	1,9%

N = 35 (aumentamos a amostra para 155, retrocedendo no tempo, e chegamos à mesma conclusão). Os dados vão até o ano de admissão no Panteão da Fama de 2009, inclusive.

NOTAS

CAPÍTULO 1: PROSPERAR EM MEIO À INCERTEZA

1. Jason Zweig, "Risk-management pioneer and best-selling author never stopped insisting future is unknowable", *Wall Street Journal*, 13 jun. 2009, p. A14.
2. Fonte de todos os cálculos de retorno sobre o investimento em ações contidos neste trabalho: ©20061 CRSP®, Center for Research in Security Prices. Booth School of Business, The University of Chicago. Utilização autorizada. Todos os direitos reservados. www.crsp.chicagobooth.edu. Principais definições:
   - **Retorno total mensal** – O retorno total aos acionistas em determinado mês; inclui os dividendos reinvestidos para cada ação individual.
   - **Retorno acumulado das ações** – O valor combinado de $Y investido em cada ação isoladamente, entre as datas t1 e t2, utilizando a fórmula $Y x (1 + retorno total mensal em m1) x (1 + retorno total mensal em m2) x... (1 + retorno total mensal em t2), em que m1 = fim do primeiro mês após t1 e m2 = fim do segundo mês após t1, e assim por diante.
   - **Média do mercado geral de ações** (também chamado *mercado geral* ou simplesmente *mercado*) – Retorno do valor ponderado das bolsas Nyse, Amex e Nasdaq, que consiste no valor de mercado combinado de todas as empresas negociadas nesses mercados de ações (inclusive dividendos reinvestidos), ponderado pela capitalização da empresa dividida pela capitalização do mercado.
   - **Índice de retorno acumulado em relação à média do mercado** – No final de qualquer determinado período, esse índice é calculado como o retorno acumulado de $Y investido na empresa, dividido pelo retorno acumulado de $Y investido no mercado geral de ações, de modo que $Y é investido tanto na empresa como no mercado na mesma data.
3. "Southwest Airlines Co.: presentation by Howard D. Putnam, president and chief executive officer, before the Dallas Association of Investment Analysts", *Wall Street Transcript*, 28 maio 1979; Jon Birger, "30-year super stocks: Money Magazine finds the best stocks of the past 30 years", *Money Magazine*, 9 out. 2002; Southwest Airlines Co., relatório anual do ano fiscal de 1976 (Dallas: Southwest Airlines Co., 1976). Fonte de todos os cálculos de retorno sobre o investimento em ações contidos neste trabalho: ©20061 CRSP®, Center for Research in Security Prices. Booth School of Business, The University of Chicago. Utilização autorizada. Todos os direitos reservados. www.crsp.chicagobooth.edu.
4. Investimento feito em cada empresa em 31 de dezembro de 1972 e mantido até 31 de dezembro de 2002; se uma das empresas não era de capital aberto em 31 de dezembro de 1972, investimento calculado com base na taxa de retorno do mercado de ações até o primeiro mês em que os dados da empresa foram disponibilizados pelo CRSP. Mesma quantia investida no mercado de ações em 31 de dezembro de 1972 e mantida até 31 de dezembro de 2002. Dividir o valor acumulado da empresa pelo valor acumulado do mercado em 31 de dezembro de 2002.
5. Com relação aos índices dos setores: para cada empresa incluída no estudo, construímos um índice do respectivo setor. Para isso utilizamos os códigos da Standard Industrial Classification (SIC, Classificação Industrial Padrão). O código SIC de uma empresa pode mudar com o tempo; se existia apenas um código SIC desde a data em que a empresa abriu o capital, usamos aquele código para o índice; nos casos em que encontramos mais de um código no período estudado, empregamos todos os códigos SIC relevantes para criar um único índice. Os dados na tabela mostram o valor de um investimento feito em cada uma das empresas 10X no final do mês em que apareceram pela primeira vez na base de dados do CRSP e mantido até 31 de dezembro 2002, dividido pelo valor de um investimento do mesmo montante feito pelo índice do setor correspondente a cada empresa no mesmo período. Para obter uma comparação correta, tanto os cases 10X como seus comparativos não foram incluídos nos índices para efeito dos cálculos apresentados nessa tabela.

6. "John Wooden: a coaching legend October 14, 1910-June 4, 2010", UCLA Official Athletic Site, www.uclabruins.com/sports/m-baskbl/spec-rel/ucla-wooden-page.html.
7. A tabela correspondente a esse cálculo foi criada por meio da seguinte metodologia: um investimento de $1 foi dividido igualmente entre as sete empresas 10X (portfólio 10X) em 31 de dezembro de 1972; da mesma forma, foi feito um investimento de $1 no mercado de capitais. Calcular o valor acumulado do portfólio 10X e do mercado de capitais, de 31 de dezembro de 1972 até 31 de dezembro de 2002. A cada mês, calcular a razão do valor acumulado atualizado do portfólio 10X em relação ao valor acumulado atualizado do mercado de capitais. Nos meses em que os dados do CRSP não foram disponibilizados para alguma das empresas (em geral por ela não ser ainda de capital aberto ou por ter sido parte de uma fusão ou aquisição), usar o retorno do mercado de capitais no lugar do da empresa. Fonte de todos os cálculos de retorno sobre o investimento em ações contidos neste trabalho: ©20061 CRSP®, Center for Research in Security Prices. Booth School of Business, The University of Chicago. Utilização autorizada. Todos os direitos reservados. www.crsp.chicagobooth.edu.
8. Jim Carlton, "Apple Computer is for sale, but buyers prove elusive", *Wall Street Journal*, 19 jan. 1996, p. B2. Fonte de todos os cálculos de retorno sobre o investimento em ações contidos neste trabalho: ©20061 CRSP®, Center for Research in Security Prices. Booth School of Business, The University of Chicago. Utilização autorizada. Todos os direitos reservados. www.crsp.chicagobooth.edu.
9. As empresas incluídas nesse estudo foram: 3M, A&P, Abbott, Addressograph, AMD, American Express, Ames, Amgen, Apple, Bank of America, Best Buy, Bethlehem Steel, Biomet, Boeing, Bristol Myers/Squibb, Burroughs, Chase Manhattan, Chrysler, Circuit City, Citicorp, Colgate, Columbia Pictures, Eckerd, Fannie Mae, Ford, Genentech, General Electric, General Motors, Gillette, Great Western, Harris, Hasbro, Hewlett-Packard, Howard Johnson, IBM, Intel, Johnson & Johnson, Kenwood, Kimberly-Clark, Kirschner, Kroger, Marriott, McDonnell Douglas, Melville, Merck, Microsoft, Motorola, Nordstrom, Norton, Nucor, Pacific Southwest Airlines, Pfizer, Philip Morris, Pitney Bowes, Procter & Gamble, Progressive, R. J. Reynolds, Rubbermaid, Safeco, Scott Paper, Silo, Sony, Southwest Airlines, Stryker, Teledyne, Texas Instruments, Upjohn, USSC, Walgreens, Walmart, Walt Disney, Warner Lambert, Wells Fargo, Westinghouse e Zenith.
10. "Quotes from the past", Create the Future, www.createthefuture.com/past_quotes.htm.

CAPÍTULO 2: LÍDERES 10X

1. Roald Amundsen, *The South Pole* (McLean, VA: IndyPublish.com, 2009), p. 192.
2. Ibid., "The first account", p. 204-5, 209; Roland Huntford, *The last place on Earth* (New York: Modern Library, 1999), p. 3, 11, 49, 109, 143, 167, 187, 204, 291, 371, 378, 400, 402-3, 433, 445, 468, 477, 490, 497, 506-7, 509, 516, 525-6.
3. Roald Amundsen, ibid., p. 31, 264-9; Roland Huntford, ibid., p. 67, 91-4, 97-8, 100-1, 124, 250, 256, 332, 334, 337, 340-1, 351, 400, 407, 416, 422, 443-6, 468-76, 488, 497-9, 516, 523-5, 537-8.
4. Roland Huntford, ibid., p. 444.
5. Robert McGough, "Executive critical of 'managed' earnings doesn't mind if the street criticizes him", *Wall Street Journal*, 16 abr. 1999, p. C1; Christopher Oster, "After Reg FD, Progressive sets bold move", *Wall Street Journal*, 11 maio 2001, p. C1; Yahoo! Finance, www.finance.yahoo.com.
6. Robert McGough, ibid., p. C1.
7. "Progressive debuts monthly financial information", *A. M. Best Newswire*, 18 maio 2001; Amy Hutton e James Weber, "Progressive Insurance: disclosure strategy", Harvard Business School, estudo de caso n. 9-102-012 (Boston: Harvard Business School Publishing, 2001), p. 7, 10.
8. Katrina Brooker, Herb Kelleher e Alynda Wheat (repórter associada), "The chairman of the board looks back", *Fortune*, 21 maio 2008, p. 4; Charles O'Reilly e Jeffrey Pfeffer, "Southwest Airlines: using human resources for competitive advantage (A)", Graduate School of Business, Stanford University, estudo de caso n. HR-1A (Palo Alto, CA: Graduate School of Business, Stanford University, 2003), p. 6.

9. "Herb and his Airline", *60 Minutes*, CBS, 27 maio 1990; Jane Gibson, "Work hard, play hard", *Smart Business*, nov. 2005.
10. Jan Jarboe Russell, "A boy and his airline", *Texas Monthly*, abr. 1989.
11. Tonda Montague (Ed.), *Employee communications, Southwest Airlines: 30 years. One mission. Low fares.* Southwest Airlines Co., suplemento do relatório anual do ano fiscal de 2001 (Dallas: Southwest Airlines Co., 2001), p. 35.
12. "Southwest Airlines Co. (LUV)", *Wall Street Transcript*, 8 jun. 1987.
13. John Kirkpatrick, "Clownish in public, Southwest Airlines executive can be ruthless to rivals", *Knight Ridder/Tribune Business News*, 20 mar. 2001.
14. Andy Grove e Bethany McLean, "Taking on Prostate Cancer", *Fortune*, 13 maio 1996.
15. Ibid.
16. Robert B. Cialdini e Noah J. Goldstein, "Social influence: compliance and conformity", *Annual Review of Psychology*, fev. 2004, p. 591-621.
17. Roald Amundsen, op. cit., p. 29; Roland Huntford, op. cit., p. 241-3.
18. Bro Uttal, "Inside the deal that made Bill Gates $350,000,000", *Fortune*, 21 jul. 1986, p. 27.
19. Walter Isaacson, "In search of the real Bill Gates", *Time*, 13 jan. 1997. (Esse artigo foi publicado também na revista *Time*, 20 out. 2005.)
20. "For Bill Gates, micros are personal", *Information Week*, 14 ago. 1989; "The Bill Gates interview", *Playboy*, 1994; Brent Schlender, "What Bill Gates really wants", *Fortune*, 16 jan. 1995, p. 34.
21. James Wallace e Jim Erickson, *Hard drive* (New York: Harper Business, 1992), p. 402-3; Lee Gomes, "Microsoft's Gates eyes challenges", *San Jose Mercury News*, 18 jun. 1991, p. 1C; Lee Gomes, "Candid memo costs Microsoft's Gates a fortune", *San Jose Mercury News*, 20 jun. 1991, p. 1F; Rich Karlgaard, "ASAP interview: Bill Gates", *Forbes*, 7 dez. 1992; Yahoo! Finance, www.finance.yahoo.com.
22. Kathy Rebello e John Hillkirk, "Sculley to take a break; sabbaticals at core of Apple perks", *USA Today*, 10 jun. 1988, p. 01B.
23. Ibid.
24. John Markoff, "Visionary Apple chairman moves on", *New York Times*, 16 out. 1993; Chris Higson e Tom Albrighton, "Apple Computer's financial performance", London Business School, estudo de caso n. CS 08-012 (London: London Business School Publishing, 2008), p. 8 e 11; Apple Inc., formulário 10-K referente aos anos fiscais de 1994 e 1996 (Cupertino, CA: Apple Inc., 1994 e 1996).
25. Johanna M. Hurstak e David B. Yoffie, "Reshaping Apple Computer's destiny 1992", Harvard Business School, estudo de caso n. 9-393-011 (Boston: Harvard Business School Publishing, 1992), p. 9.
26. Mead Jennings, "Staying the course", *Airline Business*, fev. 1992, p. 52; Elizabeth Corcoran, "Intel's blunt edge", *Washington Post*, 8 set. 1996, p. H01; Arlene Weintraub e Amy Barrett, "Amgen: up from biotech", *Business Week*, 18 mar. 2002, p. 70; Lee Gomes, "Microsoft's Gates eyes challenges", *San Jose Mercury News*, 18 jun. 1991, p. 1C.
27. Geoffrey Smith e James Ellis, "Pay that was justified – and pay that just mystified", *Business Week*, 6 maio 1991; James Ellis, "You don't necessarily get what you pay for", *Business Week*, 4 maio 1992, p. 144; "CEO/company interview: Dr. Dane A. Miller, Biomet, Inc.", *Wall Street Transcript*, dez. 2000; Steve Kaelble, "Money's worth: which CEOs deliver the best return?", *Indiana Business Magazine*, 1 jul. 1999, p. 15; Matthew Herper, "Dane Miller: CEO value to the bone", *Forbes*, 8 maio 2001; Tom Schuman, "Biomet and CEO Dane Miller", *CEO Magazine*, nov.-dez. 2002, p. 44.
28. James Ellis, "You don't necessarily get what you pay for", *Business Week*, 4 maio 1992; "CEO/company interview: Dr. Dane A. Miller, Biomet, Inc.", *Wall Street Transcript*, dez. 2000.
29. Stephen Phillips, "Driven to succeed: Peter Lewis, Progressive's artful chief exec, aims to overtake auto insurance industry's leaders", *Plain Dealer*, 1 set. 1996, p. 1.I; Gregory David, "Chastened?", *Financial World*, 4 jan. 1994, p. 39; Carol J. Loomis, "Sex. Reefer? And auto insurance!", *Fortune*, 7 ago. 1995, p. 76; conversa pessoal com o autor.
30. Mike Casey, "Insurer favors low-risk route; Progressive Corp.'s personnel help write a policy for success", *Crain's Cleveland Business*, 23 fev. 1987, p. 2; The Progressive Corpora-

tion, relatório anual do ano fiscal de 1991 (Mayfield Heights, OH: The Progressive Corporation, 1991), p. 14; The Progressive Corporation, relatório anual do ano fiscal de 1996 (Mayfield Village, OH: The Progressive Corporation, 1996), p. 30.
31. Carol J. Loomis, "Sex. Reefer? And auto insurance!", *Fortune*, 7 ago. 1995, p. 76.
32. Andrew Bary, "No. 4 Progressive closes in on auto insurance leaders", *Wall Street Journal*, 8 nov. 2009.
33. "Intel executive biography: Gordon Moore", Intel Corporation, www.intel.com; Gene Bylinsky, "How Intel won its bet on memory chips", *Fortune*, nov. 1973; Leslie Berlin, *The man behind the microchip* (New York: Oxford University Press, 2005), p. 244.
34. Bro Uttal, "Inside the deal that made Bill Gates $350,000,000", *Fortune*, 21 jul. 1986.
35. Bill Gates, "Microsoft's Bill Gates: Harvard commencement speech transcript", *Network World*, 8 jun. 2007; Ruthie Ackerman, "Gates fights to eradicate malaria", *Forbes*, 19 out. 2007; "The meaning of Bill Gates", *Economist*, 16 jun. 2008; "Microsoft's tradition of innovation", Microsoft Corporation, 25 out. 2002, www.microsoft.com/about/companyinformation/ourbusinesses/profile.mspx.
36. Michael A. Verespej, "Recession? What recession? Southern gentleman John Brown achieves 20 percent earnings growth annually – no matter what", *Chief Executive*, jun. 2002, p. 45; "John W. Brown", Michigan Economic Development Corporation, www.themedc.org/Executive-Committee/John-Brown.
37. Michael Hiestand, "Flying the wacky skies with Southwest's CEO", *Adweek's Marketing Week*, 10 jul. 1989, p. 31; Charles O'Reilly e Jeffrey Pfeffer, "Southwest Airlines: using human resources for competitive advantage (A)", Graduate School of Business, Stanford University, estudo de caso n. HR-1A (Palo Alto, CA: Graduate School of Business, Stanford University, 2003), p. 6; "Southwest Airlines Company (LUV)", *Wall Street Transcript*, 5 jun. 1989; "Officer biographies: Herbert D. Kelleher", Southwest Airlines, www.southwest.com/swamedia/bios/herb_kelleher.html.
38. Steven Litt, "This lone ranger has nothing to hide", *Plain Dealer*, 29 set. 2002, p. A1; April Dougal Gasbarre (atualização de David Bianco), "The Progressive Corporation", *International Directory of Company Histories* (New York: St. James Press, 1999), p. 396.
39. Geoffrey Smith, "The guts to say 'I was wrong'", *Forbes*, 28 maio 1979.
40. "Jerry Sanders's act is cleaning up", *Fortune*, 15 out. 1984; Jeffrey L. Rodengen, *The spirit of AMD: Advanced Micro Devices* (Fort Lauderdale, FL: Write Stuff Enterprises Inc., 1998), p. 22-4.
41. Tonda Montague (Ed.), *Employee communications, Southwest Airlines: 30 years. One mission. Low fares*. Southwest Airlines Co., suplemento do relatório anual do ano fiscal de 2001 (Dallas: Southwest Airlines Co., 2001), p. 35; Seanna Browder, "How George Rathmann mastered the science of the deal", *Business Week*, 30 nov. 1998; Arthur Kornberg, *The golden helix* (Sausalito, CA: University Science Books, 1995), p. 205.

CAPÍTULO 3: A MARCHA DAS 20 MILHAS

1. Estrofe do poema "A blessing", de Mekeel McBride, reproduzido por Ted Kooser em *The poetry home repair manual* (Lincoln, NE: University of Nebraska Press, 2005), p. 141.
2. Stryker Corporation, relatórios anuais dos anos fiscais de 1980, 1982, 1984, 1986, 1988, 1990, 1992, 1994, 1996 e 1997 (Kalamazoo, MI: Stryker Corporation, 1980, 1982, 1984, 1986, 1988, 1990, 1992, 1994, 1996 e 1997); United States Surgical Corporation, relatórios anuais dos anos fiscais de 1979 a 2002 (Norwalk, CT: United States Surgical Corporation, 1979-2002). Para calcular o crescimento anual nos casos em que os resultados foram negativos, utilizamos a seguinte fórmula: (ano 2 – ano 1)/valor absoluto (ano 1). A Stryker registrou um ganho extraordinário em 1990 que não foi considerado para efeito das comparações de seu lucro líquido ano a ano; se esse ganho extraordinário é removido dos cálculos, o desvio-padrão cai para 7 pontos percentuais. Quando dizemos "nunca registrou perda líquida", referimo-nos ao fato de que a Stryker nunca teve lucro líquido menor que zero durante o período considerado.
3. Fonte de todos os cálculos de retorno sobre o investimento em ações contidos neste trabalho: ©20061 CRSP®, Center for Research in Security Prices. Booth School of Business,

The University of Chicago. Utilização autorizada. Todos os direitos reservados. www.crsp.chicagobooth.edu; Laura M. Holson, "Tyco to pay $3.3 billion in stock for U.S. Surgical", *New York Times*, 26 maio 1998.

4. Stryker Corporation, relatório anual do ano fiscal de 1979 (Kalamazoo, MI: Stryker Corporation, 1979); Zina Sawaya, "Focus through decentralization", *Forbes*, 11 nov. 1991, p. 242; Michael A. Verespej, "Recession? What recession? Southern gentleman John Brown achieves 20 percent earnings growth annually – no matter what", *Chief Executive*, jun. 2002, p. 45; "John W. Brown profile", *Forbes*, http://people.forbes.com/profile/john-w-brown/35968; Eric Whisenhunt, "Stryker force: divide, conquer, and be first with the new", *Michigan Business Magazine*, nov. 1985, p. 36.
5. Geoffrey Brewer, "20 percent – or else!", *Sales and Marketing Management*, nov. 1994, p. 66; Matt Walsh, "Avoiding the snorkel award", *Forbes*, 1 jan. 1995, p. 180.
6. Geoffrey Brewer, ibid.
7. Michael A. Verespej, "Recession? what recession? Southern gentleman John Brown achieves 20 percent earnings growth annually – no matter what", *Chief Executive*, jun. 2002, p. 45.
8. Geoffrey Brewer, op. cit.; Steve Watkins, "Stryker Corp./Kalamazoo, Michigan: failure not an option for this manufacturer", *Investor's Business Daily*, 25 set. 2001, p. A10.
9. Stryker Corporation, relatórios anuais dos fiscais de 1979 a 2002 (Kalamazoo, MI: Stryker Corporation, 1979-2002) (na página 2, o relatório anual de 1997 declara: "A Stryker Corporation atingiu sua meta de lucro líquido em 1997 ao chegar a seu 21º ano consecutivo com crescimento de 20% ou mais". A Stryker registrou um ganho extraordinário em 1990 que não foi considerado para efeito das comparações de seu lucro líquido ano a ano. Para calcular a frequência com que a Stryker realizou com sucesso sua marcha das 20 milhas, utilizamos a tabela de lucro líquido que está na página 2 do relatório anual do ano fiscal de 2002); "Corporate critic's confidential", *Wall Street Transcript*, 27 fev. 1989.
10. Edward A. Wyatt, "Just what the doctor ordered", *Barron's*, 4 jun. 1990; Ron Winslow, "Heard on the street: U.S. Surgical shares plunge: is fall over?", *Wall Street Journal*, 9 abr. 1993, p. C1; Christopher Tucher, "Now, Lee Hirsch wants to sew up sutures", *Business Week*, 7 ago. 1989, p. 74-5; "FDA will let stand its decision to speed approval of sutures", *Wall Street Journal*, 25 ago. 1989, p. 1; United States Surgical Corporation, relatório anual do ano fiscal de 1988 (Norwalk, CT: United States Surgical Corporation, 1988).
11. Ron Winslow, "Heard on the street: U.S. Surgical shares plunge: is fall over?", *Wall Street Journal*, 9 abr. 1993, p. C1; Felicia Paik, "Unhealthy sales afflict many suppliers of medical goods as hospitals cut costs", *Wall Street Journal*, 14 jan. 1994, p. B4B; Ron Winslow, "As marketplace shifts, U.S. Surgical needs patching up", *Wall Street Journal*, 18 fev. 1994, p. B4; "Recent suture prices sliding downward, as hospital buyers cast votes for ethicon", *Hospital Materials Management*, ago. 1996, p. 1; Howard Rudnitsky, "On the mend", *Forbes*, 2 dez. 1996, p. 58; "Shareholders approve Tyco's acquisition of U.S. Surgical Corporation", *PR Newswire*, 1 out. 1998; Laura M. Holson, "Tyco to pay $3.3 billion in stock for U.S. Surgical", *New York Times*, 26 maio 1998; United States Surgical Corporation, relatórios anuais dos anos fiscais de 1989, 1991, 1992, 1995 e 1997 (Norwalk, CT: United States Surgical Corporation, 1989, 1991, 1992, 1995 e 1997).
12. Richard M. McCabe, "Airline industry key success factors", *Graziadio Business Report* (Malibu, CA: Pepperdine University, 2006); Howard D. Putnam e Gene Busnar, *The winds of turbulence* (Reno, NV: Howard D. Putnam Enterprises Inc., 1991), p. 83; Southwest Airlines Co., proxy statement referente ao ano fiscal de 2001 (Dallas: Southwest Airlines Co., 2001); Southwest Airlines Co., relatório anual do ano fiscal de 2002 (Dallas: Southwest Airlines Co., 2002).
13. "Southwest Airlines Co.", *Wall Street Transcript*, 28 maio 1979; "Texas gets bigger", *Forbes*, 12 nov. 1979, p. 88-9; Charles O'Reilly e Jeffrey Pfeffer, "Southwest Airlines: using human resources for competitive advantage (A)", Graduate School of Business, Stanford University, estudo de caso n. HR-1A (Palo Alto, CA: Graduate School of Business, Stanford University, 1995), p. 8; Tonda Montague (Ed.), *Employee communications, Southwest Airlines: 30 years. Mission. Low fares*. Southwest Airlines Co., suplemento do relatório anual do ano fiscal de 2001

(Dallas: Southwest Airlines Co., 2001); Southwest Airlines Co., relatórios anuais dos anos fiscais de 1996 e 2001 (Dallas: Southwest Airlines Co., 1996 e 2001).
14. Southwest Airlines Co., proxy statement referente ao ano fiscal de 2001 (Dallas: Southwest Airlines Co., 2001); Southwest Airlines Co., relatório anual do ano fiscal de 2002 (Dallas: Southwest Airlines Co., 2002). Os dados para o gráfico foram extraídos de fontes citadas nesta nota e nas notas 12 e 13.
15. "The Progressive Corporation", *Wall Street Transcript*, 28 fev. 1972; Thomas A. King, "The Progressive Corporation (PGR)", *Wall Street Transcript*, 14 jan. 2002; The Progressive Corporation, relatório anual do ano fiscal de 1971 (Cleveland, OH: The Progressive Corporation, 1971); The Progressive Corporation, relatório anual do ano fiscal de 1976 (Mayfield Village, OH: The Progressive Corporation, 1976).
16. Peter B. Lewis, "The Progressive Corporation: address to the New York Society of Security Analysts", *Wall Street Transcript*, 28 fev. 1972; Elisabeth Boone, "Recipe for success", *Rough Notes*, abr. 2002, p. 42; The Progressive Corporation, relatório anual do ano fiscal de 1971 (Cleveland, OH: The Progressive Corporation, 1971); The Progressive Corporation, relatórios anuais dos anos fiscais de 1976, 1986, 1996, 2001 e 2003 (Mayfield Village, OH: The Progressive Corporation, 1976, 1986, 1996, 2001 e 2003).
17. Eric Whisenhunt, "Stryker force: divide, conquer, and be first with the new", *Michigan Business Magazine*, nov. 1985, p. 36; Mike Casey, "Insurer favors low-risk route; Progressive Corp.'s personnel help write a policy for success", *Crain's Cleveland Business*, 23 fev. 1987, p. 2; Noreen Seebacher, "Stryker products: just what the doctor ordered", *Detroit News*, 6 maio 1991, p. 3F; Nicolaj Siggelkow e Michael E. Porter, "Progressive Corporation", Harvard Business School, estudo de caso n. 9-797-109 (Boston: Harvard Business School Publishing, 1998); Elisabeth Boone, "Recipe for success", *Rough Notes*, abr. 2002, p. 42; The Progressive Corporation, relatório anual do ano fiscal de 1981 (Mayfield Village, OH: The Progressive Corporation, 1981), p. 11.
18. W. L. Campbell, "General of America earnings increase to new high level", *National Underwriter*, 7 fev. 1964, p. 1; "Safeco Corporation", *Commercial and Financial Chronicle*, 3 out. 1968; "Safeco Corporation", *Wall Street Transcript*, 9 jun. 1969; "Safeco Corporation", *Wall Street Transcript*, 12 jul. 1976; Art Garcia, "Spotlight on Safeco Corp.", *Journal of Commerce*, 24 jan. 1977, p. 2; "Safeco: 'redlining' two states to bolster insurance profits", *Business Week*, 17 jul. 1979, p. 88; William Mehlman, "Safeco continues to stand out in depressed casualty group", *Insiders' Chronicle*, 26 out. 1979, p. 7; "Safeco Corporation", *Wall Street Transcript*, 8 ago. 1983; "Safeco reports loss of $41m during the first quarter of '85", *National Underwriter*, 3 maio 1985, p. 6; John Davies, "Safeco profit weakness blamed on junk bonds", *Journal of Commerce*, 30 abr. 1990; Greg Heberlein, "Safeco plea seeks a change of shirt", *Seattle Times*, 3 maio 1990, p. E2; "Safeco Corporation", *Wall Street Transcript*, 12 jul. 1976; Peter Neurath, "Safeco loses millions on commercial, auto lines", *Puget Sound Business Journal*, 19 mar. 1990, p. 3.
19. Leslie Scism, "Safeco plans $2.82 billion acquisition", *Wall Street Journal*, 9 jun. 1997, p. A3; Judy Greenwald, "Safeco bids $2.8 billion for American states", *Business Insurance*, 16 de junho 1997, p. 1; Thomas A. McCoy, "Safeco's huge bet on the independent agency system", *Rough Notes*, dez. 1997, p. 34; Peter Neurath, "Safeco's stodgy image changes with latest move", *Business Journal – Portland*, 10 out. 1997, p. 29; Beth Neurath, "Fun is the best policy", *Puget Sound Business Journal*, 25 dez. 1998, p. 6; Boh A. Dickey, "CEO interview with Boh A. Dickey – Safeco Corporation (SAFC)", *Wall Street Transcript*, 27 abr. 1999; Paula L. Stepankowsky, "After revamp, Safeco's CEO is focusing energies on most profitable operations", *Wall Street Journal*, 27 mar. 2002, p. B5C; Safeco Insurance Company of America, relatórios anuais dos anos fiscais de 1996 e 1997 (Seattle, WA: Safeco Insurance Company of America, 1996 e 1997). Nota: a informação "queda de 60% em relação à média do mercado" se baseia no preço de aquisição, US$ 2,8 bilhões, dividido pelo número de ações em posse dos acionistas, tal como foi declarado no balanço patrimonial da empresa referente ao ano de 1996.
20. Carol Tice, "Acquisition put Safeco in a long slump", *Puget Sound Business Journal*, 8 out. 1999; Khanh T. L. Tran, "Eigsti and Stoddard are leaving safeco as insurer struggles to regain footing", *Wall Street Journal*, 4 ago. 2000, p. B5; Ruth Levine, "Safeco rewrites

growth policy", *Puget Sound Business Journal*, 11 ago. 2000, p. 1; "Update: Safeco's newly named CEO believes he's prepared for job", *A. M. Best Newswire*, 2 fev. 2001; Susanne Sclafane, "Safeco chooses former CNA exec for chief executive spot", *National Underwriter*, 5 fev. 2001, p. 2; Safeco Insurance Company of America, relatórios anuais dos anos fiscais de 1986, 1991 e 1996-2003 (Seattle, WA: Safeco Insurance Company of America, 1986, 1991 e 1996-2003). Fonte de todos os cálculos de retorno sobre o investimento em ações contidos neste trabalho: ©20061 CRSP®, Center for Research in Security Prices. Booth School of Business, The University of Chicago. Utilização autorizada. Todos os direitos reservados. www.crsp.chicagobooth.edu. Os índices combinados da Progressive cobrem apenas seguro de automóvel, enquanto os da Safeco cobrem seguro de automóvel e outros tipos de seguros que fazem parte do guarda-chuva "seguro de vida e de propriedade". Apesar dessa diferença, o ponto que colocamos continua válido, porque nossa análise teve por objetivo verificar se cada uma das empresas conseguiu cumprir seu padrão para ter lucro com as subscrições, exatamente como foi definido em cada caso.
21. "Innovative Intel", *Economist*, 16 jun. 1979, p. 94; Michael Annibale, "Intel: the microprocessor champ gambles on another leap forward", *Business Week*, 14 abr. 1980, p. 98; Mimi Real e Robert Warren, *A revolution in progress... A history of Intel to date* (Santa Clara, CA: Intel Corporation, 1984), p. 4; Gordon E. Moore, "Cramming more components onto integrated circuits", anais do IEEE, jan. 1998, p. 82-3; Leslie Berlin, *The man behind the microchip* (New York: Oxford University Press, 2005), p. 160; "Moore's Law", Intel Corporation, www.intel.com/technology/mooreslaw.
22. Veja notas relevantes sobre a discussão acerca da Stryker na parte inicial deste capítulo.
23. Veja notas relevantes sobre a discussão acerca da USSC na parte inicial deste capítulo.
24. Veja notas relevantes sobre a discussão acerca da Southwest na parte inicial deste capítulo.
25. "USAir completes takeover of Pacific Southwest", *Washington Post*, 30 maio 1987.
26. Veja notas relevantes sobre a discussão acerca da Progressive na parte inicial deste capítulo.
27. Veja notas relevantes sobre a discussão acerca da Safeco na parte inicial deste capítulo.
28. "Moore's Law", Intel Corporation, www.intel.com/technology/mooreslaw.
29. Veja notas relevantes sobre a discussão acerca da AMD na parte inicial deste capítulo.
30. Stratford P. Sherman, "Microsoft's drive to dominate software", *Fortune*, 23 jan. 1984, p. 82; Greg Heberlein, "Microsoft stock filing unveils secrets", *Seattle Times*, 4 fev. 1986, p. B1; James Wallace e Jim Erickson, *Hard drive* (New York: Harper Business, 1992), p. 314; Brent Schlender, "What Bill Gates really wants", *Fortune*, 16 jan. 1995; Jim Carlton, *Apple* (New York: Random House, 1997), p. 132; Steve Hamm, "Gates on bullies, browsers – and the future", *Business Week*, 19 jan. 1998; David Bank, "Paneful struggle: how Microsoft's ranks wound up in civil war over Windows' future", *Wall Street Journal*, 1 fev. 1999, p. A1; Carl Johnston, Michael Rukstad e David Yoffie, "Microsoft, 2000", Harvard Business School, estudo de caso n. 9-700-071 (Boston: Harvard Business School Publishing, 2000), p. 20-1.
31. Morgan Stanley & Co. e Hambrecht & Quist, "Prospectus: Apple Computer, Inc., common stock", Apple Inc., 12 dez. 1980; John Eckhouse, "It's final – Apple chairman resigns", *San Francisco Chronicle*, 20 set. 1985; G. Pascal Zachary, "Apple plans cutbacks as its profits sour", *Wall Street Journal*, 19 jan. 1990, p. B1; Don Clark, "Apple's gassee confirms resignation", *San Francisco Chronicle*, 3 mar. 1990, p. B2; Richard Brandt, "Information processing: the toughest job in the computer business – Michael Spindler tripled Apple sales in Europe. Will his magic work in America?", *Business Week*, 19 mar. 1990, p. 118. Barbara Buell, "Apple: New Team, New Strategy", *Business Week*, 15 out. 1990, p. 86; Bill Richards, Michael Gibbs e Michael Beer, "Apple Computer (D): epilogue", Harvard Business School, estudo de caso n. 9-492-013 (Boston: Harvard Business School Publishing, 1991), p. 3; "Apple finance chief quits after pushing for a merger", *Wall Street Journal*, 5 out. 1995, p. B1; Peter Burrows, "Almost down to the core? Apple is facing a disturbing management exodus", *Business Week*, 20 nov. 1995; Kathy Rebello, "The fall of an American icon", *Business Week*, 5 fev. 1996; Jim Carlton e Lee Gomes, "Apple Computer chief Amelio is ousted", *Wall Street Journal*, 10 jul. 1997, p. A3; Jim Carlton, "Apple names Steve

Jobs interim CEO", *Wall Street Journal*, 17 set. 1997, p. A3; Apple Inc., formulário 10-K referente ao ano fiscal de 2002 (Cupertino, CA: Apple Inc., 2002).
32. James D. Berkley e Nitin Nohria, "Amgen Inc.: planning the unplannable", Harvard Business School, estudo de caso n. 9-492-052 (Boston: Harvard Business School Publishing, 1992), p. 11; Amy Tsao, "Amgen: will bigger be better?", *Business Week*, 2 jan. 2002; David Stipp, "Biotech's new colossus: move over, big pharma. Amgen boasts better growth", *Fortune*, 15 abr. 2002; Frank DiLorenzo, "For Amgen, a very healthy prognosis", *Business Week*, 10 ago. 2004; Amgen Inc., relatórios anuais dos anos fiscais de 1985, 1990, 1995 e 2000-2002 (Thousand Oaks, CA: Amgen Inc, 1985, 1990, 1995 e 2000-2002).
33. Veja notas relevantes sobre a discussão acerca da Genentech na parte inicial deste capítulo.
34. Geoffrey Smith, "Pay that was justified – and pay that just mystified", *Business Week*, 6 maio 1991, p. 92; Michael Brush, "Millions in the bank, if they don't stumble", *New York Times*, 3 mar. 1997; "Dane Miller – Biomet Inc. (BMET): CEO interview", *Wall Street Transcript*, 15 jul. 2002; Biomet Inc., relatórios anuais dos anos fiscais de 1982, 1987, 1992, 1997 e 2002 (Warsaw, IN: Biomet Inc., 1982, 1987, 1992, 1997 e 2002).
35. M. L. Mead: Scott & Stringfellow Inc., "Kirschner Medical Corporation – company report", *The Investext Group*, 17 fev. 1989; J. H. Berg: J. C. Bradford & Co., "Kirschner Medical Corporation – company report", *The Investext Group*, 19 maio 1989, p. 1; Stan Hinden, "Kirschner Medical to sell Surgical Lighting Division", *Washington Post*, 3 abr. 1990, p. D01; Jason Zweig, "The bone doctor's plan", *Forbes*, 20 jan. 1992, p. 92; Jessica Hall, "Torn between two bidders: Kirschner's enviable dilemma", *Warfield's Business Record*, 1 jul. 1994, p. 3; Jessica Hall, "Kirschner accepts deal with orthopedics giant to end seven-week bidding war", *Warfield's Business Record*, 22 jul. 1994, p. 11.
36. Mary Jo Waits et al., *Beat the odds* (Tempe and Phoenix, AZ: Morrison Institute for Public Policy and Center for the Future of Arizona, 2006); Beat the Odds Institute, www.beattheoddsinstitute.org/overview/index.php.
37. Mary Jo Waits et al., ibid., p. 16, 25, 29, 36 e 43; Arizona Indicators: a program managed by Morrison Institute for Public Policy, http://arizonaindicators.org/education.
38. Louise Kehoe, "How immodesty becomes a Silicon Valley resident", *Financial Times*, 30 jan. 1984, p. 10; "Advanced-micro: goal is to be no. 1 U.S. integrated circuit producer by 1990", *Business Wire*, 11 set. 1984; Peter Dworkin, "Silicon Valley's vale of tears", *U.S. News & World Report*, 2 mar. 1987, p. 47; Jeffrey L. Rodengen, *The spirit of AMD: Advanced Micro Devices* (Ft. Lauderdale, FL: Write Stuff Enterprises Inc., 1998), p. 82-3; Moody's Investors Service and Mergent FIS Inc., *1973-1986 Moody's OTC Industrial Manual* (New York: Moody's Investors Service, 1973-1986).
39. Advanced Micro Devices (AMD), relatório anual do ano fiscal de 1987 (Sunnyvale, CA: Advanced Micro Devices, 1987).
40. Peter Dworkin, "Silicon Valley's vale of tears", *U.S. News & World Report*, 2 mar. 1987, p. 47; Dale Wettlaufer, "Interview with Vladi Catto", *Motley Fool*, 21 jun. 1996; Douglas A. Irwin, "Trade policies and the semiconductor industry", *National Bureau of Economic Research*, jan. 1996, p. 27; Moody's Investors Service and Mergent FIS Inc., *1973-1986 Moody's OTC Industrial Manual* (New York: Moody's Investors Service, 1973-1986). Fonte de todos os cálculos de retorno sobre o investimento em ações contidos neste trabalho: ©2061 CRSP®, Center for Research in Security Prices. Booth School of Business, The University of Chicago. Utilização autorizada. Todos os direitos reservados. www.crsp.chicagobooth.edu. Advanced Micro Devices, relatórios anuais dos anos fiscais de 1987 e 1997-2002 (Sunnyvale, CA: Advanced Micro Devices, 1987 e 1997-2002).
41. Roald Amundsen, *The South Pole* (McLean, VA: IndyPublish.com, 2009), "The first account", p. 213 e 263; Roland Huntford, *The last place on Earth* (New York: Random House, 1999), p. 412-3, 419, 441-3, 466-7 e 483-4.
42. "Hot reception seen today for Genentech as first gene-splicing firm to go public", *Wall Street Journal*, 14 out. 1980, p. 6; Nell Henderson, "Biotech breakthrough focuses on heart attacks", *Washington Post*, 12 out. 1986, p. H1; Charles McCoy, "Genentech's new CEO seeks clean Slate – Levinson takes charge at biotech firm after Raab's ouster", *Wall Street Journal*, 12 jul. 1995, p. B6; Bernadette Tansey, "Genentech proves the skeptics wrong",

San Francisco Chronicle, 21 dez. 2003; Genentech Inc., relatórios anuais dos anos fiscais de 1985 e 1991 (San Francisco: Genentech Inc., 1985 e 1991); Genentech Inc., www.gene.com.
43. David R. Olmos, "Genentech ousts CEO over conflict question", *Los Angeles Times*, 11 jul. 1985, p. D1; Charles McCoy, "Genentech's new CEO seeks clean slate – Levinson takes charge at biotech firm after Raab's ouster", *Wall Street Journal*, 12 jul. 1995, p. B6; Wayne Koberstein, "Youthful maturity", *Pharmaceutical Executive*, mar. 1999, p. 47; "Arthur D. Levenson – Genentech Inc. (GNE) CEO interview", *Wall Street Transcript*, 26 jan. 1998 (nota: o título do artigo aparece como no original, com um erro de grafia no nome de Levinson). Dados sobre o lucro líquido para o gráfico extraídos de: Genentech Inc., relatórios anuais dos anos fiscais de 1980 a 2008 (San Francisco: Genentech Inc., 1980-2008). Fonte de todos os cálculos de retorno sobre o investimento em ações contidos neste trabalho: ©20061 CRSP®, Center for Research in Security Prices. Booth School of Business, The University of Chicago. Utilização autorizada. Todos os direitos reservados. www.crsp.chicagobooth.edu. *Business Week Online*, http://investing.businessweek.com/businessweek/research/stocks/people/person.asp?personId=234085&ticker=DNA:CN.
44. "Arthur D. Levenson – Genentech Inc. (GNE) CEO interview", *Wall Street Transcript*, 26 jan. 1998 (nota: o título do artigo aparece exatamente como está no original, com um erro de grafia no nome de Levinson).

CAPÍTULO 4: PRIMEIRO BALAS DE REVÓLVER, DEPOIS BALAS DE CANHÃO

1. Citado por Mimi Real e Robert Warren em *A revolution in progress... A history of Intel to date* (Santa Clara, CA: Intel Corporate Communications Department, 1984), p. 17.
2. Gary Kissel, *Poor sailors' airline* (McLean, VA: Paladwr Press, 2002), p. viii, 21, 23, 69, 80, 116-7, 145 e 171-2.
3. Ibid., p. 118-9; Richard Curry, "The skies of Texas", *New York Times*, 18 jul. 1971; PSA Inc., relatório anual do ano fiscal de 1967 (San Diego: PSA Inc., 1967).
4. "Love is ammunition for a Texas airline", *Business Week*, 26 jun. 1971; Gary Kissel, op. cit., p. 171.
5. Gary Kissel, op. cit., p. 171-2; Lamar Muse, *Southwest passage: the inside story of Southwest Airlines' formative years* (Austin, TX: Eakin Press, 2002), p. 84; Christopher H. Lovelock, "Southwest Airlines (A)", Harvard Business School, estudo de caso n. 9-575-060 (Boston: Harvard Business School Publishing, 1985).
6. "USAir completes takeover of Pacific Southwest", *Washington Post*, 30 maio 1987.
7. A análise comparativa de patentes utilizou material de três fontes: (1) base de dados oficial do United States Patent and Trademark Office (USPTO, Escritório de Marcas e Patentes dos Estados Unidos), (2) Dialog Research Services e (3) professor Jasjit Singh, da escola de negócios Insead, base de dados da análise de citação de patentes; "USPTO patent full-text and image database", United States Patent and Trademark Office, www.uspto.gov; "New biotechnology companies", *Science*, 11 fev. 1983; "Corporate chronology", Genentech Inc., www.gene.com/gene/about/corporate/history/timeline.html.
8. Noreen Seebacher, "Stryker products: just what the doctor ordered", *Detroit News*, 6 maio 1991, p. 3F; Barry Stavro, "The hipbone's connected to the bottom line", *Forbes*, 3 dez. 1984; Ron Winslow, "As marketplace shifts, U.S. Surgical needs patching up", *Wall Street Journal*, 18 fev. 1994; United States Surgical Corporation, relatório anual do ano fiscal de 1987 (Norwalk, CT: United States Surgical Corporation, 1987); Christine Shenot, "U.S. Surgical innovations are cut above rest", *Investor's Daily*, 5 mar. 1991, p. 36; "Corporate critics confidential: medical technology", *Wall Street Transcript*, 11 fev. 1991.
9. "Stakes are large in battle for microprocessor market", *Globe and Mail*, 24 nov. 1980, p. B5; "Section three: the great dark cloud falls: IBM's choice", CPU Shack, www.cpushack.com/CPU/cpu3.html; George W. Cogan e Robert A. Burgelman, "Intel Corporation (A): the DRAM decision", Graduate School of Business, Stanford University, estudo de caso n. S-BP-256 (Palo Alto, CA: Graduate School of Business, Stanford University, 1989), p.

9-10; Ashish Nanda e Christopher A. Bartlett, "Intel Corporation – leveraging capabilities for strategic renewal", Harvard Business School, estudo de caso n. 9-394-141 (Boston: Harvard Business School Publishing, 1994), p. 3; Aditya P. Mathur, *Introduction to microprocessor* (Noida, Índia: Tata McGraw-Hill, 1989, 3. ed.), p. 111; "History: 50 years of industry leadership", National Semiconductor, www.national.com/analog/company/history; "Intel 8086", *Webster's Online*, www.websters-online-dictionary.org/definitions/Intel+8086?cx=partner-pub-0939450753529744%3Av0qd01-tdlq&cof=FORID%3A9&ie=UTF--8&q=Intel+8086&sa=Search#922; Andrew Pollack, "Intel offers a 32-bit microprocessor", *New York Times*, 17 out. 1985; Brenton R. Schlender, "Fast game: Intel introduces a chip packing huge power and wide ambitions", *Wall Street Journal*, 28 fev. 1989.
10. Gerard J. Tellis e Peter N. Golder, *Will and vision* (New York: McGraw-Hill, 2002), p. xiii--xv, 43, 46 e 290-2.
11. Gene Bylinsky, "How Intel won its bet on memory chips", *Fortune*, nov. 1973, p. 147, 184 e 189; Intel Corporation, relatório anual do ano fiscal de 1971 (Santa Clara, CA: Intel Corporation, 1971).
12. Gene Bylinsky, ibid., p. 147.
13. Ibid., p. 184.
14. "New leaders in semiconductors", *Business Week*, 1 mar. 1976.
15. Ibid.
16. Gene Bylinsky, op. cit., p. 184; Gordon E. Moore, "Cramming more components onto integrated circuits", anais do IEEE, jan. 1998 (trata-se de uma republicação do material original: Gordon E. Moore, "Cramming more components onto integrated circuits", *Electronics*, 19 abr. 1965); Leslie Berlin, *The man behind the microchip* (New York: Oxford University Press, 2005), p. 227; Victor K. McElheny, "High-technology jelly bean ace", *New York Times*, 5 jun. 1977; Robert A. Burgelman, Modesto A. Maidique e Steven C. Wheelwright, *Strategic management of technology and innovation* (New York: McGraw-Hill/Irwin, 2001, 3. ed.), p. 931.
17. Conversa pessoal com o autor.
18. David Ewing Duncan, *The Amgen story: 25 years of visionary science and powerful medicine* (San Diego: Tehabi Books, 2005), p. 16, 22-4, 29 e 31; James D. Berkley e Nitin Nohria, "Amgen Inc.: planning the unplannable", Harvard Business School, estudo de caso n. 9-492-052 (Boston: Harvard Business School Publishing, 1992), p. 2.
19. David Ewin Duncan, ibid., p. 14, 16, 24, 29, 31, 35 e 52-3; Seanna Browder, "How George Rathmann mastered the science of the deal", *Business Week*, 30 nov. 1998.
20. David Ewing Duncan, ibid., p. 35.
21. Smith Barney, Harris Upham & Co., Dean Witter Reynolds Inc. e Montgomery Securities, "Prospectus: Amgen common stock", *Amgen Inc.*, 17 jun. 1983, p. 13-7.
22. David Ewing Duncan, op. cit., p. 72 e 77-82; Felix Oberholzer-Gee e Dennis Yao, "Amgen Inc.'s Epogen: commercializing the first biotech blockbuster drug", Harvard Business School, estudo de caso n. 7-064-54 (Boston: Harvard Business School Publishing, 2005).
23. Craig E. Aronoff e John L. Ward, *Contemporary entrepreneurs* (Detroit: Omnigraphics Inc., 1992), p. 356; Matthew Herper, "Dane Miller: CEO value to the bone", *Forbes*, 8 maio 2001; Fred R. David, *Strategic management* (Upper Saddle River, NJ: Prentice Hall, 2003), p. 376; "Biomet Inc.", *Wall Street Transcript*, 31 jan. 1994; Richard F. Hubbard e Jeffrey L. Rodengen, *Biomet Inc.: from Warsaw to the world* (Ft. Lauderdale, FL: Write Stuff Enterprises Inc., 2002), p. 49, 72, 83, 108 e 114; "Biomet History", Biomet, www.biomet.com/corporate/biometTimeline.cfm.
24. Baseado no patrimônio líquido da empresa no final de 1987.
25. M. L. Mead: Scott & Stringfellow Inc., "Kirschner Medical Corporation – company report", *The Investext Group*, 17 fev. 1989, p. 6; "Kirschner Medical purchase", *Wall Street Journal*, 4 maio 1988; Susan J. Stocker, "After a dark year, Kirschner restores its new subsidiary", *Washington Business Journal*, 19 jun. 1989; Jessica Hall, "Torn between two bidders: Kirschner's enviable dilemma", *Warfield's Business Record*, 1 jul. 1994; L. C. Marsh: Wheat First Butcher & Singer Inc., "Kirschner Medical Corporation – company report", *The Investext Group*, 8 out. 1990; L. C. Marsh: Wheat First Butcher & Singer Inc., "Kirschner Medical Corporation – company report", *The Investext Group*, 18 set. 1991. Os dados para o gráfico foram extraídos de fontes citadas nesta nota e nas duas anteriores.

26. Gary Kissel, *Poor sailors' airline* (McLean, VA: Paladwr Press, 2002), p. 148, 159, 172-3, 186 e 193; "Pacific Southwest Airlines", *Wall Street Transcript*, 20 out. 1969.
27. "Big jets trip up a go-go airline", *Business Week*, 14 abr. 1975; Robert Lindsey, "A fallen model for deregulation", *New York Times*, 13 jul. 1975; PSA Inc., relatórios anuais dos anos fiscais de 1970 e 1973 (San Diego: PSA Inc., 1970 e 1973); Gary Kissel, ibid., p. 173, 179, 193 e 196.
28. Gary Kissel, ibid., p. 186-7, 193 e 196-7; Robert Lindsey, ibid.
29. Richard B. Schmitt e Roy J. Harris Jr., "Braniff-PSA joint venture is succeeded by plan to lease 30 of grounded line's jets", *Wall Street Journal*, s/d; John S. DeMott, Mark Seal e Michael Weiss, "Bankruptcy at Braniff", *Time*, 24 maio 1982; Gary Kissel, ibid., p. 196, 261, 265, 273-4, 280 e 287; Jeffrey M. Lenorovitz, "PSA, lockheed sue in L-1011 dispute", *Aviation Week & Space Technology*, 8 jan. 1979; Joan M. Feldman, "PSA switch to DC-9-80 beginning to pay dividends", *Air Transport World*, dez. 1981; "Death over San Diego", *Time*, 9 out. 1978.
30. Agis Salpukas, "US Air to buy PSA for $400 million", *New York Times*, 9 dez. 1986; Gary Kissel, ibid., p. 301.
31. Katrina Brooker, Herb Kelleher e Alynda Wheat (repórter associada), "The chairman of the board looks back", *Fortune*, 21 maio 2001; Tom Krazit, "Intel to discontinue Rambus chip sets", *IDG News*, 21 maio 2003; Jeff Chappell, "The costly Rambus bandwagon", *Electronic News*, 6 nov. 2000.
32. The Progressive Corporation, relatório anual do ano fiscal de 1986 (Mayfield Village, OH: The Progressive Corporation, 1986), p. 17 e 24; "Like to drink and drive?", *Financial World*, 27 nov. 1990; Nicolaj Siggelkow e Michael E. Porter, "Progressive Corporation", Harvard Business School, estudo de caso n. 9-797-109 (Boston: Harvard Business School Publishing, 1998), p. 15; Gregory E. David, "Chastened?", *Financial World*, 4 jan. 1994; Jay Greene, "Progressive Corp. high-risk insurer flying high again", *Plain Dealer*, 7 jun. 1993.
33. Jay Greene, ibid.; Robert G. Knowles, "Progressive launches marketing 'experiment'", *National Underwriter Property & Casualty-Risk & Benefits Management*, 22 jul. 1991.
34. Robert G. Knowles, ibid.; Jay Greene, "Progressive Corp. takes chance on standard coverage", *Plain Dealer*, 7 set. 1991; Colleen Mulcahy, "Agents uneasy with Progressive auto contract", *National Underwriter Property & Casualty-Risk & Benefits Management*, 27 set. 1993; James King, "Risk has its rewards", *Plain Dealer*, 20 jun. 1994, p. 2S; Frances X. Frei e Hanna Rodriguez-Farrar, "Innovation at Progressive (A): pay-as-you-go insurance", Harvard Business School, estudo de caso n. 9-602-175 (Boston: Harvard Business School Publishing, 2004), p. 4; "Total auto, total premiums written – 2002", *Best's Review*, out. 2003; The Progressive Corporation, relatório anual do ano fiscal de 1996 (Mayfield Village, OH: The Progressive Corporation, 1996).
35. Frances X. Frei e Hanna Rodriguez-Farrar, "Innovation at Progressive (B): homeowners insurance", Harvard Business School, estudo de caso n. 9-601-138 (Boston: Harvard Business School Publishing, 2004), p. 2; Elisabeth Boone, "Recipe for success", *Rough Notes*, abr. 2002.
36. "Love is ammunition for a Texas airline", *Business Week*, 26 jun. 1971; Roland Huntford, *The last place on Earth* (New York: Modern Library, 1999), p. 91, 94 e 256.
37. James Wallace e Jim Erickson, *Hard drive* (New York: Harper-Business, 1992), p. 172-6.
38. Richard Brandt e Katherine M. Hafner, "The waiting game that Microsoft can't lose", *Business Week*, 12 set. 1988; James Wallace e Jim Erickson, ibid., p. 346-51.
39. James Wallace e Jim Erickson, ibid., p. 349; Richard Brandt e Katherine M. Hafner, ibid.
40. Richard Brandt e Katherine M. Hafner, ibid.; "Gates reaffirms faith in OS2", *Computer Weekly*, 16 mar. 1989; "Windows keeps rolling toward a career year", *PC Week*, 17 jul. 1989.
41. Richard Brandt e Evan I. Schwartz, "IBM and Microsoft: they're still talking, but…", *Business Week*, 1 out. 1990; Philip M. Rosenzweig, "Bill Gates and the management of Microsoft", Harvard Business School, estudo de caso n. 9-392-019 (Boston: Harvard Business School Publishing, 1993); "Microsoft shipments of Windows exceed one million a month", *Wall Street Journal*, 12 ago. 1992; Carl Johnston, Michael Rukstad e David Yoffie, "Microsoft, 2000", Harvard Business School, estudo de caso n. 9-700-071 (Boston: Harvard Business School Publishing, 2000), p. 3; "Microsoft company", Operating System, www.operating-

system.org/betriebssystem/_english/fa-microsoft.htm; "A history of Windows", Microsoft Corporation, http://windows.microsoft.com/en-US/windows/history.
42. Jerry Useem, "Simply irresistible", *Fortune*, 19 mar. 2007; "Apple stores", ifoAppleStore, www.ifoapplestore.com/stores/chronology_2001-2003.html.
43. John Markoff, "An 'unknown' co-founder leaves after 20 years of glory and turmoil", *New York Times*, 1 set. 1997; "The television program transcripts: part III – Triumph of the nerds", PBS, www.pbs.org/nerds/part3.html; Gregory C. Rogers e Michael Beer, "Apple Computer (A) (abridged): corporate strategy and culture", Harvard Business School, estudo de caso n. 9-495-044 (Boston: Harvard Business School Publishing, 1997), p. 4; Mary Kwak e David B. Yoffie, "Apple Computer 1999", Harvard Business School, estudo de caso n. 9-799-108 (Boston: Harvard Business School Publishing, 1999), p. 6. Fonte de todos os cálculos de retorno sobre o investimento em ações contidos neste trabalho: ©20061 CRSP®, Center for Research in Security Prices. Booth School of Business, The University of Chicago. Utilização autorizada. Todos os direitos reservados. www.crsp.chicagobooth.edu. Jai Singh, "Dell: Apple should close shop", *CNET News*, 6 out. 1997.
44. Mary Kwak e David B. Yoffie, "Apple Computer 1999", Harvard Business School, estudo de caso n. 9-799-108 (Boston: Harvard Business School Publishing, 1999), p. 12-3; Gabriel Madway, "Apple CEO-in-waiting Tim Cook haunted by vision quest", *Reuters*, 23 fev. 2011; Jim Carlton, *Apple* (New York: Random House, 1997), p. 15; Apple Inc., formulário 10-K referente ao ano fiscal de 1997 (Cupertino, CA: Apple Inc., 1997); Yusi Wang e David B. Yoffie, "Apple Computer 2002", Harvard Business School, estudo de caso n. 9-702-469 (Boston: Harvard Business School Publishing, 2003). Os custos (nesse caso, vendas e despesas gerais e administrativas) diminuíram em percentual das vendas.
45. Julie Hennessy e Andrei Najjar, "Apple Computer, Inc.: think different, think online music", Kellogg School of Management, estudo de caso n. KEL065 (Evanston, IL: Northwestern University, 2004), p. 2-3 e 6; Brent Schlender, "How big can Apple get?", *Fortune*, 21 fev. 2005; Rob Walker, "The guts of a new machine", *New York Times*, 30 nov. 2003.
46. Julie Hennessy e Andrei Najjar, ibid., p. 6; David B. Yoffie e Michael Slind, "Apple Computer 2006", Harvard Business School, estudo de caso n. 9-706-496 (Boston: Harvard Business School Publishing, 2007), p. 13; Morten T. Hansen, *Collaboration* (Boston: Harvard Business School Publishing, 2009), p. 7.
47. Apple Inc., formulário 10-K referente aos anos fiscais de 2001 e 2002 (Cupertino, CA: Apple Inc., 2001 e 2002).
48. Rob Walker, "The guts of a new machine", *New York Times*, 30 nov. 2003; David B. Yoffie e Michael Slind, "Apple Computer 2006", Harvard Business School, estudo de caso n. 9-706-496 (Boston: Harvard Business School Publishing, 2007), p. 17; Julie Hennessy e Andrei Najjar, "Apple Computer, Inc.: think different, think online music", Kellogg School of Management, estudo de caso n. KEL065 (Evanston, IL: Northwestern University, 2004), p. 6-9; Olga Kharif, "iPod: a seed for growth", *Business Week*, 27 ago. 2002.
49. Com base na participação de mercado da Apple em 2001, que era menor que 5%.
50. Yusi Wang e David B. Yoffie, "Apple Computer 2002", Harvard Business School, estudo de caso n. 9-702-469 (Boston: Harvard Business School Publishing, 2003); Peter Burrows, "Steve Jobs: 'I'm an optimist'", *Business Week Online*, 13 ago. 2003; "iPod + iTunes timeline", Apple Inc., www.apple.com/pr/products/ipodhistory; Julie Hennessy e Andrei Najjar, "Apple Computer, Inc.: think different, think online music", Kellogg School of Management, estudo de caso n. KEL065 (Evanston, IL: Northwestern University, 2004), p. 11; David B. Yoffie e Michael Slind, "Apple Computer, 2006", Harvard Business School, estudo de caso n. 9-706-496 (Boston: Harvard Business School Publishing, 2007), p. 17.
51. Jim Carlton, *Apple: the inside story of intrigue, egomania, and business blunders* (New York: Harper Business, 1997), p. 394-428; Miguel Helft e Ashlee Vance, "Apple passes Microsoft as no. 1 in tech", *New York Times*, 26 maio 2010.

CAPÍTULO 5: LIDERAR ACIMA DA LINHA DA MORTE

1. Citação extraída do site Quotable Emerson, www.quotableemerson.com/allquotes.php.
2. David Breashears, *High exposure* (New York: Simon & Schuster Paperbacks, 1999), p. 149, 214, 231, 242 e 250-1; "Ed Viesturs on IMAX Everest: the exclusive Mountain Zone interview", *Mountain Zone*, http://classic.mountainzone.com/climbing/everest/imax.
3. David Breashears, ibid., p. 149 e 250-2.
4. Ibid., p. 251-3, 255-6 e 261.
5. Ibid., p. 224, 232-4 e 252-3.
6. Ibid., p. 237, 240 e 254-5; Jon Krakauer, *Into thin air* (New York: Anchor Books, 1997), p. 68.
7. David Breashears, ibid., p. 284, 289 e 291; John Krakauer, ibid.; National Geographic Adventure, www.nationalgeographic.com/adventure/everest/index.html; "Everest fatalities", Adventure Stats, www.adventurestats.com/tables/everestfatilities.shtml.
8. David Breashears, ibid., p. 217 e 298; Jon Krakauer, ibid., p. 27, 34-6, 65 e 68-9.
9. David Breashears, ibid., p. 224; Jon Krakauer, ibid., p. 153 e 207-10; *Storm over Everest* (Washington, DC: PBS Frontline, 2008), documentário, DVD.
10. Jon Krakauer, ibid., p. 171.
11. David Breashears, ibid., p. 217, 232, 261, 265, 281, 284, 289 e 296; Jon Krakauer, ibid., p. 208, 214 e 258; *Storm over Everest*, ibid.
12. Intel Corporation, relatórios anuais dos anos fiscais de 1997 e 1999 (Santa Clara, CA: Intel Corporation, 1997 e 1999); Advanced Micro Devices, relatório anual do ano fiscal de 1999 (Sunnyvale, CA: Advanced Micro Devices, 1999). Cálculos baseados no caixa da empresa e nos investimentos de curto prazo.
13. "Intel: the microprocessor champ gambles on another leap forward", *Business Week*, 14 abr. 1980, p. 94; Mimi Real e Robert Warren, *A revolution in progress... A history of Intel to date* (Santa Clara, CA: Intel Corporate Communications Department, 1984), p. 7 e 46; Leslie Berlin, *The man behind the microchip* (New York: Oxford University Press, 2005), p. 172.
14. Steven Rosenbush, Robert D. Hof e Ben Elgin, "Too much cash, too little innovation", *Business Week*, 18 jul. 2005; Jeremy Quittner, "Entrepreneurs hoard cash", *Business Week*, 16 abr. 2008; Ben McClure, "Cash: can a company have too much?", Investopedia, http://boards.investopedia.com/articles/fundamental/03/062503.asp.
15. Tim Olper, Lee Pinkowitz, Rene Stulz e Rohan Williamson, "The determinants and implications of corporate cash holdings", *Journal of Financial Economics*, 1999, p. 17. Nota: nas demonstrações financeiras, as empresas de seguros reportam a liquidez de maneira diferente da dos outros setores presentes em nosso estudo; por isso, a razão entre caixa e ativos foi excluída dessa estatística.
16. Nassim Nicholas Taleb, *The black swan: the impact of the highly improbable* (New York: Random House, 2007 [ed. brasileira: *A lógica do cisne negro: o impacto do altamente improvável*. São Paulo: Best Seller, 2008]); Nassim N. Taleb Home & Professional Page, www.fooledbyrandomness.com.
17. Southwest Airlines Co., relatório anual do ano fiscal de 1991 (Dallas: Southwest Airlines Co., 1991), p. 3.
18. Terry Maxon, "Southwest Airlines' chances for survival good in industry crisis", *Knight Ridder/Tribune Business News*, 4 out. 2001; "It must be the peanuts", *CFO*, dez. 2001, p. 48; Kim Clark, "Nothing but the plane truth", *U.S. News & World Report*, 31 dez. 2001, p. 58; "Southwest Airlines soars with Morningstar's CEO of the Year Award", *PR Newswire*, 4 jan. 2002; Southwest Airlines Co., relatório anual do ano fiscal de 2001 (Dallas: Southwest Airlines Co., 2001), p. 5; Southwest Airlines Co., relatório anual do ano fiscal de 2002 (Dallas: Southwest Airlines Co., 2002), p. 2.
19. "It must be the peanuts", *CFO*, dez. 2001, p. 48; Marc L. Songini, "Southwest expands business tools' role: will manage operational data with tools that helped stabilize finances after attacks", *Computerworld*, 15 jul. 2002, p. 6; Southwest Airlines Co., relatório anual do ano fiscal de 2001 (Dallas: Southwest Airlines Co., 2001), p. 4.
20. *Good to great*, DVD produzido por Sam Tyler (Boston: Northern Light Productions, 2006).

21. David Breashears, *High exposure* (New York: Simon & Schuster Paperbacks, 1999), p. 251-6, 265 e 285.
22. Andy Grove e Bethany McClean, "Taking on prostate cancer", *Fortune*, 13 maio 1996.
23. Dados para este parágrafo e para o gráfico: Stryker Corporation, relatórios anuais dos anos fiscais de 1989, 1990, 1992, 1994, 1996, 1997 e 1998 (Kalamazoo, MI: Stryker Corporation, 1989, 1990, 1992, 1994, 1996, 1997 e 1998).
24. Brenda Rios, "Kalamazoo, Mich., medical products firm to buy Pfizer Orthopedics Unit", *Knight Ridder/Tribune Business News*, 14 ago. 1998; James P. Miller, "Conservative Stryker joins the merger game in a big way", *Wall Street Journal*, 21 ago. 1998, p. 1; Stryker Corporation, relatório anual do ano fiscal de 1998 (Kalamazoo, MI: Stryker Corporation, 1998), p. 6.
25. Brenda Rios, ibid.; James P. Miller, ibid.; Stryker Corporation, relatórios anuais dos anos fiscais de 1989, 1996, 1998 e 2000 (Kalamazoo, MI: Stryker Corporation, 1989, 1996, 1998 e 2000).
26. Conversa pessoal com o autor.
27. Daniel J. Simons e Christopher F. Chabris, "Gorillas in our midst: sustained inattentional blindness for dynamic events", *Perception*, 1999, p. 1059-70.
28. Encontramos três grafias diferentes para o nome do Sr. Buckhout. Optamos por usar o nome tal como aparece no livro que conta a história oficial dos primeiros 15 anos da Intel: Mimi Real e Robert Warren, *A revolution in progress... A history of intel to date* (Santa Clara, CA: Intel Corporate Communications Department, 1984), p. 15.
29. William H. Davidow, *Marketing high technology* (New York: The Free Press, 1986), p. 1-11; Mimi Real e Robert Warren, ibid.
30. Mimi Real e Robert Warren, ibid.; William H. Davidow, ibid., p. 4-6.
31. William H. Davidow, ibid., p. 7-8 e 10; Katie Woodruff, *Defining Intel: 25 years/25 events* (Santa Clara, CA: Intel Corporation, 1993), p. 16; Tim Jackson, *Inside Intel: Andy Grove and the rise of the world's most powerful chip company* (New York: Plume, 1997), p. 194.
32. Gordon M. Binder, *Amgen* (The Newcomen Society of the United States, 1998), p. 12; David Ewing Duncan, *The Amgen story: 25 years of visionary science and powerful medicine* (San Diego: Tehabi Books, 2005), p. 84-5.
33. Ellen Benoit, "Breakfast at the Ritz", *Financial World*, 10 mar. 1987, p. 18; Marilyn Chase, "FDA Panel rejection of anti-clot drug sets Genentech back months, perils stock", *Wall Street Journal*, 1 jun. 1987, p. 26; Jesus Sanchez, "Rejection of Genentech's heart drug surprises biotechnology investors", *Los Angeles Times*, 2 jun. 1987, p. 1; Stuart Gannes e Gene Bylinsky, "The big boys are joining the biotech party: corporate giants are about to crowd the start-ups", *Fortune*, 6 jul. 1987, p. 58; Andrew Pollack, "Taking the crucial next step at Genentech", *New York Times*, 28 jan. 1990.
34. Jesus Sanchez, ibid.; Brenton R. Schlender, "Genentech's missteps and FDA policy shift led to TPA setback", *Wall Street Journal*, 16 jun. 1987, p. 1.
35. Marilyn Chase, "FDA Panel rejection of anti-clot drug sets Genentech back months, perils stock", *Wall Street Journal*, 1 jun. 1987, p. 26; Jesus Sanchez, ibid.; "Paradise postponed", *Economist*, 6 jun. 1987; "Genentech, biotechnology stocks tumble after ruling on TPA drug for blood clots", *Wall Street Journal*, 2 jun. 1987, p. 3.
36. Reginald Rhein Jr., "FDA pulls out the stops to approve Genentech's TPA", *Chemical Week*, 25 nov. 1987, p. 9.
37. Joan O'C. Hamilton e Reginald Rhein Jr., "A nasty shock for Genentech", *Business Week*, 15 jun. 1987, p. 37; Reginald Rhein Jr., ibid., p. 10.
38. Helen Wheeler, "The race after Genentech", *High Technology Business*, set. 1987, p. 38 e 42; Joan O'C. Hamilton, "Rivals horn in on Genentech's heart drug", *Business Week*, 26 out. 1987, p. 112L.
39. Don Clark, "Genentech may set trend: deal gives biotech firm R&D money", *San Francisco Chronicle*, 3 fev. 1990, p. B1; Jane Fitz Simon, "Swiss firm to buy US biotech giant", *Boston Globe*, 3 fev. 1990, p. 1; Karol Neilsen, "Roche floats Genentech shares", *Chemical Week*, 17 nov. 1999, p. 33; Andrew Pollack, "Roche offers $43.7 billion for shares in Genentech it does not already own", *New York Times*, 22 jul. 2008, p. 6; "Swiss drug giant Roche buys up Genentech", CBS News, March 12, 2009, www.cbsnews.com/sto-

ries/2009/03/12/business/main4861008.shtml?source=RSSattr=Health_4861008. Fonte de todos os cálculos de retorno sobre o investimento em ações contidos neste trabalho: ©20061 CRSP®, Center for Research in Security Prices. Booth School of Business, The University of Chicago. Utilização autorizada. Todos os direitos reservados. www.crsp.chicagobooth.edu.
40. Roland Huntford, *The last place on Earth* (New York: Random House, 1999), p. 197, 202 e 204-6; Roald Amundsen, *The South Pole* (McLean, VA: IndyPublish.com, 2009), p. 25-6.
41. Roland Huntford, ibid., p. 284-5 e 288; Roald Amundsen, ibid., p. 70-2, 205-7 e 346.

CAPÍTULO 6: RECEITA EMC

1. *O doente imaginário*, terceiro ato, cena III.
2. Howard D. Putnam e Gene Busnar, *The winds of turbulence* (Reno, NV: Howard D. Putnam Enterprises Inc., 1991), p. 8, 12-4 e 302.
3. Howard D. Putnam, "Southwest Airlines Co.: presentation by Howard D. Putnam, president and chief executive officer, before the Dallas Association of Investment Analysts", *Wall Street Transcript*, 28 maio 1979; "Texas Gets Bigger", *Forbes*, 12 nov. 1979.
4. "Icelandair", Funding Universe, www.fundinguniverse.com/company-histories/Icelandair-Company-History.html.
5. "Fact sheet: fleet", Southwest Airlines Co., www.southwest.com/html/about-southwest/history/fact-sheet.html.
6. James Wallace e Jim Erickson, *Hard drive* (New York: Harper-Business, 1992), p. 54 e 491-2; Noreen Seebacher, "Stryker products: just what the doctor ordered", *Detroit News*, 6 maio 1991, p. 3F; Michael Tubbs, "Recession is a chance to increase R&D expenditure", *Financial Times*, 2 dez. 2008; Barry Stavro, "Amgen plays it cool despite clamor over EPO", *Los Angeles Times*, 7 jun. 1989; James Ellis, "You don't necessarily get what you pay for", *Business Week*, 4 maio 1992.
7. David Breashears, *High exposure* (New York: Simon & Schuster, 1999), p. 217-8, 225 e 294-6; David Breashears, "David Breashears speech preview", YouTube, http://video.google.com/videoplay?docid=5383977496159243481#. Conversa pessoal com o autor.
8. David Breashears, *High exposure* (New York: Simon & Schuster, 1999), p. 23, 217, 219, 224, 232, 239, 245, 249, 265, 281, 285 e 295; David Breashears, "David Breashears speech preview", YouTube.
9. Robert G. Knowles, "Progressive launches marketing 'experiment'", *National Underwriter Property & Casualty-Risk & Benefits Management*, 22 jul. 1991; "Thomas A. King: The Progressive Corporation (PGR)", *Wall Street Transcript*, 14 jan. 2002; Peter Lewis, "The Progressive Corporation: address by Peter B. Lewis, president to the New York Society of Security Analysis", *Wall Street Transcript*, 24 jan. 1972; Amy Hutton e James Weber, "Progressive Insurance: disclosure strategy", Harvard Business School, estudo de caso n. 9-102-012 (Boston: Harvard Business School Publishing, 2002), p. 3-4; Gregory David, "Chastened?", *Financial World*, 4 jan. 1994, p. 40; Frances X. Frei e Hanna Rodriguez-Farrar, "Innovation at Progressive (A): pay-as-you-go insurance", Harvard Business School, estudo de caso n. 9-602-175 (Boston: Harvard Business School Publishing, 2002), p. 5; The Progressive Corporation, relatório anual do ano fiscal de 1986 (Mayfield Heights, OH: The Progressive Corporation, 1986), p. 17-8; The Progressive Corporation, relatório anual do ano fiscal de 2001 (Mayfield Village, OH: The Progressive Corporation, 2001), p. 20; Nicolaj Siggelkow e Michael E. Porter, "Progressive Corporation", Harvard Business School, estudo de caso n. 9-797-109 (Boston: Harvard Business School Publishing, 1998), p. 8; The Progressive Corporation, relatório anual do ano fiscal de 1971 (Cleveland, OH: The Progressive Corporation, 1971); Robert McGough, "Like to drink and drive?", *Financial World*, 27 nov. 1990, p. 27.
10. Gary Kissel, *Poor sailors' airline* (McLean, VA: Paladwr Press, 2002), p. 221, 231, 295; Jerry Brown, "PSA president: sale of AirCal sparked merger", *Travel Weekly*, 18 dez. 1986.
11. Southwest Airlines Co., relatório anual do ano fiscal de 1987 (Dallas: Southwest Airlines Co., 1987); James E. Ellis, "These two airlines are doing it their way", *Business Week*, 21 set. 1987; "Southwest Airlines Company (LUV)", *Wall Street Transcript*, 13 jun. 1988.

12. Julie Pitta, "Apple's Mr. Pragmatist", *Forbes*, 28 mar. 1994.
13. Jim Carlton, *Apple: the inside story of intrigue, egomania, and business blunders* (New York: Random House, 1997), p. 13-4 e 20-1; Michael Gartenberg, "Now Apple's really 'for the rest of us'", *Macworld.com*, 23 jun. 2010; Mary Kwak e David B. Yoffie, "Apple Computer 1999", Harvard Business School, estudo de caso n. 9-799-108 (Boston: Harvard Business School Publishing, 1999), p. 2-5; Johanna M. Hurstak e David B. Yoffie, "Reshaping Apple Computer's destiny 1992", Harvard Business School, estudo de caso n. 9-393--011 (Boston: Harvard Business School Publishing, 1992), p. 5; Julie Pitta, "Apple's Mr. Pragmatist", *Forbes*, 28 mar. 1994; John Markoff, "An 'unknown' co-founder leaves after 20 years of glory and turmoil", *New York Times*, 1 set. 1997; Chris Preimesberger, "How Apple dodged a sun buyout", *eWeek*, www.eweek.com/c/a/IT-Infrastructure/How--Apple-Dodged-a-Sun-Buyout-Former-CEOs-McNealy-Zander-Tell-All-251679. Fonte de todos os cálculos de retorno sobre o investimento em ações contidos neste trabalho: ©20061 CRSP®, Center for Research in Security Prices. Booth School of Business, The University of Chicago. Utilização autorizada. Todos os direitos reservados. www.crsp.chicagobooth.edu. O material citado inclui os dados usados no gráfico "1985-1997: Microsoft dispara, Apple despenca".
14. Brent Schlender, "How big can Apple get?", *Fortune*, 21 fev. 2005.
15. Brent Schlender, ibid.; James Pomfret e Kelvin Soh, "For Apple suppliers, loose lips can sink contracts", Reuters, 17 fev. 2010; Devin Leonard, "Songs in the key of Steve", *Fortune*, 12 maio 2003; Julie Hennessy e Andrei Najjar, "Apple Computer, Inc.: think different, think online music", Kellogg School of Management, estudo de caso n. KEL065 (Evanston, IL: Northwestern University, 2004), p. 16; Nick Wingfield, "Core value: at Apple, secrecy complicates life but maintains buzz", *Wall Street Journal*, 28 jun. 2006; David Kirkpatrick e Tyler Maroney, "The second coming of Apple", *Fortune*, 9 nov. 1998; Thomas E. Weber, "Why I fired Steve Jobs", *Daily Beast*, 6 jun. 2010.
16. Rick Bernstein e Ross Greenburg, *The UCLA Dynasty* (New York: Home Box Office Inc, 2008), DVD.
17. Ibid.
18. "Abraham Lincoln", Quotations Book, http://quotationsbook.com/quote/44576/#axzz1JL6NjMqm.
19. Kathleen K. Wiegner, "Why a chip is not a chip", *Forbes*, 17 jun. 1985; Mary Bellis, "Inventors of the modern computer: Intel 4004 – The world's first single chip microprocessor", About.com, http://inventors.about.com/od/mstartinventions/a/microprocessor.htm; Dan Steere e Robert A. Burgelman, "Intel Corporation (D): microprocessors at the crossroads", Graduate School of Business, Stanford University, estudo de caso n. BP-256D (Palo Alto, CA: Graduate School of Business, Stanford University, 1994).
20. Bruce Graham e Robert A. Burgelman, "Intel Corporation (B): implementing the DRAM decision", Graduate School of Business, Stanford University, estudo de caso n. S-BP-256B (Palo Alto, CA: Graduate School of Business, Stanford University, 1991), p. 1.
21. Gordon E. Moore, "Cramming more components onto integrated circuits", anais do IEEE, jan. 1998 (trata-se de uma republicação do material original: Gordon E. Moore, "Cramming more components onto integrated circuits", *Electronics*, 19 abr. 1965); "Intel: supplier rising as a big competitor", *New York Times*, 14 fev. 1990, p. D1; Robert N. Noyce, "Large-scale integration: what is yet to come?", *Science*, mar. 1977; Ramon Casadesus--Masanell e David B. Yoffie, "Intel Corporation: 1968-2003 (teaching note)", Harvard Business School, estudo de caso n. 5-704-465 (Boston: Harvard Business School Publishing, 2004), p. 2; "Craig Barrett is leading the chip giant into riskier terrain", *Business Week*, 13 mar. 2000, p. 110; Leslie Berlin, *The man behind the microchip* (New York: Oxford University Press, 2005), p. 227; *Ibid.* Gene Bylinsky, "How Intel won its bet on memory chips", *Fortune*, nov. 1973, p. 184; Don Clark, "Intel lawyer commands chip war", *San Francisco Chronicle*, 28 jun. 1993; Andrew S. Grove, "How to make confrontation work for you", *Fortune*, 13 jul. 1984; "Creativity by the numbers: an interview with Robert N. Noyce", *Harvard Business Review*, maio-jun. 1980; "IBM and Intel link up to fend off Japan", *Business Week*, 10 jan. 1983; Tim Jackson, *Inside Intel* (New York: Penguin Putnam Inc., 1997), p. 9 e 313-6; Don Clark, "Inside Intel, it's all copying", *Wall Street Journal*, 28 out. 2002.

22. Jeffrey L. Rodengen, *The spirit of AMD: Advanced Micro Devices* (Fort Lauderdale, FL: Write Stuff Enterprises Inc., 1998), p. 55, 67-8 e 90-2; Advanced Micro Devices, relatórios anuais dos anos fiscais de 1998 e 2002 (Sunnyvale, CA: Advanced Micro Devices, 1998 e 2002).
23. Mary Bellis, "Inventors of the modern computer: Intel 4004 – the world's first single chip microprocessor", About.com, http://inventors.about.com/od/mstartinventions/a/microprocessor.htm.
24. J. Allard, "Windows: the next killer application on the internet", memorando interno, Microsoft, 25 jan. 1994, www.microsoft.com/about/.../docs/di_killerapp_InternetMemo.rtf; Kathy Rebello, Amy Cortese e Rob Hof, "Inside Microsoft: the untold story of how the internet forced Bill Gates to reverse course", *Business Week*, 15 jul. 1996, p. 35-40; Bill Gates, "How I work: Bill Gates", *Fortune*, 7 abr. 2006.
25. Bill Gates, "The internet tidal wave", 26 maio 1995, www.justice.gov/atr/cases/exhibits/20.pdf; Kathy Rebello, Amy Cortese e Rob Hof, ibid., p. 38; Brent Schlender e Sheree R. Curry, "Software Hardball Microsoft is spending billions to crush Netscape and control the internet", *Fortune*, 30 set. 1996.
26. Lester B. Orfield, "Federal amending power: genesis and justiciability", *Minnesota Law Review*, 1930, p. 369-84; "The United States Constitution: amendments", U.S. Constitution Online, www.usconstitution.net; "Bill of Rights and later amendments", Independence Hall Association, www.ushistory.org.
27. "Centuries of citizenship: a constitutional timeline", National Constitution Center, http://constitutioncenter.org/timeline/html/cw02.html; Declaration of Independence, USHistory.org, www.ushistory.org/declaration/document.

CAPÍTULO 7: O RETORNO SOBRE A SORTE

1. Marshall Bruce Mathers III (Eminem), letra da música "Lose yourself", CD *8 mile* (trilha sonora do filme *Rua das ilusões*), Universal Import, 2002. [O filme foi estrelado pelo rapper Eminem e a canção conquistou o Oscar de melhor canção original em 2002.]
2. As fontes da história de Malcolm Daly, contada ao longo deste capítulo, são as seguintes: Malcolm Daly, "Malcolm Daly's accident on Thunder Mountain in the Alaska range on 5/19/99", Trango, www.trango.com/stories/mal_accident.pdf; Dave Krupa, "Jim Donini" (entrevista), *Denali National Park Jukebox Series*, 30 jun. 2000; conversas pessoais com o autor entre fevereiro de 2010 e abril de 2011; "Non-profit helps disabled enjoy outdoors", *Sierra Blogging Post*, http://blog.sierratradingpost.com/in-outdoors-camping-gear-forest-trails/non-profit-helps-disabled-enjoy-the-outdoors.
3. "Donini bags three Patagonian first ascents", The American Alpine Club, 12 jan. 2009, www.americanalpineclub.org/news/doninibagsthree; "Jim Donini", Wikipedia, http://en.wikipedia.org/wiki/Jim_Donini; "Jack Tackle: professional biography", Dirty Sox Club, http://dirtysoxclub.wordpress.com/members/jack-tackle.
4. Gordon M. Binder, *Amgen* (s.l.: The Newcomen Society of the United States, 1998), p. 10.
5. James Bates, "Biotech detective scores coup: Amgen scientist spent years searching for the key to producing EPO", *Los Angeles Times*, 2 jun. 1989, p. 1.
6. Peter Behr, "Boom or bust in the biotech industry", *Environment*, jul.-ago. 1982, p. 6; Steve Curwood, "Biotech bellyache", *Boston Globe*, 23 ago. 1983, p. 1.
7. James Bates, "Biotech detective scores coup: amgen scientist spent years searching for the key to producing EPO", *Los Angeles Times*, 2 jun. 1989, p. 1; Gordon M. Binder, *Amgen* (s.l.: The Newcomen Society of the United States, 1998), p. 13.
8. Alun Anderson e David Swinbanks, "Growing pains for Amgen as epoetin wins US approval", *Nature*, jun. 1989, p. 493; Edmund L. Andrews, "Mad scientists", *Business Month*, maio 1990, p. 54; Edmund L. Andrews, "Patents; unaddressed question in Amgen case", *New York Times*, 9 mar. 1991.
9. Henry Gee, "Amgen scores a knockout", *Nature*, mar. 1991, p. 99; Barry Stavro, "Court upholds Amgen's patent on anemia drug medicine", *Los Angeles Times*, 7 mar. 1991, p. 1; Edmund L. Andrews, "Amgen wins fight over drug", *New York Times*, 7 mar. 1991, p. D1; Rhonda L. Rundle e David Stipp, "Amgen wins biotech drug patent battle", *Wall Street*

Journal, 7 mar. 1991, p. A3; Elizabeth S. Kiesche, "Amgen wins EPO battle, but patent war goes on", *Chemical Week*, 20 mar. 1991, p. 16; Paul Hemp, "High Court refuses genetics patent appeal", *Boston Globe*, 8 out. 1991, p. 39.
10. Wade Roush, "'Fat hormone' poses hefty problem for journal embargo", *Science*, 4 ago. 1995, p. 627; Larry Armstrong, John Carey e Geoffrey Smith, "Will this drug end obesity?", *Business Week*, 7 ago. 1995, p. 29; Christiane Truelove, "Bio biotech, big pharma", *Med Ad News*, set. 1999, p. 50; David Ewing Duncan, *The Amgen story: 25 years of visionary science and powerful medicine* (San Diego: Tehabi Books, 2005), p. 135-6 e 157.
11. David Ewing Duncan, ibid.
12. Paul A. Gompers, "The rise and fall of venture capital", *Business and Economic History*, inverno 1994, p. 2; Carl T. Hall, "Biotechnology revolution – 20 years later", *San Francisco Chronicle*, 28 maio 1996, p. B1.
13. "Investors dream of genes", *Time*, 20 out. 1980, p. 72.
14. Ron Scherer, "Wall Street's wild fling with hot high tech", *Christian Science Monitor*, 17 out. 1980, p. 1 e 17; Robert Lenzner, "Taking stock", *Boston Globe*, 19 out. 1980, p. 1; Adam Lashinsky, "Remembering Netscape: the birth of the web", *Fortune*, 25 jul. 2005; Douglas MacMillan, "Google's historic IPO run: beatable", *Business Week*, 16 ago. 2007; "Corporate chronology", Genentech Inc., www.gene.com/gene/about/corporate/history/timeline.html.
15. "Robert A. Swanson '70 (1947-1999)", MIT Entrepreneurship Center – Legendary Leaders and Memorials, http://entrepreneurship.mit.edu/legendary_leaders_memorials.php; "Timeline of biotechnology", Biotechnology Institute, www.biotechinstitute.org/what-is--biotechnology/timeline?tid=103.
16. Ray Snoddy, "Genentech push to manufacturing", *Financial Times*, 18 jun. 1982, p. 13; William D. Marbach, Pamela Abramson, Robb A. Allan, Cynthia Rigg e Phyllis Malamud, "The bust in biotechnology", *Newsweek*, 26 jul. 1982, p. 73; Peter Behr, "Boom or bust in the biotech industry", *Environment*, jul.-ago. 1982, p. 6; Genentech Inc., relatório anual do ano fiscal de 1985 (San Francisco: Genentech Inc., 1985).
17. Jerry E. Bishop, "Genentech seeks human tests of drug to dissolve clots during heart attacks", *Wall Street Journal*, 16 nov. 1983, p. 60; "Licensing of Activase marks new era in treating heart attacks", press releases da Genentech Inc., 13 nov. 1987, www.gene.com/gene/news/press-releases/display.do?method=detail &id=4271; Marilyn Chase, "Genentech expected to post strong net for 1987, spurred by launch of TPA", *Wall Street Journal*, 12 jan. 1988, p. 1.
18. Nell Henderson, "Biotech breakthrough focuses on heart attacks; survival tech works on delivering new drug", *Washington Post*, 12 out. 1986, p. H1.
19. Andrea Gabor e Peter Dworkin, "Superdrugs from genetic secrets", *U.S. News & World Report*, 24 mar. 1986, p. 54; Joan O'C. Hamilton, "Biotech's first superstar", *Business Week*, 14 abr. 1986, p. 68; Louise Kehoe, "Fresh blood and new heart; eagle eye", *Financial Times*, 19 jan. 1988, p. 32.
20. The TIMI Study Group, "Comparison of invasive and conservative strategies after treatment with intravenous tissue plasminogen activator in acute myocardial infarction", *New England Journal of Medicine*, 9 mar. 1989, p. 320 e 618-27; Lawrence K. Altman, "Study finds no difference in 2 heart attach [sic] drugs", *New York Times*, 30 mar. 1989; Michael Waldholz, "Genentech heart drug dealt critical blow – head to head study finds TPA is only as effective as rival streptokinase", *Wall Street Journal*, 30 mar. 1989.
21. Michael Waldholz, "Heart attack study may spur use of less-costly TPA alternative", *Wall Street Journal*, 12 ago. 1988, p. 1; Richard L. Hudson, "Genentech's heart drug TPA appears only to equal its rivals, report says", *Wall Street Journal*, 2 set. 1988, p. 1; Marilyn Chase, "Lost euphoria: Genentech, battered by great expectations, is tightening its belt", *Wall Street Journal*, 11 out. 1988, p. 1; Marilyn Chase, "Little difference is found between TPA and rival in small study of heart drugs", *Wall Street Journal*, 14 nov. 1988, p. 1; Michael Waldholz, "Genentech heart drug dealt critical blow – head to head study finds TPA is only as effective as rival streptokinase", *Wall Street Journal*, 30 mar. 1989, p. 1; "Genentech's fortunes: a boost for CD4 and 'crosscurrents' in 1988", *Pharmaceutical Business News*, 14 abr. 1989; Sabin Russell, "Heart-attack drug study is a blow to Genentech", *San Francisco Chronicle*, 9 mar. 1990, p. A1; "Heart-attack drugs: trials and tribulations",

Economist, 16 mar. 1991, p. 86; Genentech Inc., relatório anual do ano fiscal de 1989 (San Francisco: Genentech Inc., 1989).
22. Charles Petit, "Genentech beats cheaper rival in battle of heart attack drugs", *San Francisco Chronicle*, 1 maio 1993, p. A1; Genentech Inc., relatório anual do ano fiscal de 1994 (San Francisco: Genentech Inc., 1994).
23. Gene Bylinsky, "How Intel won its bet on memory chips", *Fortune*, nov. 1973, p. 184; Thomas C. Hayes, "Intel's earnings grew sharply in fourth quarter", *New York Times*, 14 jan. 1984.
24. Gordon M. Binder, *Amgen* (s.l.: The Newcomen Society of the United States, 1998), p. 10.
25. James Bates, "Biotech detective scores coup: Amgen scientist spent years searching for the key to producing EPO", *Los Angeles Times*, 2 jun. 1989, p. 1; David Ewing Duncan, *The Amgen story: 25 years of visionary science and powerful medicine* (San Diego: Tehabi Books, 2005), p. 66 e 71; Edmund L. Andrews, "Mad scientists", *Business Month*, maio 1990, p. 54; Pamela Sherrid, "Biotech battle royale", *U.S. News & World Report*, 20 mar. 2000, p. 52; "Billion dollar babies: biotech drugs as blockbusters", *Nature Biotechnology*, abr. 2007.
26. White, Weld & Co. e McDonald & Company, "Prospectus: The Progressive Corporation common stock", The Progressive Corporation, 15 abr. 1971; April Dougal Gasbarre (atualizado por David Bianco), "The Progressive Corporation", *International Directory of Company Histories* (New York: St. James Press, 1999), p. 397; The Progressive Corporation, relatório anual do ano fiscal de 2000 (Mayfield Village, OH: The Progressive Corporation, 2000).
27. James Wallace e Jim Erickson, *Hard drive* (New York: Harper-Business, 1992), p. 20, 27, 53, 67 e 71-6.
28. De acordo com a tabela 1, situada na página 23 do artigo de Bukoski e Korotkin aqui citado, em 1970, 3,9% das escolas secundárias dos Estados Unidos usavam computadores para instrução. William J. Bukoski e Arthur L. Korotkin, "Computing activities in secondary education", *American Institutes for Research in the Behavioral Sciences*, set. 1975, p. 2-30; Andrew Molnar, "Computers in education: a brief history", *THE Journal*, 1 jun. 1997.
29. Andrew Molnar, ibid.
30. James Wallace e Jim Erickson, *Hard drive* (New York: Harper-Business, 1992), p. 76-7, 97 e 110.
31. Jeffrey L. Rodengen, *The spirit of AMD: Advanced Micro Devices* (Ft. Lauderdale, FL: Write Stuff Enterprises Inc., 1998), p. 127; Stephen Kreider Yoder, "Changing game: intel faces challenge to its dominance in microprocessors", *Wall Street Journal*, 8 abr. 1991, p. A1; Ken Siegmann, "Intel loses copyright suit against rival", *San Francisco Chronicle*, 11 mar. 1994, p. A1; Jim Carlton e Stephen Kreider Yoder, "Computers: humble pie: Intel to replace its Pentium chips", *Wall Street Journal*, 21 dez. 1994, p. B1; Don Clark, "Intel's 4th period net fell 37% on big charge for Pentium woes", *Wall Street Journal*, 18 jan. 1995, p. B6; Stewart Alsop e Patty de Llosa, "Can AMD avoid the Intel graveyard?", *Fortune*, 14 abr. 1997; Ira Sager e Andy Reinhardt, "Chipping at Intel's lead", *Business Week*, 19 out. 1998, p. 46; Advanced Micro Devices, relatórios anuais dos anos fiscais de 1994 e 1998 (Sunnyvale, VA: Advanced Micro Devices, 1994 e 1998).
32. Advanced Micro Devices, relatório anual do ano fiscal de 1995 (Sunnyvale, VA: Advanced Micro Devices, 1995); Jeffrey L. Rodengen, ibid., p. 133-6.
33. Jim Carlton, "Advanced Micro woos a partner to fight Intel", *Wall Street Journal*, 3 out. 1995, p. A3; Robert D. Hof e Peter Burrows, "Intel won't feel the heat from this fusion", *Business Week*, 6 nov. 1995; "My chip is faster than your chip", *Business Week*, 10 fev. 1997, p. 70; "Advanced Micro lands deal with digital", *Dow Jones Online News*, 25 abr. 1997; Jeffrey L. Rodengen, ibid., p. 137-9; Ira Sager e Andy Reinhardt, "Chipping at Intel's lead", *Business Week*, 19 out. 1998, p. 46; "Semiconductors: the monkey and the gorilla", *Economist*, 5 dez. 1998, p. 71.
34. Dean Takahashi, "More bad news puts Intel rival further behind", *Wall Street Journal*, 24 jun. 1999, p. B1; Angela Key, "Hello (again), Mr. Chips", *Fortune*, 3 abr. 2000; "Semiconductors: the monkey and the gorilla", *Economist*, 5 dez. 1998, p. 71; Jeffrey L. Rodengen, ibid., p. 133-6 e 141. Fonte de todos os cálculos de retorno sobre o investimento em ações contidos neste trabalho: ©20061 CRSP®, Center for Research in Security Prices. Booth

School of Business, The University of Chicago. Utilização autorizada. Todos os direitos reservados. www.crsp.chicagobooth.edu.
35. James Wallace e Jim Erickson, *Hard drive* (New York: Harper-Business, 1992), p. 167, 173, 175-7 e 179-81; Lisa Miller Mesdag, "Famous victories in personal software", *Fortune*, 2 maio 1983, p. 153; Julia Pitta, "Coulda been a contender", *Forbes*, 10 jul. 1989; John Markoff, "PC software maker Novell to buy Digital Research", *New York Times*, 17 jul. 1991.
36. James Wallace e Jim Erickson, ibid., p. 176 e 190; Lisa Miller Mesdag, ibid.; Julia Pitta, ibid.
37. Marcia Stepanek, "Q&A with Progressive's Peter Lewis", *Business Week*, 12 set. 2000; "About us: provisions of Proposition 103 affecting the Rate Regulation Division", California Department of Insurance, www.insurance.ca.gov/0500-about-us/0500-organization/0400--rate-regulation/prop-103.cfm; The Progressive Corporation, relatório anual do ano fiscal de 1991 (Mayfield Heights, OH: The Progressive Corporation, 1991).
38. Stephen Phillips, "Driven to succeed Peter Lewis, Progressive's artful chief exec, aims to overtake auto insurance industry's leaders", *Plain Dealer*, 1 set. 1996, p. 1.I; "Ralph Nader biography", Academy of Achievement, www.achievement.org/autodoc/page/nad0bio-1; James Wallace e Jim Erickson, *Hard drive* (New York: Harper-Business, 1992), p. 76; Brian Dumaine, "Times are good? Create a crisis", *Fortune*, 28 jun. 1993, p. 123; David Craig, "Progressively thinking", *USA Today*, 15 set. 1994, p. 01.B; Carol J. Loomis, "Sex. Reefer? And auto insurance!", *Fortune*, 7 ago. 1995, p. 76.
39. Betsy Wiesendanger, "Progressive's success is no accident", *Sales & Marketing Management*, set. 1991, p. 57; Ronald Henkoff, "Service is everybody's business", *Fortune*, 27 jun. 1994, p. 48; Carol J. Loomis, ibid.; "Leading writers of private passenger auto insurance", *Best's Review*, set. 1988, p. 22; "All private passenger auto", *Best's Review*, out. 1998; "Gearing up: insurers are using driver safety programs, sharply focused advertising and the internet to court teen drivers", *Best's Review*, out. 2003; Chuck Salter, "Progressive makes big claims", *Fast Company*, nov. 1998, p. 176.
40. Malcolm Gladwell, *Outliers*, edição de bolso (New York: Back Bay Books/Little Brown and Company, 2011 [ed. brasileira: *Fora de série: outliers*. Rio de Janeiro: Sextante, 2008]), p. 20-30.
41. Nossos cálculos estão incluídos na seção "As bases da pesquisa". Vale notar que há alguma discrepância e ambiguidade nos dados citados por Malcolm Gladwell no livro *Outliers*. Nas páginas 22 e 23 da edição de bolso da publicação (New York: Back Bay Books/Little Brown and Company, 2011), Gladwell escreveu o seguinte sobre as estatísticas reunidas pelos psicólogos canadenses Roger Barnsley e A. H. Thompson: "[Barnsley] examinou a composição da Liga Nacional de Hóquei. A mesma história. Quanto mais examinava, mais Barnsley se convencia de que o que via ali não era uma ocorrência casual, e sim uma lei absoluta do hóquei canadense: em qualquer grupo de elite de jogadores de hóquei – os melhores entre os melhores –, 40% dos jogadores haviam nascido entre janeiro e março; 30%, entre abril e junho; 20%, entre julho e setembro; e 10%, entre outubro e dezembro". Nas notas finais da edição de bolso de *Outliers*, Gladwell incluiu a seguinte citação: "Roger Barnsley e A. H. Thompson colocaram seu estudo em um website: www.socialproblemindex.ualberta.ca/relage.htm". O website faz referência a um artigo original de Barnsley e Thompson dessa maneira: "Source [Fonte]: Barnsley RH, Thompson AH, Barnsley PE (1985). Hockey success and birth-date: the relative age effect [Sucesso no hóquei e data de nascimento: o efeito relativo da idade]. *Journal of the Canadian Association for Health, Physical Education, and Recreation*, Nov.-Dec., 23-28". Localizamos uma cópia em papel do artigo original em arquivos de bibliotecas (não conseguimos encontrar na internet); a tabela de dados da Liga Nacional de Hóquei que consta do artigo ("Tabela 2: Meses de nascimento, jogadores da Liga Nacional de Hóquei, temporada 1982/1983", p. 24) apresenta a seguinte distribuição: 32,0%/29,8%/21,9%/16,2%. Ainda assim, nosso contra-argumento em relação à tese da data de nascimento se mantém: entre os jogadores da verdadeira elite, o Panteão da Fama, qualquer vantagem relativa que possa surgir para os jovens jogadores nascidos no início do ano se desfaz. Os melhores jogadores encontram uma forma de se transformar em 10X, independentemente da data de nascimento.

42. "Athlete profile: Ray Bourque", *Sports Illustrated*, 3 fev. 1998, http://sportsillustrated.cnn.com/olympics/events/1998/nagano/athletes/235.htm; "Ray Bourque", National Hockey League, www.nhl.com/ice/player.htm?id=8445621; "Ray Bourque", HockeyDB.com, www.hockeydb.com/ihdb/stats/pdisplay.php?pid=520; Robin Finn, "Bourque: a star without the sparkle", *New York Times*, 3 fev. 1986; Joe Lapointe, "Hockey: Bourque, at 33, is still Mr. Defense", *New York Times*, 21 jan. 1994; Nancy Marrapese-Burrell, "The clock chimes for Father Ice Time", ESPN, http://espn.go.com/classic/biography/s/Bourque_Ray.html; "One on one with Ray Bourque", Hockey Hall of Fame, www.legendsofhockey.net; NHL Stats, www.nhl.com/ice/statshome.htm.
43. Greensboro Youth Hockey Association, www.gyhastars.com/Page.asp?n=9340&org=gyhastars.com.
44. Friedrich Nietzsche, *Twilight of the Idols* (Indianapolis: Hackett Publishing Company, 1997 [ed. brasileira: *O crepúsculo dos ídolos, ou a filosofia a golpes de martelo*. São Paulo: Hemus, 1976; o livro foi publicado originalmente em 1888]).
45. Lamar Muse, *Southwest passage: the inside story of Southwest Airlines' formative years* (Austin, TX: Eakin Press, 2002), p. 92.
46. "Pacific Southwest Airlines: speech by Paul C. Barkley, president, to the Society of Airline Analysts of the New York Society of Security Analysts, June 23, 1982", *Wall Street Transcript*, 9 ago. 1982.
47. Gary Kissel, *Poor sailors' airline* (McLean, VA: Paladwr Press, 2002), p. 234, 245, 262, 281, 283, 291 e 295; Howard D. Putnam e Gene Busnar, *The winds of turbulence* (Reno, NV: Howard D. Putnam Enterprises Inc., 1991), p. 206-7; "PSA Inc. debt rating is lowered by Moody's", *Wall Street Journal*, 7 out. 1982, p. 41; "PSA plans layoffs, melding of operations", *Wall Street Journal*, 1 dez. 1983; "PSA's airline warns of closing if workers make no concessions", *Wall Street Journal*, 12 nov. 1984, p. 1.
48. Richard F. Hubbard e Jeffrey L. Rodengen, *Biomet Inc.: from Warsaw to the world* (Ft. Lauderdale, FL: Write Stuff Enterprises Inc., 2002), p. 12-29; David Cassak, "Biomet's contrarian conservatism", *Business and Medicine Report*, maio 1999.

EPÍLOGO: VENCEDORAS POR OPÇÃO

1. F. Scott Fitzgerald, *The crack-up* (New York: New Directions, 1945 [ed. brasileira: *Crack-up*. Porto Alegre: L&PM, 2007]), p. 57.

PERGUNTAS FREQUENTES

1. David Breashears, *High exposure* (New York: Simon & Schuster Paperbacks, 1999), p. 285; Sally B. Donnelly, "One airline's magic: how does Southwest soar above its money-losing rivals? Its employees work harder and smarter, in return for job security and a share of the profits", *Time*, 28 out. 2002, p. 45; Robert McGough, "Like to drink and drive?", *Financial World*, 27 nov. 1990, p. 27; The Progressive Corporation, relatório anual do ano fiscal de 1981 (Mayfield Village, OH: The Progressive Corporation, 1981), p. 11; Noreen Seebacher, "Stryker products: just what the doctor ordered", *Detroit News*, 6 maio 1991, p. 3F; Geoffrey Brewer, "20 percent – or else!", *Sales & Marketing Management*, nov. 1994; Barry Stavro, "Amgen bets its future on biotech anemia drug", *Los Angeles Times*, 12 maio 1987, p. 9A; Gordon M. Binder, "Amgen", *The Newcomen Society of the United States*, 1998, p. 19; Tom Wolfe, "The tinkerings of Robert Noyce", *Esquire Magazine*, dez. 1983, p. 346- -74; Leslie Berlin, *The man behind the microchip* (New York: Oxford University Press Inc., 2005), p. 151, 157e 163; James Wallace e Jim Erickson, *Hard drive* (New York: Harper Business, 1992), p. 260; Rich Karlgaard, "ASAP interview: Bill Gates (Microsoft Corp.'s CEO)", *Forbes*, 7 dez. 1992; Julia Lawlor, "Microsoft's rite of spring", *USA Today*, 8 abr. 1993, p. 01B; Geoffrey Smith e James Ellis, "Pay that was justified – and pay that just mystified", *Business Week*, 6 maio 1991.
2. William Patrick Patterson, "Software sparks a gold rush", *Industry Week*, 17 out. 1983; Dennis Kneale, "Overload system: as software products and firms proliferate, a shakeout is

forecast", *Wall Street Journal*, 23 fev. 1984; "25-year PC anniversary statistics", Computer Industry Almanac Inc., www.c-i-a.com/pr0806.htm; Michael Miller, "More than 1 billion sold", *PCMag.com*, 6 ago. 2002, www.pcmag.com/article2/0,2817,427042,00.asp.

AS BASES DA PESQUISA

1. A pesquisa sobre comportamento organizacional se abasteceu nos seguintes insights sobre a metodologia de pesquisa de casos: Juliet M. Corbin e Anselm C. Strauss, *Basics of qualitative research: techniques and procedures for developing grounded theory* (Thousand Oaks, CA: Sage Publications, 2008, 3. ed.); Robert K. Yin, *Case study research: design and methods* (Thousand Oaks, CA: Sage Publications, 2009, 4. ed.); Matthew B. Miles e A. Michael Huberman, *Qualitative data analysis: an expanded sourcebook* (Thousand Oaks, CA: Sage Publications, 1994, 2. ed.).

    Como exemplo de uma pesquisa financeira, Mark Chen, em um artigo publicado no *Journal of Finance* em 2004, analisou o motivo que levou algumas empresas a adotar restrições a alterações nos preços das opções de compras de ações, enquanto outras não o fizeram. Primeiro selecionou companhias que tinham restrições a alterações nos preços (seleção feita com base na variável dependente ou de desfecho) e depois comparou cada uma delas com outra em condições semelhantes, como setor de atividade, porte da empresa e ano de análise (Mark A. Chen, "Executive option repricing, incentives, and retenttion", *Journal of Finance*, jun. 2004, p. 1167-99).

    Alguns exemplos de estudos em medicina que utilizaram o método de amostragem por controle de pares são: Andrew D. Shaw et al., "The effect of aprotinin on outcome after coronary-artery bypass grafting", *New England Journal of Medicine*, fev. 2008, p. 784-93; e Jack V. Tu et al., "Effectiveness and safety of drug-eluting stents in Ontario", *New England Journal of Medicine*, out. 2007, n. 357, p. 1393-402.
2. Veja Kathleen M. Eisenhardt e Melissa E. Graebner, "Theory building from cases: opportunities and challenges", *Academy of Management Journal*, fev. 2007, p. 25-32.
3. Jeffrey A. Martin e Kathleen M. Eisenhardt, "Rewiring: cross-business-unit collaborations in multibusiness organizations", *Academy of Management Journal*, abr. 2010, p. 265--301. De um conjunto de projetos realizados em colaboração em seis empresas, os autores selecionaram dois projetos de cada uma – um com alto desempenho e outro com baixo desempenho (seleção feita com base na variável dependente ou de desfecho). A dupla de projetos de cada empresa foi formada de acordo com semelhanças de tamanho, recursos, duração, complexidade, importância e tipo. Baseados nessas duplas combinadas, os autores conduziram uma análise qualitativa e de contraste para gerar novos insights sobre o que poderia explicar essa diferença nos resultados.
4. Em pesquisa acadêmica, fazer a seleção com base na variável dependente ou de desfecho é um método cujo desenho de pesquisa é às vezes considerado muito pobre; no entanto, essa avaliação se baseia no uso confuso da terminologia. Na verdade, isso significa fazer a *seleção com base no sucesso*, o que equivale a selecionar com base em um único valor da variável dependente (o sucesso) e ignorar outros casos, alguns inclusive envolvendo fracassos. Isso, porém, é muito diverso de selecionar com base em *diferentes valores* da variável dependente (de sucesso *e* de insucesso), que é nossa abordagem. Concordamos que estudar apenas empresas de sucesso é uma limitação; por isso é que fizemos questão de incluir em nosso estudo um conjunto de empresas comparativas (com desempenho médio ou fraco).
5. As duas fontes foram: Gary Kissel, *Poor sailors' airline: a history of Pacific Southwest Airlines* (McLean, VA: Paladwr Press, 2002), p. 171-72, e Lamar Muse, *Southwest passage: the inside story of Southwest Airlines' formative years* (Austin, TX: Eakin Press, 2002), p. 84.
6. O texto clássico em sociologia organizacional sobre análise do histórico de eventos é: Nancy B. Tuma e Michael T. Hannan, *Social dynamics: models and methods* (Orlando, FL: Academic Press, 1984).
7. Este ponto é bem desenvolvido no artigo de Eisenhardt e Graebner (2007), citado na nota 2.
8. Robert K. Yin, *Case study research: design and methods* (Newbury Park, CA: Sage Publications, 2008, 4. ed.).

9. Existe uma vasta linha de pesquisa em psicologia social que trata de como as pessoas fazem deduções incorretas sobre as causas dos eventos, inclusive em causa própria – ou seja, as pessoas tendem a atribuir as causas dos resultados positivos às próprias ações e os resultados ruins a fatores externos. Uma excelente visão geral desse processo pode ser encontrada em: Lee Ross e Richard E. Nisbett, *The person and the situation: perspectives of social psychology* (New York: McGraw-Hill, 1991).
10. Esta foi uma das descobertas mais importantes de Jim Collins no livro *How the mighty fall: and why some companies never give in* (Boulder, CO: Jim Collins, 2009 [ed. brasileira: *Como as gigantes caem – e por que algumas empresas jamais desistem*. São Paulo: Campus--Elsevier, 2010]).
11. Optamos por analisar exclusivamente empresas constantes da base de dados do Center for Research in Security Prices (CRSP, Centro de Pesquisa de Preços de Ações), da University of Chicago, pelas seguintes razões:
    • O CRSP monitora todas as ações de empresas de capital aberto negociadas na Nyse, na Amex e na Nasdaq. Acreditamos que esse é um universo bastante representativo de empresas, no qual foi possível selecionar aquelas que abriram o capital durante o período de abrangência de nosso estudo.
    • O CRSP é a fonte mais confiável de dados consistentes de retorno das ações. Assim, podemos fazer comparações de desempenho rigorosas, de "maçãs com maçãs". Figurar no banco de dados do CRSP foi, portanto, um pré-requisito para avaliar se uma empresa atendia aos critérios financeiros de seleção para figurar em nosso estudo.
    Decidimos também não utilizar um banco de dados alternativo, o SDC (da Harvard Business School), porque descobrimos várias vulnerabilidades incompatíveis com nossas necessidades.
12. Os dados de 3.001 empresas apareceram online no banco de dados do CRSP na mesma data: 29 de dezembro de 1972. Esse enorme afluxo de novos dados em uma única data representa a inclusão dos dados das empresas listadas na Nasdaq no banco de dados do CRSP de uma vez só. Pensamos que talvez nosso critério de retorno três vezes superior à média do mercado viesse a penalizar, injustamente, algumas companhias que haviam aberto o capital poucos meses antes de 29 de dezembro de 1972. Como essa data foi um acidente arbitrário da história, preocupamo-nos em saber se essas organizações poderiam ser arbitrariamente excluídas por causa desse fator anômalo (a data). Para aprofundar tal questão, monitoramos empresas que entraram no sistema do CRSP em 29 de dezembro de 1972, mas cuja posição média em relação ao mercado, ao longo de todos os meses, fosse duas ou três vezes maior. Quarenta e seis companhias atenderam ao quesito; porém, quando as examinamos a fundo, verificamos que nenhuma delas tinha tido um desempenho capaz de passar pelos outros cortes de nosso estudo. Foram eliminadas por diversas razões: falta de receita, padrões erráticos, padrões de retorno retilíneos ou decrescentes e mesmo incapacidade de precisar a data da primeira oferta pública de ações. Além disso, sentimos que qualquer empresa que não tivesse conseguido, de alguma forma, manter pelo menos um índice de retorno três vezes superior ao do mercado no período entre 1972 e 1992 seria uma candidata no mínimo questionável, independentemente de seu padrão de retorno anterior a 29 de dezembro de 1972. Decidimos, portanto, não abrir qualquer exceção para as organizações que entraram no sistema do CRSP em 29 de dezembro de 1972: o mesmo padrão de retorno três vezes superior ao mercado foi mantido tanto para elas como para todas as outras empresas no processo final de eliminação.
13. O "ano de correspondência" foi o mesmo ano da primeira oferta pública de ações para a Microsoft (1986), para a Amgen (1983) e para a Stryker (1979). A Intel, a Southwest Airlines e a Progressive abriram seu capital em 1971, mas foram inseridas no banco de dados online do CRSP em janeiro de 1973, que passou a ser seu ano de correspondência. No caso da Biomet, o ano de correspondência foi o mesmo em que seu comparativo direto, a Kirschner, foi adicionado ao banco de dados do CRSP (1986), porque a data foi posterior ao ano em que a Biomet foi adicionada ao banco de dados (1983).
14. Mais precisamente, o período de análise começa no primeiro mês em que os dados de retorno das ações das empresas 10X foram disponibilizados no banco de dados do CRSP e se encerra em 28 de junho de 2002. Na maioria das vezes, o primeiro mês coincidiu com

o mês seguinte ao que cada empresa 10X abriu seu capital (ou mais tarde, como nos casos da Southwest, da Progressive e da Intel, todas incluídas no CRSP a partir de janeiro de 1973). Usamos a data da oferta pública de ações da Kirschner (1986) porque aconteceu depois da oferta da Biomet.
15. Existe um número razoável de estudos acadêmicos que traçaram distinções entre graus e tipos de inovação. Entre os clássicos figuram: Rebecca M. Henderson e Kim B. Clark, "Architectural innovation: the reconfiguration of existing product technologies and the failure of established firms", *Administrative Science Quarterly*, mar. 1990, p. 9-30; Michael L. Tushman e Philip Anderson, "Technological discontinuities and organizational environments", *Administrative Science Quarterly*, set. 1986, p. 439-65; e Clayton M. Christensen, *The innovator's dilemma: when new technologies cause great firms to fail* (Boston: Harvard Business School Press, 1997 [ed. brasileira: *O dilema da inovação: quando novas tecnologias levam empresas ao fracasso*. São Paulo: Makron, 2001.]).
16. Aqui se incluem também as inovações incrementais, embora inovações e incrementos muito pequenos em produtos existentes tivessem pouca chance de aparecer na tela desse radar (portanto, não sabemos se havia uma diferença entre as empresas em termos de número de inovações muito incrementais).
17. Fonte: banco de dados oficial do United States Patent and Trademark Office (USPTO), http://patft.uspto.gov/netahtml/PTO/search-adv.htm. Fizemos a contagem do número de patentes concedidas por ano (chega-se à mesma conclusão se for usado o número de patentes depositadas por ano). Importante: essa contagem inclui todas as patentes concedidas desde o ano de fundação (1980 no caso da Amgen e 1976 no caso da Genentech) até 2002, enquanto o quadro comparativo do capítulo 7 cobre o período entre 1983 e 2002.
18. Além de usar o número de patentes para mensurar o grau de inovação de uma empresa (medida, aliás, muito sensível a qualquer predisposição da empresa a depositar patentes), os estudiosos costumam examinar o *número médio de citações que essas patentes recebem em outras patentes subsequentes*. Isso ajuda a entender melhor a relativa qualidade ou importância de cada uma delas. Pedimos ao professor Jasjit Singh para levantar dados de citação de patentes da Amgen e da Genentech presentes em seu vasto banco de dados, que contém citações de patentes de milhares de empresas do mundo todo. Embora existam várias formas de mensurar as citações de patentes, utilizamos uma bem simples. A informação que ele nos forneceu incluía o número de vezes que uma patente tinha sido citada e mostrava a contagem de citações por patente. Apesar de algumas patentes terem sido bastante citadas, a maioria teve baixo número de citações no banco de dados de Singh, com uma média de 6,6 citações por patente. Singh nos escreveu o seguinte: "Mesmo dentro de sua classe tecnológica específica, a Genentech fica acima da média: a contagem normalizada de citações da empresa é 1,1 (1,0 implica estar na média). A Amgen, mais uma vez, ficou abaixo da média, com 0,78" (comunicação pessoal em 2 de junho de 2010). Para uma aplicação similar das citações e descrições de patentes contidas no banco de dados de Singh, vale consultar o artigo: Jasjit Singh, "Distributed R&D, cross-regional knowledge integration and quality of innovative output", *Research Policy*, 2008, p. 77-96.
19. Como as balas de revólver são, por definição, experimentos em pequena escala, nem sempre aparecem em documentos escritos, públicos ou da organização. Assim, é bem possível que tenhamos deixado de reportar a existência de algumas balas de revólver disparadas; no entanto, essa tendência potencial seria a mesma para todas as empresas que integram nosso conjunto de dados. Isso não constituiu problema na codificação das balas de canhão, que consideramos mais fáceis de identificar porque eram investimentos e esforços grandes e bem visíveis.
20. Vários estudiosos se debruçaram sobre o papel da sorte na sociedade, em especial nos mercados financeiros. Esses trabalhos nos inspiraram a considerar a sorte uma variável explícita em nossas análises. Ainda que existam muitos trabalhos sobre o tema, os dois livros de Nassim Nicholas Taleb estão entre os mais conhecidos do gênero. São eles: *Fooled by randomness: the hidden role of chance in life and in the markets* (New York: Random House, 2005, 2. ed. [ed. brasileira: *Iludido pelo acaso: a influência oculta da sorte nos mercados e na vida*. São Paulo: Record, 2010, 2. ed.) e *The black swan: the impact of the highly improbable*

(New York: Random House, 2010, 2. ed. [ed. brasileira: *A lógica do cisne negro: o impacto do altamente improvável*. São Paulo: Best Seller, 2008).

21. The Hockey Hall of Fame, www.hhof.com.
22. Mais especificamente, dividimos o grupo de membros do Panteão da Fama que nasceram no Canadá *antes* de 1950 e que jogaram pelo menos uma temporada na Liga Nacional nos seguintes grupos, por ano de nascimento: 1873-1899 (N = 21), 1900-1929 (N = 63) e 1930-1949 (N = 36). Os nascidos entre janeiro e março mantiveram, no grupo de membros naturais do Canadá, a mesma proporção que ocupavam na população canadense como um todo, com exceção do coorte 1900-1929, no qual 15,9% dos membros nasceram em janeiro (ante 8% da população geral do Canadá), embora 12,7% deles tivessem nascido em dezembro (ante mais ou menos 8% da população geral). No coorte 1930--1949, os meses que registraram maior percentual de nascimento foram janeiro, agosto e dezembro (com 13,9% cada um), o que mostra que não existe qualquer tendência para o período de janeiro a março. Em suma, quando examinamos mais profundamente o passado, foi difícil encontrar uma linha clara que demonstrasse a tese de que um número desproporcional de membros tivesse nascido em janeiro ou entre janeiro e março.
23. Frank Trovato e Dave Odynak nos forneceram dados brutos dos censos do Canadá entre 1926 e 1981. Este foi um dos conjuntos de dados empregados no artigo deles: "The seasonality of births in Canada and the Provinces 1881-1989: theory and analysis", *Canadian Studies in Population*, 1993, p. 1-41. Utilizamos números não ajustados. Tais números são muito semelhantes a outros que usamos em nossos estudos. Veja, por exemplo, o estudo original sobre o efeito da idade relativa entre os jogadores de hóquei: Roger H. Barnsley, Angus H. Thompson e Paula E. Barnsley, "Hockey success and birth-date: the relative age effect", *Journal of the Canadian Association for Health, Physical Education, and Recreation*, nov. 1985, p. 23-8.

AGRADECIMENTOS

Não poderíamos ter concluído este projeto sem um pequeno exército de pessoas que fizeram significativas contribuições de tempo e intelecto.

Contamos com uma equipe maravilhosa de assistentes de pesquisa – pessoas inteligentes, curiosas, irreverentes e fanaticamente disciplinadas, com quem foi uma alegria trabalhar.

Gostaríamos de agradecer aos seguintes membros da equipe de pesquisa da ChimpWorks: Robyn Bitner, pelos muitos anos de marcha em variados tipos de análises; Kyle Blackmer, pelos insights sobre turbulência; Brad Caldwell, pelas análises da Biomet e da Southwest; Adam Cederberg; pela seleção de empresas e pelas análises das ofertas públicas iniciais; Lauren Cujé, pelas atualizações das empresas 10X e pela análise de títulos; Terrence Cummings, mais conhecido como Grande, pelas milhares de horas investidas em dezenas de textos para o projeto; Daniel DeWispelare, pela análise da Amgen; Todd Driver, pela análise dos líderes 10X e pelas atualizações das empresas 10X; Michael Graham, pela seleção das empresas do grupo comparativo e pelas análises comparativas; Eric Hagen, pela verificação EMC da lista de ofertas públicas iniciais e por suas inteligentíssimas contribuições; Ryan Hall, pela grande variedade de análises quantitativas; Beth Hartman, pelas análises de turbulência e pelas seleções de empresas; Deborah Knox, pelas análises de turbulência nos setores de atividade e pelas análises aprofundadas das ofertas públicas iniciais das empresas; Betina Koski, pelas análises de turbulência nos setores de atividade; Michael Lane, pela seleção das empresas do grupo comparativo e pelas análises comparativas; Lorilee Linfield, pelas atualizações das empresas e pelos vários anos de trabalho EMC; Nicholas M. Osgood, pelas análises de turbulência nos setores de atividade; Catherine Patterson, pela seleção das empresas do grupo comparativo e pelas análises comparativas; Matthew Unangst, pelas análises de backup e pela pesquisa sobre a Lei de Moore; e Nathaniel (Natty) Zola, por ter se tornado o "guru" da comparação entre as empresas aéreas Southwest Airlines e Pacific Southwest Airlines (PSA). Dentre os assistentes de pesquisa de Morten, queremos agradecer a Chris Allen, pelas análises de dados; a Muhammad Rashid Ansari, pelas análises nos setores de atividade; a Jayne Brocklehurst, pelo suporte às pesquisas; a Attrace Yuiying Chang, pela verificação de fatos; a Hendrika Escoffier, pelo suporte às pesquisas; a Roisin Kelly, pelo suporte às pesquisas; a Chittima Silberzahn, pelos dados e análises financeiros; a Philippe Silberzahn, pelas análises da Microsoft e da Apple; a William Simpson, pelas análises de dados; a Gina Carioggia Szigety, pelas análises de dados nas seleções de empresas; a Nana von Bernuth, por tantos anos de incrível esforço e comprometimento na condução de uma ampla gama de análises indispensáveis; e a James Zeitler, pelas análises de dados.

    Somos profundamente gratos a nossos leitores críticos, que investiram muitas horas na leitura de rascunhos do manuscrito para criticar o trabalho, dar sugestões e nos pressionar de todas as maneiras para tornar nosso trabalho melhor. Por sua franqueza, insight e perspectiva, queremos agradecer às seguintes pessoas: Ron Adner, Joel T. Allison, FACHE, Chris Barbary, Gerald (Jerry) Belle, Darrell Billington, Kyle Blackmer, John M. Bremen, William P. Buchanan, Scott Calder, Robin Capehart, Scott Cederberg, Brian Cornell, Lauren Cujé, Jeff Donnelly, Todd Driver, David R. Duncan, Joanne Ernst, Mike Faith, Andrew Feiler, Claudio Fernández-Aráoz, Andrew Fimiano, Christopher Forman, John Foster, Dick Frost, Itzik Goldberger, Michael Graham, Ed Greenberg, Eric Hagen, Becky Hall, Ryan Hall, Beth

Hartman, Liz Heron, John B. Hess, John G. Hill, Kim Hollingsworth Taylor, Thomas F. Hornbein, MD, Lane Hornung, Zane Huffman, Christine Jones, Scott Jones, David D. Kennedy, Alan Khazei, Betina Koski, Eva M. H. Kristensen, Brian C. Larsen, Kyle Lefkoff, Jim Linfield (pai da *chimp* Lorilee), Ed Ludwig, Wistar H. MacLaren, David Maxwell, Kevin McGarvey, MD, MBA, Bill McNabb, Anne-Worley Moelter (SFVG), Michael James Moelter, Clarence Otis Jr., Larry Pensack, Jerry Peterson, Amy Pressman, Sam Presti, Michael Prouting, David P. Rea, Jim Reid, Neville Richardson, Sara Richardson, Kevin Rumon, David G. Salyers, Kim Sanchez Rael, Vijay Sathe, Keegan Scanlon, Dirk Schlimm, William F. Shuster, Anabel Shyers, Alyson Sinclair, Tim Tassopoulos, Kevin Taweel, Jean Taylor, Tom Tierney, Nicole Toomey Davis, Matthew Unangst, Nana von Bernuth, H. Lawrence Webb, David Weekley, Chuck Wexler, Dave Witherow e Nathaniel (Natty) Zola. Agradecemos também a Constance Hale, Jeffrey Martin e Filipe Simões dos Santos, por sua especial atenção à seção de métodos de pesquisa, e a Salvatore D. Fazzolari, Denis Godcharles, Ben R. Leedle Jr., Evan Shapiro, Roy M. Spence Jr. e Jim Weddle, pelo diálogo e pelo feedback, que foram de enorme ajuda para nós.

Queremos agradecer também à Transportation Library, da Northwestern University, por nos permitir o acesso aos relatórios anuais da PSA; a Betty Grebe e Carol Krismann, da William M. White Business Library, da University of Colorado; ao Center for Research in Security Pricing (CRSP); à Booth School of Business, da University of Chicago, pelos dados de qualidade e pelo excelente serviço; a Jasjit Singh, pelos dados e insights sobre patentes; a Dennis Bale e Laurie Drawbaugh, pelo escritório itinerante; a Leigh Wilbanks, pela adesão a nossos debates conceituais iniciais; a Alex Toll, pela revisão das provas; a Alan Webber, pelos grandes momentos de conversa, que despertaram ideias determinantes; a Jim Logan, por aguentar uma jornada que parecia interminável; a Tommy Caldwell, por testar as ideias 10X em paredes de pura rocha; e a todos os integrantes da Irmandade Pessoal de Jim. Morten é particularmente grato à Harvard Business School, ao Insead e à University of California, Berkeley, instituições onde ocupou posições acadêmicas durante o período desta pesquisa.

Agradecemos a Deborah Knox, por editar o texto final, exigindo de nós consistência e clareza, e por desafiar continuamente nossas ideias, com um olhar ampliado para as grandes questões e um olhar minucioso para os detalhes. Agradecemos a James J. Robb, por sua expertise na parte gráfica, por sua criatividade sem limites e pela amizade permanente. Agradecemos a Janet Brockett, por sua chama criativa e pela genialidade no design. Agradecemos a Caryn Marooney, por ter sido uma guia de grande visão em um território traiçoeiro. Agradecemos a Peter M. Moldave, por seu aconselhamento dedicado e atencioso. Agradecemos a Hollis Heimbouch, por acreditar em nosso trabalho desde o início, por navegar incansavelmente em meio ao cenário em constante mudança da área editorial e por trabalhar com verdadeiro espírito de parceria. Agradecemos a Peter Ginsberg, por seu recorde, até hoje não superado, de saber juntar soluções criativas e soluções incomuns, de modo a beneficiar todos os envolvidos.

Queremos agradecer à equipe da sede da ChimpWorks, que faz o possível e o impossível para que Jim possa se concentrar em projetos criativos gigantescos como este. Por seus esforços desde o início do projeto, agradecemos a Brian J. Bagley, Patrick Blakemore, Taffee Hightower, Vicki Mosur Osgood e Laura Schuchat. Agradecemos a Jeff Dale, por sua sábia e calculada perspectiva, na qualidade de nosso paraquedista estratégico; a Judi Dunckley, por sua dedicação à precisão e à exatidão (e por sua adorável preocupação); a Joanne Ernst, por atuar como presidente do conselho e por sua inigualável capacidade de analisar as questões e de aguçar nosso pensamento; a Michael Lane, por ser tão produtivamente irreverente e dedicado há tantos anos; a Sue Barlow Toll, por atuar como nossa diretora de operações e por ter evitado mais de uma situação bizarra; e a Kathy Worland-Turner, por ser o braço direito de Jim e por exercer sua maravilhosa habilidade de fazer novos amigos e de construir relacionamentos. Agradecemos a Robyn Bitner e a Lorilee Linfield, por sua heroica dedicação ao projeto durante o último ano; elas trouxeram luz e energia a nossa equipe, além de serem OPURs* de primeira hora.

Por fim, temos uma dívida incalculável para com nossas respectivas companheiras de vida, Joanne Ernst e Hélène Hansen, por seu incondicional apoio, suas severíssimas críticas e sua resistência ao longo dos nove anos em que conduzimos este projeto. Este trabalho jamais existiria sem elas.

---

* OPUR: sigla em inglês de *one person ultimately responsible*, expressão usada pelo pessoal da empresa de Jim Collins e que significa, em tradução livre, uma pessoa altamente responsável. [N. da T.]

ÍNDICE REMISSIVO

Abbot Laboratories, 107
ações
  desempenho de, métricas, 254, 266, 268
  ações, opção de compra de, 49
Advanced Memory Systems, 103
Advanced Neuromodulation Systems, 272
aéreo, setor
  alta do preço do combustível, 16, 112, 218
  aquisições e fusões, 53-4, 76, 113, 162, 169
  ataques de 11 de setembro, 16, 76, 137-8, 155, 162
  desregulamentação, 16, 113, 159-60, 169, 170, 267
  embargo do petróleo árabe, 112
  greve, 16, 113, 162, 218
  inovação, 99, 102, 111-2, 114
  lucratividade, 66-7, 68, 76, 97, 137, 160, 234
  modelo de operações radial, 96, 162
  período pré-desregulamentação, 97
Ali, Muhammad, 39
Alice Byrne (escola de ensino fundamental), Yuma, Arizona, 80
Allard, James J., 181
Allen, Paul, 205, 207
Altair (microcomputador), 205, 206-7
Amazon, 101
ambição de nível 5, 34, 48-52, 220, 224, 231
AMD
  balas de canhão, 281, 282
  comparação com a Intel, 20, 77, 81-4, 100, 135, 201, 202, 272, 280, 304, 307
  "estratégia 3P", 180
  inovação, 279, 280
  marcha das 20 milhas, 68, 77, 81, 274
  negócio dos aspargos, 179-80
  receita EMC, 135, 168, 179-80, 298, 301
  sorte, 201, 210-2, 304, 307
Amelio, Gil, 171, 172
American Hospital Supply, 273
American States, 74, 75, 76
Amgen
  balas de revólver e de canhão, 107-8, 150, 281, 282
  comparação com a Genentech, 20, 77, 98-9, 100, 196-200, 201, 271, 280, 304, 307
  EPO, 107, 108, 150-1, 197, 203-4
  início das operações, 107-8, 128
  inovação, 100, 238, 279, 280
  marcha das 20 milhas, 77, 274
  patentes, 98-9, 108, 279
  princípio do "primeiro quem", 233
  receita EMC, 168, 299
  reféns de Simi Valley, 151-2
  seleção como case 10X, 19
  sorte, 197-8, 201, 203-4, 303, 304, 307
Amundsen, Roald
  atitudes de abrir o foco e depois fechar, 153-4
  autodisciplina, 52
  depósitos de suprimentos, 30-1, 47
  metas audaciosas, 237
  polo norte, 153-4
  polo sul, 27-32, 85-7
  preparativos para a expedição ao polo sul, 29-31, 42-3, 117
Andrews, J. Floyd, 112
AOL, 101
Apple
  balas de canhão, 282
  comparação com a Microsoft, 20, 21, 77, 171, 172, 201, 272, 280, 304, 307
  declínio, 46, 171, 172, 240
  disciplina interna, 122, 125
  inovação, 238, 279, 280
  iPod, 122, 123-4
  Macintosh, 122-4, 171
  marcha das 20 milhas, 68, 77, 274
  mudanças na liderança, 171, 172
  primeira oferta pública de ações, 21
  receita EMC, 168, 298, 301
  renascimento, 121-6, 172-3
  sorte, 201, 304, 307
aquisições balas de canhão, 117
arrogância
  associada a maus resultados, 143
  perigo da, 240
aspargos, negócio dos, 179-80
avareza, complexo de, 49

balas de revólver, balas de canhão, 95-125
  Amgen, 107-8

análise, 281-4
aprender com os erros, 114-7
aquisições balas de canhão, 109-10
balas de canhão bem calibradas, 111, 116, 237
balas de canhão mal calibradas, 111-4, 115-6, 240
características das balas de revólver, 109
criatividade e disciplina, 103-7
evidência empírica, 111, 116-7, 120, 221
renascimento da Apple, 121-6
sorte, 209, 221
versus "tentar várias coisas e aplicar o que der certo", 237
Ballmer, Steve, 44
bandeira vermelha, teste da, 265, 267
Barkley, Paul, 218
Basic (linguagem de programação), 205, 206-7
basquete, vídeo de, 147
Batalha do Bulge, 169
Beat the odds, estudo, 79
Berlin, Leslie, *The man behind the microchip*, 104
Bernstein, Peter L., 13
Binder, Gordon, 203
Biomet
anos iniciais, 219
aquisição da Kirschner, 110
balas de canhão, 282
comparação com a Kirschner, 20, 77, 109-10, 201, 271-2, 280, 304, 307
inovação, 238, 279, 280
marcha das 20 milhas, 77
princípio do "primeiro quem", 233
receita EMC, 168, 299
seleção como case 10X, 19
sorte, 201, 304, 307
biotecnologia
citações de patentes, 98
inovação, 98-9, 102
primeiro balas de revólver, depois balas de canhão, 107-8
produtividade de patentes, 98, 99
Birtcher, 273
Boeing, 113
Bourque, Ray, 215-6
Bowes, William K., 106
Boyer, Herbert, 198
Braniff Airlines, 113, 273
Breashears, David, 129-31, 181

Alto risco, 131
metas audaciosas, 237
paranoia produtiva, 131-3, 147
preparativos para a expedição ao Everest, 132, 140, 164-5, 232
princípio do "primeiro quem", 233
receita EMC, 164-5
Brown, John
inovação, 100
lei dos 20%, 62-3, 71, 72
marcha das 20 milhas, 62-4, 78
origens, 52, 53
princípio do "primeiro quem", 233
risco, 144
Bruins (time de basquete da UCLA), 19-20
Buckhout, Don, 149
Burgelman, Robert, 177
Business Week, 48-9, 64, 119, 169, 255

caixa
e ativos, 135-6, 145, 285, 287
e passivo, 136, 285, 287
California Public Utilities Commission, 112
Califórnia, Proposta 103, 213-4
Campbell Soup Company, 62
Canadá, jogadores de hóquei nascidos no, 214-5
caos, causas econômicas do, 243-4
Carta de Direitos, 183
catástrofe, prevenção de, 81-5
causalidade, 24, 260
reversa, 261
Chabris, Christopher F., 147
Chick Medical, 109
Chiron, 271
cisne negro, evento, 136-7
colapso financeiro de 2008, 246
Collins, Jim
colaboração das equipes, 241-2
Como os gigantes caem, 20, 24, 25, 228, 240, 241
Empresas feitas para vencer, 16, 24, 25, 49, 51, 228, 231-2, 234, 236, 241, 244-5
Feitas para durar, 16, 24, 25, 105, 228, 237, 238, 241
complexidade, forças da, 25
computadores/software, inovação, 102
confiança, construção da, 78-81
consistência, 37, 67, 68, 70, 73, 78, 166, 167
e mudança, 182-6, 239
Constituição dos Estados Unidos, 182-4
construção de relógios, 25

Continental/Texas, 273
controle e não controle, paradoxo entre, 34
Cook, Frederick A., 153
Cook, Tim, 122
Coor, Lattie, 79
criatividade
    balas de revólver, balas de canhão, 95-125
    disciplina, 23, 103-7, 125, 218, 220, 238, 239
    empírica, 34, 35, 40-4, 180, 231
    vigilância, 90
crises, gerenciamento de, 245
culturas de devoção, 25, 233
Custer, George A., 47

Daly, Malcolm, 189-94, 196-7, 218
Davidow, William H., livro *Marketing in High Technology*, 149
decisões
    e riscos, 141, 288-91
    velocidade na tomada de, 142-3, 256, 292-7
Declaração de Independência dos Estados Unidos, 184
declínio, os cinco estágios do, 26, 240-1
Dell, Michael, 121-2
desempenho
    em meio à adversidade, 78-81
    inovação, 238
    marcos de, 66, 69
    períodos históricos, 19
10X, empresas
    análise das receitas EMC, 298-300
    caixa e ativos, 135-6, 145, 285, 287
    caixa e passivo, 136, 285, 287
    conjunto final de cases, 19
    cultura de devoção, 25, 233
    índice de superação do desempenho do setor, 268
    oferta pública inicial de ações, 255, 265-8
    seleção, 18-20, 264-9
10X, líder
    características, 33-5
    como se tornar um, 52-4
    comportamento, 220
    medo canalizado, 45-7
    sorte, 220-2
10X, uso do termo, 16
Digital Research, 212-3
disciplina
    consistência das ações, 37

criatividade, 23, 103-7, 125, 218, 220, 238, 239
fanática, 34, 35-40, 73, 80-1, 88, 143, 231
independência mental, 37
marcha das 20 milhas, 68, 69, 72-3, 87
receita EMC, 166-75
Donini, Jim, 189-91, 192, 193, 196
Drexler, Mickey, 121
Drucker, Peter, 26
dualidade do líder de nível 5, 232
Dubroni e a câmera instantânea, 101

Eigsti, Roger, 74-5
Eisenhardt, Kathy, 253
Elefante, Ilha do, Antártida, 192
emendas à Constituição dos Estados Unidos, 183-4
Emerson, Ralph Waldo, 129
Employers Casualty, 273
empresas do grupo comparativo
    marcha das 20 milhas, 68
    receita EMC, análise da, 298, 300, 301
    seleção, 20, 270-3
    sorte, 304-8
erros, aprender com, 114-7
escolas, desempenho em escolas públicas, 79-81
estrutura de tempo do tipo Cachinhos Dourados, 70
Everest, monte, 129-30
    horário de retorno, 132, 139
    metas audaciosas, 237
    paranoia produtiva, 131-3, 147
    preparativos para escalar o, 132, 140, 164-5, 232
    riscos não controláveis, 140
evidência empírica, 111, 116-7, 120, 124-5, 161, 177, 185, 221, 235, 239
    ver também criatividade empírica
execução, velocidade da, 142-3, 292, 295, 296, 297
executivos, salário dos, e desempenho das corporações, 48-9

Fairchild Semiconductor, 272
FDA, 99, 151-3, 197, 199, 203
Fischer, Scott, 130, 131
Fitzgerald, F. Scott, 227, 238
foco, abrir e fechar, 134, 147-52
    Amundsen, 153-4
    Gates, 181-2
    Grove, 177

Intel, 149-50, 177
paranoia, 147-53
sorte, 221
Ford, Henry, 45
Fortune, 41, 123, 255
Fu-Kuen Lin, 197, 203-4

Gap, The, 121
Gates, Bill
"A onda gigante da Internet",
memorando, 181
capacidade de abrir o foco e depois
fechá-lo, 181-2
fortuna, 46, 51
"memorando pesadelo", 45
paranoia produtiva, 44-5, 46, 119
princípio do "primeiro quem", 233
Semana Pensante, 181
sistema operacional, 118-9
sobre inovação, 101
sorte, 205-9
Gates, Melinda, 52
GE (General Electric), 15
Geico, 273
Genentech
antes e durante a gestão Levinson,
87-9, 238, 240
balas de canhão, 281, 282
comparação com a Amgen, 20, 77, 98--9, 100, 196-200, 201, 271, 280, 304, 307
estudo GUSTO, 200
FDA, 99, 152-3, 199
inovação, 279, 280
marcha das 20 milhas, 68, 77, 87, 89,
274
patentes, 98-9, 279
primeira oferta pública de ações, 199
receita EMC, 168, 301
sorte, 198-200, 201
General Motors, 45
Genetics Institute, 197, 198
"genialidade do 'e'", 106, 179, 238-9
Genzyme, 271
Gillette, 101
Gladwell, Malcolm, 215
globalização, forças da, 25
Golder, Peter N., 101
gorila, enxergando, 147, 149
Graebner, Melissa, 263
grandeza, busca da, 27
Grove, Andy
capacidade de abrir o foco e depois
fechá-lo, 177

diagnóstico de câncer, 40-2, 43, 143
disciplina, 103, 105
paranoia produtiva, 143-4
Guerra Civil Americana, 175

habilidade e sorte, 207-8
Hall, Rob, 130-1, 132, 139-40
Hansen, Doug, 132
Harvard Medical School, 88
Hipervigilância, 46, 47, 143, 145
Hirsch, Leon, 53, 64-5, 100
Hoff, Ted, 177, 233
hóquei, jogadores do Canadá, 214-6,
309-10
ver também Liga Nacional de Hóquei
do Canadá, Panteão da Fama do
Hóquei
Howmedica, 145, 146
humildade e liderança, 49, 51, 232
Huntford, Roland, *O último lugar da terra*,
28, 43, 86

IBM, 118-9, 150, 202, 210, 212-3
imprevisibilidade, como elemento do
episódio de sorte, 195, 302
inconsistência crônica, 175
independência mental, 37, 42
índice de retorno acumulado em relação à
média do mercado, definição, 268
inovação
análise, 277-80
criatividade e disciplina, 104-6
e desempenho, 98-9, 238
grande, 99, 277-80
implicações, 238
incremental, 99, 277-80
"inovar ou morrer", 106
média, 99, 277-80
mito, 23
patamar de, 102-3, 278-80
pioneirismo na, e sucesso 10X, 100-1
uso do termo, 277
instabilidade, preparação para a, 244
instrumentos médicos, inovação, 102
Intel
aprender com os erros, 114-5
balas de canhão, 281, 282
capacidade de abrir o foco e depois
fechá-lo, 149-50, 177
comparação com a AMD, 20, 77, 81-4,
100, 135, 201, 202, 272, 280, 304, 307
concorrência, 176-7
criatividade e disciplina, 103-5

"genialidade do 'e'", 179
inovação, 100, 103-5, 238, 279, 280
"Intel delivers", 104, 149, 178, 202
Lei de Moore, 75, 77, 104, 177, 178, 185
marcha das 20 milhas, 75-6, 77
Operação Crush, 149-50
paranoia produtiva, 135-6, 181
princípio do "primeiro quem", 233
receita EMC, 178-9, 235, 299
seleção como case 10X, 19
sorte, 201, 202, 210-1, 304, 307
Intermedics, 272
Investor's Business Daily, 63, 100

Jobs, Steve
    afastamento da Apple, 171, 172
    marcha das 20 milhas, 68
    retorno à Apple, 46, 77, 121-5, 172, 240
Johnson, Ron, 121
Johnson & Johnson, 15, 64, 65
Journal of Financial Economics, 135

Kelleher, Herb
    ataques de 11 de setembro, 137-8
    cultura corporativa, 38-9, 137-8
    origens, 52
    paranoia produtiva, 47
    personalidade, 50, 51, 60, 61, 105
    receita EMC, 169-70
Kildall, Gary, 212
Kirschner
    aquisições balas de canhão, 109-10
    balas de canhão, 282
    comparação com a Biomet, 20, 77, 109-10, 201, 271-2, 280, 304, 307
    inovação, 278, 279, 280
    marcha das 20 milhas, 77, 274
    receita EMC, 168, 298, 301
    sorte, 304, 307
    venda para a Biomet, 110
Krakauer, Jon, *No ar rarefeito*, 131

Levinson, Arthur
    como líder de nível 5, 88
    inovação, 238
    marcha das 20 milhas, 68, 87-90
Lewis, Peter
    aprender com os erros, 115
    disciplina, 35-7, 39
    marcha das 20 milhas, 68, 71-2
    origens, 53
    personalidade, 50, 51
    sorte, 213-4
liderança
    acima da linha da morte, 129-55, 221, 237, 240
    arrogância, 240
    características 10X, 33-5
    convívio com paradoxos, 238
    de nível 5, 25, 49-51, 88, 231-2
    metas audaciosas, 237
    mito, 23
    não conformismo, 39
    sorte, 209
Liga Nacional de Hóquei do Canadá, 215-6, 309, 310
Lincoln, Abraham, 175
Linfield, Lorilee, 309
linha da morte
    liderar acima da, 129-55, 221, 237, 240
    risco na, 134, 139, 141, 221, 288, 289
Little Big Horn, 47
Litton Industries, 54
Lockheed, 113
Lotus, 272

marcha das 20 milhas, 59-90
    Amgen, 77, 274
    análise, 274-6
    Apple, 68, 77, 274
    Arthur Levinson, 68, 87-90
    autocontrole, 64, 78, 87
    balas de revólver e de canhão, 108
    Biomet, 77
    consistência, 66-8, 70
    contrastes, 76-7
    desempenho em meio à adversidade, 78-81
    elementos, 69-70
    escolas públicas, 79-81
    Intel, 75-6, 77
    John Brown, 62-4, 78
    limite inferior e limite superior, 64
    mecanismos de desempenho na, 66
    Microsoft, 77
    não financeira, 75
    Peter Lewis, 68, 71-2
    prevenção de catástrofes, 81-5
    Progressive Insurance, 71, 73-4, 76
    sorte, 220
    Southwest Airlines, 66-7, 68-9
    Stryker, 62-4, 72, 75, 76
    valor de um dólar investido, 59-61
Martin, Jeffrey, 253

Mathers, Marshall Bruce III, 189
McAuliffe, Anthony C., general, 169
McDonalds, 106
McDonnell Douglas, 113
McKenna, Regis, 149
mediocridade e inconsistência crônica, 175
mercado geral de ações, definição, 268
metas audaciosas, 25, 237, 239
Microsoft
    balas de canhão, 282
    capacidade de abrir o foco e depois fechá-lo, 181-2
    comparação com a Apple, 20, 21, 77, 171, 172, 201, 272, 280, 304, 307
    crescimento, 52
    IBM, 118-9, 212
    inovação, 238, 279, 280
    internet, 181-2
    manutenção dos padrões, 182
    marcha das 20 milhas, 77
    oferta pública inicial de ações, 44
    paranoia produtiva, 181
    princípio do "primeiro quem", 233
    receita EMC, 168, 299
    seleção como case 10X, 19
    Semana Pensante, 181
    sistema operacional, 118-9
    sorte, 201, 304, 307
    Windows, 45, 118-9, 124, 182, 185, 211
Miller, Dane, 49, 219
Molière, 159
momentos desiguais, 292-7
Money Magazine, 16
Moore,
    Gordon, 51, 81, 104, 177
    Lei de, 75, 77, 104, 177, 178, 185
Motorola, 81, 100, 149, 150
MP3, aparelhos, 123, 185
mudança
    acelerada, 25, 176, 242
    consistência, 182-6, 239
    mito, 23
    reação à, 185
    receita EMC, 167-70, 178-9
Muse Air, 53, 114
Muse, Lamar, 97, 257
    Southwest passage, 217

Nader, Ralph, 213
Napster, 123
National Semiconductor, 81, 100, 272
New England Journal of Medicine, 200
NexGen, 211

Nietzsche, Friedrich Wilhelm, 216, 217
nível 5
    ambição de, 34, 175, 220, 231
    líderes de, 49-51, 88, 231-2
Nova Normalidade, 242
Novell, 272
Noyce, Robert, 95, 104, 233

11 de setembro, ataques de, 13-4, 15, 76, 137-8, 155, 162, 183, 242

Pacific Southwest Airlines (PSA)
    aquisição pela US Air, 76, 113, 169
    balas de revólver e de canhão, 111, 281, 282
    ciclo autodestrutivo, 218
    comparação com a Southwest, 16, 20, 68, 76, 98, 100, 169-70, 201, 217-8, 273, 279, 280, 281, 304, 307
    declínio, 240
    desregulamentação do setor aéreo, 113
    e a Braniff, 113
    inovação, 279, 280
    jatos Jumbo, 112
    marcha das 20 milhas, 68, 76
    plano dos L1011, 112-3
    receita EMC, 168, 301
    sorte, 201, 218, 304, 307
    sucesso, 96-7
    "Voar, Dirigir, Dormir", 111-2
Panteão da Fama do Hóquei, 215-6
    análise do, 309-10
paranoia
    abrir o foco e depois fechá-lo, 147-53
    acima da linha da morte, 129-55
    limitar o risco, 134, 139-47
    preparação para eventos inesperados, 134, 135-9
    produtiva, 34, 44-8, 119, 125, 131-53, 166, 180-1, 209, 214, 218, 220, 231, 232, 237, 240
Peach, Juli Tate, 80
Peary, Robert E., 153
período de vida da empresa, unidade de análise, 252
períodos históricos considerados no estudo, 19-20
pesquisa
    abordagem de repetição, 22
    análise da inovação, 277-80
    análise da marcha das 20 milhas, 274-6

análise das balas de revólver e das balas de canhão, 281-4
análise das categorias de risco, 288-91
análise das receitas EMC, 298-301
análise da velocidade, 292-7
análise do fator sorte, 302-8
análise do histórico de eventos, 258
análise do hóquei, 309-10
análise financeira, 258, 285-7
análise histórica, 16, 18-9, 22, 254-7
análise intrapar, 257
análise por cruzamento de pares, 258
aplicabilidade, 242-3, 244
categorias de dados, 22
causalidade, 260
coleta de dados de alta qualidade, 257
comparação em, 16, 252-3
definições-chave, 268
de tipos polares, 253, 259
e conceitos anteriores, 231
erros de atribuição, 260
escolha da população do estudo, 253
evidência empírica, 111, 116-7, 161
generalização das descobertas, 269-70
geração de conceitos, 258
limitações e problemas, 258-63
método do par combinado, 252-3, 259
método indutivo, 252, 256
metodologia, 251-63
metodologia de casos múltiplos, 252-3
mitos derrubados pela, 23-4
pergunta de, identificação da, 251
seleção dos cases 10X, 18-20, 264-9
sobre passado versus futuro, 244
triangulação de dados, 256-7
unidade de análise, identificação da, 251-2
pessoas e sorte, 203-4
Pixar, 125
PNFs (paranoicos, neuróticos e frenéticos), 48
Polaroid, 101
polo norte, conquista do, 153
polo sul, 27-32, 85-7
Popular Electronics, 205, 206, 207
porco-espinho, conceito do, 26, 234-5
Porras, Jerry, 24, 241
primeiro balas de revólver, balas de canhão, 95-125

ver também balas de revólver, balas de canhão
"primeiro quem", princípio do, 25, 232-3
Progressive Insurance
aprender com os erros, 114-7
balas de canhão, 281, 282
comparação com a Safeco, 20, 72-5, 76, 201, 272, 279, 280, 281, 304, 307
cultura, 50
disciplina do índice combinado, 71-75, 76, 167
flutuações nos preços das ações, 35-6
inovação, 238, 279, 280
marcha das 20 milhas, 71, 73-4, 76
princípio do "primeiro quem", 232-3
receita EMC, 167-8, 299
"Resposta Imediata", 214
seleção como case 10X, 19
sorte, 201, 213-4, 304, 307
Proposta 103, Califórnia, 213-4
providências efetivas, 47
Próxima Grande Descoberta, 87-90, 122
Putnam, Howard, 159-63, 169-70, 234

Rathmann, George
EPO, 150, 203
início das atividades da Amgen, 106-7
origens, 53
princípio do "primeiro quem", 233
receita EMC 159-85
Amgen, 168, 299
análise, 298-301
Biomet, 168, 299
como elaborar, 235-6
conceito do porco-espinho, 234
consistência paranoica e criativa, 176-82
criatividade empírica, 180, 181
disciplina fanática, 166-75
emendas à, 184, 235, 237, 239, 240
evidência empírica, 235
Intel, 178-9, 235, 299
Microsoft, 168, 299
mudanças nos ingredientes, 168
paranoia produtiva, 180
Progressive Insurance, 167-8, 299
sorte, 221
Southwest Airlines, 168, 169-70, 185, 234, 299
Stryker, 168, 299
Renwick, Glenn M., 72
resiliência, 214

restrições autoimpostas, 70
retorno
    acumulado das ações, definição, 268
    sobre a sorte (ROL), ver sorte
    total mensal, definição, 268
revoluções gerais como dogma, 174
risco
    análise das categorias de, 288-91
    assimétrico, 134, 139-42, 154, 221, 288-90
    atrelado ao tempo, 134, 142-6
    comparação, 141
    do caixa e do balanço, análise de, 285-7
    limitar o, 134, 139-47
    na linha da morte, 134, 139-42, 154, 221, 288-90
    não controlável, 134, 139-42, 154, 221, 288-90
Roche, 153
Roderick, Paul, 191, 195

Safeco
    balas de canhão, 281, 282
    comparação com a Progressive, 20, 72-5, 76, 201, 272, 279, 280, 281, 304, 307
    declínio, 240
    índice combinado, 72-4
    inovação, 278, 279, 280
    marcha das 20 milhas, 68, 73-4, 274
    receita EMC, 298, 301
    sorte, 201, 304, 307
Salser, Winston, 106
San Jose Mercury News, 45
Sanders, Jerry
    marcha das 20 milhas, 81
    negócio dos aspargos, 179
    origens, 53
    sorte, 211
Schauer, Robert, 130
Schlender, Brent, 123
Science, 99
Scott, Robert F.
    morte da equipe, 32
    polo sul, 27-32, 85-7, 154
    preparativos para a expedição ao polo sul, 30-1, 117
Sculley, John, 45-6, 121, 171-3
seguros, setor de
    inovação, 102
    Proposta 103 (Califórnia), 213-4
semicondutores, inovação, 102

Serino, Ron, 59
Shackleton, Ernest, 192
Sharer, Kevin, 47
Shot, Billy, 193
Simons, Daniel J., 147
Singh, Jasjit, 98, 279
sistema de saúde
    custos, 144, 145-6
    reforma, 65, 145
60 Minutes (telejornal), 38
sorte
    abrir e fechar o foco para reconhecer a, 221
    administrar a, 220
    Amgen e Genentech, 196-200, 201, 304, 307
    análise do fator, 302-8
    balas de revólver e de canhão, 209, 221
    Biomet e Kirschner, 201, 304, 307
    boa e/ou má, 217, 302-8
    comportamento dos líderes 10X, 220
    consequência, 196
    desperdício, 210-3
    distribuição ao longo do tempo, 202
    em pares combinados de empresas, 201
    episódio de, definição, 196, 302
    Gates, 205-9
    habilidade, 207-8
    imprevisibilidade, 195, 302
    Intel e AMD, 201, 304, 307
    Lewis, 213-4
    liderança, 209
    liderar acima da linha da morte, 221
    marcha das 20 milhas, 220
    Microsoft e Apple, 201, 304, 307
    mito, 24
    monte Thunder, 191-4
    papel, 194-5, 200, 228
    parcial, 302, 303, 305
    pessoas, 203-4
    Progressive e Safeco, 201, 304, 307
    receita EMC, 221
    retorno baixo sobre a boa sorte, 210-3
    retorno baixo sobre a má sorte, 217-9
    retorno excelente sobre a má sorte, 213-6
    retorno sobre a sorte (ROL), 189-222
    Southwest Airlines e PSA, 201, 304
    Stryker e USSC, 201, 304, 307
    sucesso fora do comum, 208-9
    total, 302, 303, 305

Southwest Airlines
   abordagem da "forma de biscoito", 160
   aprender com os erros, 114-5
   ataques de 11 de setembro, 16, 76, 137-8
   balas de revólver e de canhão, 281, 282
   comparação com a PSA, 16, 20, 68, 76, 98, 100, 169-70, 201, 217-8, 273, 279, 280, 281, 304, 307
   cultura, 38-9
   desregulamentação, 159-60, 169, 170
   efeito do volante, 234
   inovação, 238, 279, 280
   lucratividade, 137
   marcha das 20 milhas, 66-7, 68-9
   princípio do "primeiro quem", 232
   receita EMC, 160-1, 168, 169-70, 185, 234, 299
   seleção como case 10X, 15-6, 19
   sorte, 201, 217-8, 304, 307
Spindler, Michael, 171, 172
Star e aparelho de barbear, 101
Stevens Aviation, 38
Stockdale, paradoxo de, 25
Stryker
   balas de canhão, 282
   comparação com a USSC, 20, 60, 64, 76, 100, 201, 273, 279, 280, 304, 307
   cultura, 62-3
   custos do sistema de saúde, 144-6
   inovação, 100, 238, 279, 280
   lei (20% de crescimento nos ganhos), 62-3, 71, 72
   marcha das 20 milhas da, 62-4, 72, 75, 76
   princípio do "primeiro quem", 233
   receita EMC, 168, 299
   risco atrelado ao tempo, 144-6
   seleção como case 10X, 19
   sorte, 201, 304, 307
   Troféu Snorkel, 63, 72
sucesso, garantia de, 228
Sun Microsystems, 171
Swanson, Robert, 153, 198

Taleb, Nassim Nicholas, 136
Talkeetna Air Taxi, Alasca, 191
tecnologia, forças da, 25
Tellis, Gerard J., 101
Texas Instruments, 81, 100, 123, 272
Texas Monthly, 38

Thompson, Hunter S., 38
Thunder, monte, Alasca, 191-4
"tirania do 'ou'", 238
3M, 53
Tyco, 65

UCLA Dynasty, The (documentário), 173
United Airlines, 169
US Air, aquisição da PSA, 76, 113, 169
USA Today, 45, 46
USSC (United States Surgical Corporation)
   aquisição pela Tyco, 65
   ascensão e queda, 64-5, 240
   balas de canhão, 282
   comparação com a Stryker, 20, 60, 64, 76, 100, 201, 273, 279, 280, 304, 307
   inovação, 100, 279, 280
   marcha das 20 milhas, 68, 274
   receita EMC, 298, 301
   sorte, 201, 304, 307

valores essenciais, 25, 163
velocidade
   análise, 292-7
   mito, 23
   risco atrelado ao tempo, 142
Viesturs, Ed, 130
VisiCorp, 101
volante, efeito do, 25, 234-5

Waits, Mary Jo, 79
Wall Street Journal, The, 65, 255
Wall Street Transcript, The, 64, 169, 255
Walmart, 15
Walt Disney Company, 15
Will and vision (Tellis e Golder), 101
Wolfe, Tom, 233
Wooden, John, 20, 173-4

CONHEÇA OUTROS LIVROS DA ALTA BOOKS!

Negócios • Nacionais • Comunicação • Guias de Viagem • Interesse Geral • Informática • Idiomas

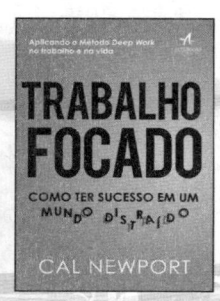

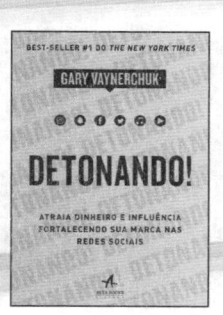

Todas as imagens são meramente ilustrativas.

SEJA AUTOR DA ALTA BOOKS!

Envie a sua proposta para: autoria@altabooks.com.br

Visite também nosso site e nossas redes sociais para conhecer lançamentos e futuras publicações!
www.altabooks.com.br

/altabooks • /altabooks • /alta_books

ALTA BOOKS
EDITORA

ROTAPLAN
GRÁFICA E EDITORA LTDA
Rua Álvaro Seixas, 165
Engenho Novo - Rio de Janeiro
Tels.: (21) 2201-2089 / 8898
E-mail: rotaplanrio@gmail.com